高等院校财经类系列精品教材

发展经济学

Development Economics

李桂娥　主编

WUHAN UNIVERSITY PRESS

武汉大学出版社

图书在版编目(CIP)数据

发展经济学/李桂娥主编 . —武汉:武汉大学出版社,2013.9(2018.12 重印)

高等院校财经类系列精品教材
ISBN 978-7-307-11564-4

Ⅰ.发…　Ⅱ.李…　Ⅲ. 发展经济学—高等学校—教材　Ⅳ.F061.3

中国版本图书馆 CIP 数据核字(2013)第 210897 号

责任编辑:陈　红　　责任校对:黄添生　　版式设计:马　佳

出版发行:**武汉大学出版社**　(430072　武昌　珞珈山)
(电子邮件:cbs22@whu.edu.cn 网址:www.wdp.com.cn)
印刷:北京虎彩文化传播有限公司
开本:787×1092　1/16　印张:15.25　字数:360 千字　插页:1
版次:2013 年 9 月第 1 版　　2018 年 12 月第 2 次印刷
ISBN 978-7-307-11564-4　　定价:32.00 元

前　言

　　发展经济学是经济学领域的一门分支学科，它诞生于第二次世界大战后期的美国，其奠基人是当时在美国哈佛大学攻读博士学位的中国人——张培刚，奠基之作是他的博士论文《农业与工业化》。后经欧美学者的进一步研究和发展，形成了一套西方发展经济学的理论体系。自 1985 年谭崇台先生第一次以学术专著的形式将西方发展经济学系统地引入我国后，它引起了国内学者的广泛关注，并掀起了一股学习和研究的热潮。近 30 年来，发展经济学在我国蓬勃发展，论著颇丰。

　　发展经济学是以发展中国家的经济发展问题作为研究主题的。中国是世界上最大的发展中国家，改革开放 30 多年来在工业化和现代化方面取得了巨大成就，但在当今全球化背景下要想求得发展仍面临新矛盾和新挑战，需要从理论和政策上不断地进行系统的研究。如何根据中国经济发展的广阔背景和丰富实践，提炼出具有中国特色的理论、政策及案例，探索和完善具有中国特色的发展经济学的理论体系，是我国发展经济学的神圣使命和不断发展与深化的动力。

　　多年来，笔者在从事发展经济学本科生和研究生专业课程的教学和研究中，对发展中国家的经济发展问题日益感兴趣，始终关注发展经济学的新动态和研究进展，积累了大量国内的研究资料。2008—2009 年在英国剑桥大学做访问学者期间笔者又对相关问题进行了较深入的研究。经过几年的艰辛努力，笔者编写了这本《发展经济学》教材。

　　本书的特色主要有三个方面：

　　第一，内容简明扼要，突出重点。本教材在系统介绍发展经济学的基本概念、理论和方法的基础上，以经济发展的基本要素、结构转型和发展战略为主线，逐步推进，重点突出。同时，本教材力图将复杂的经济现象简明扼要地展现给读者，引证充实，图文并茂，深入浅出，使不同层次的读者能了解经济发展规律，关注发展中国家尤其是中国的经济发展问题。

　　第二，理论联系实际。发展经济学是一门应用性很强的学科，只是系统地介绍发展经济学的理论是远远不够的，还要求能用相关理论来解释发展中国家经济发展中面临的现实问题。因此，本教材每一章在阐述经济发展理论后，都安排了相应的案例或专栏，或为相关理论观点提供依据，或从更新的视角来探讨相关的理论问题。

　　第三，积极引导探究。本教材的编写采用的是一种问题导向的方法。例如对某一重要的经济问题和经济现象提供不同的理论观点，以便读者在考虑这类问题时，能够对不同思路、不同理论观点作比较分析，从而有利于读者研究不同理论观点的互斥、互补和各自的取舍之处。

　　本书在编写过程中，参阅了国内外大量的发展经济学著作和论文，特别是教科书，我们从中受益匪浅。这里谨向这些作者，尤其是本教材所引用的资料的作者致以谢意。本书的编写还得到了我的同事华中师范大学经济与工商管理学院梅德平教授、叶桦教授、周维弟教授等的热心关注和大力支持，对此深表感谢。

本书能够在短时期内出版得益于武汉大学出版社的编辑柴艺和陈红。他们对工作积极部署，热情筹划，不遗余力，特在此致以诚挚的敬意和衷心的感谢。

本书由李桂娥主编，并负责全书结构体系的设计和统纂定稿。本书共分十三章，各章初稿的写作分工为：李桂娥第一、二、四、五、九、十章；甘天琦第三章；徐纯正第七章；万威第六章；郑阳第八章；童沙沙第十一章；汪丽霞第十二章；肖阳第十三章。

由于编写者水平有限，本书一定存在若干不足之处，诚望得到广大学者和读者的批评指正。

李桂娥

2013 年 8 月于武昌桂子山

目　录

总　论　编

要　素　编

结　构　编

战　略　编

总　论　编

第一章　发展中国家与经济发展

发展经济学的研究对象是发展中国家或不发达国家的经济发展问题。"发展中国家"或"不发达国家"是相对于"发达国家"而言的。本章将首先探讨发达国家与不发达国家的分野是如何形成的，然后分别介绍发达国家与发展中国家的共同特征。最后讨论经济发展的含义及发展水平的测度。

一、西方世界的兴起

（一）世界经济与经济世界

世界经济意为整个世界的经济，而经济世界一词是法国年鉴派史学大师布罗代尔（Fernand Braudel）所创造的一个术语。按照布罗代尔的解释，经济世界是在全球形成一个经济整体的情况下，地球上一个部分的经济。一个经济世界有三个组成要素：首先，它占据着一个特定的地理空间，有其特定的界限，但这一界限可以缓慢地变化，并在长期的历史演变中不时地被打破。其次，一个经济世界总要有一个极或一个中心，其代表为一座有支配地位的城市，这在过去是城市，在今天则是都市，同一个经济世界在相当长的时期内，可能有两个中心并存。最后，每个经济世界都可以被分解为延续的区域心脏，即被围绕着的中心地区，随后是中心地区周围的中间地区，最后是广大的边缘地区。在经济世界各区域的分工中，边缘地区处于从属的、依附的地位。①

远在欧洲人认识整个世界之前，即在中世纪乃至古代，世界就已经被分成了几个共存的经济世界。这些共存的经济世界天各一方，极少交往。因为每个经济世界各有其辽阔的边缘地带，除去少许例外情形，横跨如此辽阔的地域做买卖一般获利甚微。在彼得大帝（1682—1725 年）之前，俄罗斯就是经济世界中的一个，自食其力，也自我封闭。在 18 世纪末之前，巨大的土耳其帝国也是一个经济世界。在 1492 年之前，哥伦布尚未远行，欧洲加上地中海，带着伸向远东的触角，也是一个经济世界，其标志便是威尼斯的辉煌。这个经济世界随着地理大发现而扩大，吞并了大西洋诸岛和沿岸，逐步深入美洲内陆，并密切了与其他当时仍然自主的经济世界——印度、南洋群岛和中国的联系。同时，在欧洲内部，其中心由南向北迁移。在 1500 年前后，中心从威尼斯转移到了安特卫普，接着，在 1500—1560 年，风头又回归地中海，转移到了热那亚，尔后在 1590—1610 年迁往阿姆斯特丹，在那里稳定了近两个世纪。在 1780—1815 年，中心移位于伦敦。1929 年，中心横

---

① 转引自毕世杰主编：《发展经济学》，高等教育出版社 1999 年版，第 3 页。

越大西洋，定位于纽约，通常所谓西方世界，就是指这一经济世界。这一经济世界由发达国家组成。当前公认的发达国家有20多个，经济合作与发展组织（OECD）的大部分成员国，包括西班牙、葡萄牙、爱尔兰、冰岛、新西兰、意大利、英国、澳大利亚、比利时、荷兰、卢森堡、奥地利、法国、德国、芬兰、土耳其、日本等都是发达国家。其中最重要的7个国家是美国、英国、德国、日本、法国、意大利、加拿大，这七个国家又形成了"七国集团"（Group of Seven）。

（二）西方世界的兴起

西方世界并不是一开始就领先于其他经济世界的。为了探讨西方世界的兴起过程，我们需要从它与其他经济世界一样贫困的时期开始，中世纪可以作为这样的起点。

中世纪经济中农业占主导地位。乡村生活是围绕着庄园组织起来的。庄园是规模很大且相当复杂的生产组织。作为一种重要的经济组织形式，庄园有以下三个主要特点。

首先，庄园制是一种自给自足的经济体。中世纪庄园的一个重要特点，是缺少进行以货币为媒介的交换。庄园内的一切生产都是供应庄园主消费和依附农民及其家庭的生活需要，只有庄园不能生产的如盐、铁等才从庄园以外购取。自给自足的自然经济是和当时欧洲的生产力发展水平相适应的。

其次，劳役地租是庄园制地租的一种重要形态。庄园土地一般分为领主自营地和农奴份地两大部分。农奴除耕种自己的份地外，还需无偿为领主耕种自营地。一般每周3~4天，其收获全归庄园主所有，这就是所谓的劳役地租。劳役地租是农奴为了换取使用庄园土地的权利必须付出的劳动。此外，农奴还要用劳役来报答领主的保护。在中世纪早期，庄园主对劳动进行分成而不对产品进行分成的原因在于庄园经济中市场的缺失。严酷的自然条件、不发达的交通技术以及庄园外部不安全的治安环境，使得庄园之间进行要素以及产品交换的成本非常高，由于缺乏稳定而有效的市场，度量产品的质量和价值相当困难。因此，不对生产成果进行分成而对生产要素——劳动进行分成具有节约成本的合理性。

最后，庄园制是一种政治和经济合一的制度。庄园制是整个欧洲封建社会的一部分。按文献中流行的定义，封建主义是这样一种制度：土地占有者作为君主的臣民拥有土地，作为交换，他们要为君主去服军役。换句话说，它是这样一种安排，土地占有关系中的等级制度与军事关系中的等级制度平行。由于庄园主的权力有其军事和政治根源，他的权力既是政治性的，也是经济性的，这两种权力共同结合在庄园主一个人身上。庄园制的本质在于庄园主执行政府的职能。[①] 另外，理所当然的是，庄园主将行使他的政治权力以使自己在物质上得到好处，这是一种有利可图的权力，只是有一个条件，那就是如果庄园主不提供庄园经营所必需的公共劳务，就没有人会提供这些劳务，于是庄园主的收入就会减少。总之，庄园是一种理性的政治经济选择，其典型特征是"政经"不分。

中世纪西方社会的各种制度到13世纪时仍然在发挥作用。14—15世纪，欧洲社会充

---

① 道格拉斯·诺思等在《西方世界的兴起》中将政府的职能具体化为"领主以其城堡和他所供养的骑士专门生产保护和公正，农奴则消费此种保护并用自己的劳动进行交换"。参见道格拉斯·诺思等著：《西方世界的兴起》，华夏出版社1989年版，第30页。

满灾难：封建割据带来的频繁战争，加上瘟疫和饥荒连绵不绝，导致人口锐减，劳力短缺，耕地荒芜。庄园主难以经营庄园，纷纷把原来的自营地及已经死亡或逃亡农奴的份地改为租佃制，用货币地租代替劳役地租和实物地租，这样庄园制就逐渐瓦解了。

15 世纪是恢复时期，15 世纪末，欧洲在商业和技术上加快了发展，造船技术在这一时期取得了重要进展。这些进步带来了区域之间和国家之间的贸易和商业的发展。15 世纪末 16 世纪初，欧洲的航海家利用这些进步进行了"新航路的发现"、"新大陆的发现"和"首次环球航行"等重大探险活动，人们统称为"地理大发现"。"地理大发现"结束了新、旧大陆之间的相互隔离、各自独立发展的局面，开始把世界联结成为统一的整体，促进了世界市场的形成，使商业、航海业和工业空前发展，推动了对外贸易的快速发展，为欧洲主要国家的资本积累开辟了新的来源，使后来欧洲殖民者在美洲掠夺金银和把非洲黑人奴隶供给美洲市场成为可能。

从 15 世纪末到 18 世纪下半叶，经历了近三个世纪的资本原始积累过程，经历了葡萄牙和西班牙的封建殖民时期，荷兰商业资本殖民时期以及英国工业资本对世界的统治这样三个阶段。在近三个世纪的经济发展过程中，葡萄牙和西班牙率先实现经济崛起，成为 16 世纪最强大的殖民帝国。随后荷兰和英国相继成为 17 世纪和 18 世纪世界上最有效率和发展最快的国家，并成为最先步入现代经济增长轨道的两个国家。在新制度经济学家道格拉斯·诺思看来，持续增长所需要的制度前提已经在荷兰和英国建立起来了。比如在 18 世纪初，英国的制度构架为经济发展提供了适宜的环境：工业管制衰退和行业权力下降促进了劳动力流动和经济活动的创新；合股公司、存款银行、保险公司降低了资本市场交易成本，鼓励了资本流动；更重要的是，议会的最高权威和纳入共同法中的财产权利，把政治权力赋予了那些渴望开拓新机会的人，并且为保护和鼓励生产性活动的立法体系提供了基本框架，这些条件表明"舞台"已经为工业革命布置就绪。[①]

到 18 世纪中后期，工业革命首先在英国爆发。继英国工业革命后，工业革命开始蔓延到欧洲大陆、北美。西方世界各国相继步入现代经济增长阶段。正是由于工业革命引起的现代经济增长，在以后的一个半世纪内导致了西方世界与非西方世界在人均收入方面的巨大差距，西方世界与非西方世界之间的分野日益明朗，从而使得世界划分为两个不同的群体：发达国家与欠发达国家。正是通过工业革命，西方国家实现了从传统农业社会向现代工业社会的转型，牢固地奠定了西方世界在国际社会中的主宰地位。而且由于现代经济增长过程的逐步开展，发达国家与发展中国家之间的鸿沟进一步加深，这一鸿沟不再是数量上的差异，而是结构上的差异，是两种不同性质社会的差异。

（三）现代经济增长

1. 现代经济增长的定义

自工业革命以来，世界经济出现了两百多年的快速增长。[②]其中一部分国家进入了发

---

① 道格拉斯·诺思等著：《西方世界的兴起》，华夏出版社 1989 年版，第 221 页。

② 指从 18 世纪 60 年代到 19 世纪中期所进行的工业革命，它以蒸汽机的发明和应用为标志，使得以手工劳动为基础的工场手工业转向了大机器生产，资本主义工厂制度得以确立。参见陈才主编：《世界经济地理》，北京师范大学出版社 1999 年版，第 6 页。

达国家行列。西蒙·库兹涅茨(Simon Kuznets)把发达国家的经济增长现象定义为现代经济增长。所谓现代经济增长，就是它给本国居民提供各种各样的经济产品的能力有着长期的提高；这种不断提高的能力是建立在先进技术以及所需要的制度和意识形态的相应调整的基础之上的。① 这一定义包括三个主要含义：①国民产出量的持续上升是经济的表现形式，而提供极其丰富商品的能力是经济成熟的标志；②持续扩大商品的供应是经济增长的结果，丰富的商品供应是由于应用各种先进技术实现的，而先进技术只是必要条件；③制度和意识形态的相应调整是经济增长的充分条件，而先进技术只是为经济增长提供了一种潜在的生产能力，若要保证先进技术充分发挥作用，还必须有与之相适应的社会制度和意识形态。

现代经济增长不仅包括经济增长的内容和表现形式，而且还包括经济增长的源泉、必要条件和充分条件。

2. 现代经济增长的特征

通过对当代几乎所有发达国家经济增长历史的考察，库兹涅茨把现代经济增长的特征概括如下：第一，发达国家的人均产值和人口增长率都高。1750年以来的200多年中，发达国家人均产量的增长速度平均每年大致为2%，人口每年平均增长1%，因此总产量大约年平均增长3%。这意味着，人均产量每35年翻一番，人口每70年翻一番，实际国民生产总值每24年翻一番，增长速度远远快于18世纪末工业革命开始前的整个时期。第二，全要素生产率高且增长快。按库兹涅茨的估算，人均产量增长的50%～75%来自于生产率的增长。也就是说，技术进步对于现代经济增长起了很大作用。第三，经济结构迅速转变。库兹涅茨从国民收入和劳动力在产业间的分布这两个方面对产业结构的变化做了详细的分析。他指出，农业部门实现的国民收入在整个国民收入中的比重以及农业劳动力在全部劳动力中的比重，随着时间的推移，处于不断下降之中。工业部门的国民收入的相对比重，大体上是上升的，而工业部门劳动力的相对比重，大体不变或略有上升。服务部门劳动力的相对比重几乎在所有国家都呈上升趋势，但其国民收入的相对比重大体不变或略有上升。在美国，1870年全部劳动力的53%在农业部门，到1960年降到不足7%。第四，与经济结构密切相关的社会结构和意识形态也发生了迅速变化。第五，国际经济扩张迅速。为了获取原材料、廉价劳动力以及推销工业品的有利市场，发达的工业国家向世界其他地区不断扩张。发达的现代技术，特别是交通运输和信息手段的现代化，使这种扩张成为可能。从19世纪到20世纪初，世界领土已被资本主义列强瓜分完毕。第六，现代经济增长的扩散，尽管有扩散到世界范围的倾向，但实际的扩散却是有限的，只局限于不到全世界1/3人口的范围内，这部分人口享有全球收入的75%。经济增长不能扩散到世界大多数地区，归纳起来有两大原因：从国内来说，大多数落后国家僵化的社会政治结构和传统保守的思想观念阻碍了经济增长潜力的实现。从国际上来说，发达国家和欠发达国家之间不平等的国际经济政治关系导致了富国对穷国的掠夺和剥削，从某种意义上说，富国的经济增长是靠牺牲穷国的经济增长来取得的。

---

① 西蒙·库兹涅茨：《现代经济增长：发现与思考》，《美国经济评论》，1973年第6期。

3. 现代经济增长特征之间的关系

在以上所概括的关于现代经济增长的六大特征中，特征一、特征二涉及的是总体经济变量，特征三、特征四是关于结构变化的变量，特征五、特征六说明了经济增长的国际因素。这六个特征彼此紧密联系，且相互促进。人均产量的高增长率（特征一）产生于劳动生产力水平的迅速提高（特征二）。高人均收入又导致高水平的人均消费，从而刺激了生产结构的改变；同时，为了获得高生产率和适应生产结构的变化，生产规模、组织形式和企业经营方式必须发生相应变动（特征三）。当然，高人均收入也会改善劳动生产率。生产结构的变化，又迫使劳动力的配置和结构以及各职业集团的地位相应地迅速改变，这也意味着社会的其他方面，包括家庭规模、城市化以及决定自尊和尊严的物质因素的改变（特征四）。最后，现代经济增长的内在推动力，同运输和交通方面的技术革命相结合，使那些早发展起来的国家在国际上的扩展成为不可避免的事（特征五）。但是，由于落后国家和殖民地的文化传统、制度结构和意识形态等原因，它们并没有从发达国家的国际经济扩张中得到什么好处，反而遭受帝国主义和宗主国的大量剥削（特征六）。

二、发展中国家

（一）发展中国家及相关概念

发展中国家（developing countries）是指原先的殖民地、半殖民地和附属国，在第二次世界大战后取得政治独立而形成新兴民族国家。它们经济上不发达，面临着发展经济的共同任务，主要集中在亚洲（日本除外）、非洲、拉丁美洲地区。

发展中国家这一名称，是 20 世纪 60 年代以后在国际上流行起来的，它也经历了一个历史的变化。在很长一段历史时期，广大的亚洲、非洲、拉丁美洲地区的国家都曾遭受过西方殖民主义者的统治和掠夺，并被西方殖民主义者称为"野蛮民族"（uncivilized nations）和"落后国家"（backward countries）。殖民体系瓦解后，亚洲、非洲、拉丁美洲地区的殖民地、半殖民地和附属国纷纷获得了政治上的独立，但经济上处于贫困状态。这些贫穷国家被称为"欠发达国家"（less developed countries），欠发达国家开始成为发展文献中常用的术语，并缩写为 LDCs。显然，这一术语含有比较的意思，即说明这样一些国家同发达国家（more developed countries）相比，相对不发达。到了 20 世纪 60 年代后，大多数民族独立国家开始意识到，只要坚持不懈地努力，实现经济起飞和经济发展，摆脱不发达状态是完全可能的。因此，在 1964 年联合国第一次贸易和发展会议前后，在广大贫困国家的共同努力下，"发展中国家"这一概念成为联合国发展文献中的一个正式术语。

（二）发展中国家的共同特征

虽然发展中国家之间在历史、文化、制度以及经济发展水平等各个方面差异很大，但这些国家都在不同程度上面临着共同的问题。发展经济学家迈达尔·P. 托达罗等把发展中国家共同的社会经济特征归纳为以下几方面。①

（1）生活水平低下。一般来说，发展中国家绝大多数人口的一般生活水平都非常低下，这不仅表现在人均收入低和贫困现象严重，而且还表现为大多数人住房短缺、卫生保健水平差、受教育程度有限或根本没有受过教育、婴儿死亡率高、预期寿命和预期工作年限低，等等。总之，在许多发展中国家人民生活极其艰难，短期内也难以改善。

（2）生产率水平低下。引起发展中国家生产率低下的原因，可归结为如下几点：①物质资本积累与人力资本投入不足；②缺乏合格的管理人才；③缺乏适宜的社会经济体制和管理制度；④劳动者缺乏进取心和创新精神。此外，低下的生活水平与低下的生产率之间相互作用、不断强化，从而使发展中国家经济长期陷于不发达状态而难以自拔。

（3）人口增长率高和赡养负担（dependency burden）沉重。发展中国家的出生率通常很高，处于30‰~40‰的水平，而发达国家还不及这个数字的一半。在许多发展中国家，15岁以下的儿童几乎占到人口总量的40%，发达国家的这一比例不到21%；与之相反的是，65岁以上老年人口占全部人口的比重在发达国家超过10%，而在发展中国家则要低一半，但总赡养负担（包括抚养儿童和赡养老人）在发展中国家大约为总人口的45%，而在发达国家仅占总人口的30%左右。可以设想，当两国经济条件完全一样，而一个国家的赡养负担较重时，这个国家就不能不把一部分资源用于被赡养者的生活费用和教育费用，使发展经济的潜力减弱。

（4）城乡发展极不平衡，失业和就业不足问题日益严重。主要表现为：①人口的城乡分布极不均衡，城市化比率低。在发展中国家，生活在城市的总人口占全国总人口的比例约为30%~40%，而发达国家的这一比例通常在60%以上，例如美国高达74%。②城市人口由于使用先进技术，他们的产出在总产出中占有很大份额，因而城乡经济严重分化，呈现二元状态。③城市地区公开失业水平高。据估计，发展中国家城市劳动力中，公开失业率为10%~15%，其中15~24岁青少年的失业率高达30%左右。④就业不足（under-employment）或隐蔽性失业现象日益剧增。

（5）严重依赖农业生产和初级产品出口。发展中国家的绝大多数人口生活在农村地区，很多劳动力从事农业生产。由于农业部门规模巨大、生产效率低下，整个经济呈现出二元经济结构，处于贫困落后状态。在对外经济贸易方面，由于制造业不发达，大多数发展中国家在发展初期主要依赖初级产品（如农产品和矿产品）出口创汇，常常处于不利地位。

（6）不发达的市场经济。由于长期遭受殖民掠夺和封建生产关系的束缚以及独立后政府干预不当，发展中国家的市场和价格制度先天残缺不足，后天发育不良。国内经济各部门之间联系微弱、支离破碎，对外依赖严重。市场运行不灵且受到严重扭曲，无法发挥其作为资源配置的基本手段的功能。

（7）在国际经济关系中处于受支配、依附和脆弱的地位。第二次世界大战后，发展中国家虽然获得了政治上的独立，但未摆脱经济发展上对发达国家的依赖性。这种依赖性主

---

① 参见迈达尔·P. 托达罗、斯蒂芬·C. 史密斯著：《发展经济学》，机械工业出版社2009年版，第33~48页。

要表现为两个方面：一是经济结构上的依赖性。长期殖民统治造成这些国家经济上的单一畸形结构，其经济发展依赖少数农、矿原料等初级产品的出口。由于工业基础薄弱，工业制成品严重依赖进口。二是在资金技术上的对外依赖性。由于经济落后，内部积累不足。发达国家控制着或左右着向发展中国家的技术转移和对其资金援助。因此，发展中国家独立后，经济上对发达国家存在种种依赖性。这样，在世界经济中，发达国家就位于核心地区，发展中国家则不断地被边缘化。

以上 7 个方面，构成了发展中国家社会经济的共同特征。这些特征互相联结、相互加强，成为"不发达"状况的基本元素。

（三）发展中国家的分类

为数众多的发展中国家，比起发达国家来说，呈现出更大的多样性。在历史传统、国土大小、人口规模、自然资源禀赋、社会经济制度、政治经济结构和社会发展水平等方面存在着鲜明的差异。

目前最流行的做法是将发展中国家按照收入水平进行分类，但也同时考虑其他一些因素。主要的分类有以下四种：

1. 联合国的划分方法

联合国通常将发展中国家划分为三个组：最不发达国家，非石油出口发展中国家和在20 世纪 70 年代国民收入显著增长的盛产石油的石油输出国组织（OPEC）成员国。在划分之初，世界上最不发达国家有 44 个，非石油出口发展中国家 88 个，OPEC 成员国 13 个。根据联合国贸发会议《2002 最不发达国家》的报告，当今世界上的最不发达国家已经增加到 49 个，这个最贫困国家群体拥有将近世界上 1/10 的人口。这些国家包括：阿富汗、安哥拉、孟加拉国、贝宁、不丹、布基纳法索、布隆迪、柬埔寨、佛得角、中非共和国、乍得、科摩罗群岛、刚果（金）、吉布提、赤道几内亚、厄立特里亚、埃塞俄比亚、冈比亚、几内亚、几内亚比绍、海地、基里巴斯、老挝、莱索托、利比里亚、马达加斯加、马拉维、马尔代夫、马里、毛里塔尼亚、莫桑比克、缅甸、尼泊尔、尼日尔、卢旺达、萨摩亚、圣多美和普林西比、塞内加尔、塞拉利昂、所罗门群岛、索马里、苏丹、多哥、图瓦卢、乌干达、坦桑尼亚、瓦努阿图、也门和赞比亚。OPEC 成员国包括：伊拉克、伊朗、沙特阿拉伯、科威特、委内瑞拉、阿尔及利亚、阿拉伯联合酋长国、厄瓜多尔、加蓬、卡塔尔、利比亚、尼日利亚和印度尼西亚。其余的则是非石油出口发展中国家。

2. 经济合作与发展组织（OECD）的分类

OECD 把发展中国家（包括那些不属于联合国系统的国家和地区）分为四类：61 个低收入国家、73 个中等收入国家、13 个 OPEC 成员国和 11 个新兴工业化国家和地区。其中，新兴工业化国家和地区是指工业迅速发展，产业结构变化显著，制成品在出口中所占比重迅速上升，经济发展速度较快，人均收入较高的发展中国家和地区。1979 年，经济合作与发展组织发表了新兴工业化国家和地区报告，将新加坡、韩国、中国香港、中国台湾、巴西、墨西哥、阿根廷、西班牙、葡萄牙、希腊和南斯拉夫等 11 个国家和地区列为

"新兴工业化国家和地区"。这些国家和地区虽然工业化程度较高，但在原材料、机器设备、资金、技术和市场等方面高度依赖于国外，造成这些国家和地区经济发展的脆弱性，容易受国际经济波动的影响，如 20 世纪 80 年代巴西的金融危机和债务危机，1997 年的东南亚金融危机等。

应该指出的是，除了上述 OECD 所列举的发展中国家，俄罗斯和东欧的经济转轨国家作为当今发展中世界的一个特殊的组成部分，以其独特的历史背景和艰巨的发展使命丰富了发展中国家的内涵。根据发展经济学界的通常做法，将这些国家作为一个完整的新国家集团，以区别亚非拉和中东那些传统的贫困发展中国家。这些国家包括：俄罗斯、乌克兰、白俄罗斯、摩尔多瓦、格鲁吉亚、阿塞拜疆、亚美尼亚、哈萨克斯坦、乌兹别克斯坦、吉尔吉斯斯坦、塔吉克斯坦、土库曼斯坦、立陶宛、爱沙尼亚、拉脱维亚、捷克共和国、斯洛伐克共和国、南斯拉夫、黑山、斯洛文尼亚、克罗地亚、马其顿、波黑、波兰、匈牙利、罗马尼亚、保加利亚、阿尔巴尼亚。这些国家虽然在历史上与亚非拉广大发展中国家有着不尽相同的初始条件和发展轨迹，但由于长期实行高度集中的计划经济体制，导致市场机制的残缺，同样造成了经济欠发达状态。

3. 国际复兴与开发银行即世界银行的分类

世界银行《2008 年世界发展报告》将 222 个国家和地区根据人均国民总收入（GNI）水平划分为四种类型：低收入国家（地区）（2006 年人均国民收入 905 美元及以下）、中等收入国家（地区）（906~3595 美元）、中上等收入国家（地区）（3596~11115 美元）和高收入国家（地区）（11116 美元及以上）。① 前 3 类国家（地区）包括了发展中国家的大多数。最后一类高收入国家和地区有 5 个属于发展中国家和地区，包括中国香港地区、以色列、科威特、新加坡和阿拉伯联合酋长国。应强调的是，其划分标准的具体数字随时间推移而不断有所调整，有些高收入的国家被 OPEC 界定为发展中国家。如一些国家靠某种资源禀赋（例如石油）给他们带来高收入，但经济结构单一，现代化程度不高，社会文明演进处于较低层面。

4. 联合国开发计划署（UNDP）的分类

这是最新的一种分类，其划分标准是"人类发展指数"，包括人均国民生产总值、出生时的预期寿命和受教育程度三个指标。根据人类发展的状况，所有国家被划分成三个等级——"高发展程度"、"中等发展程度"和"低发展程度"。在这种分类方法下，一些发展中国家虽然经济增长并不显著，但却由于在"人类发展"上的成就被划入高发展程度国家的行列。

以上我们从质量和数量两方面对发展中国家的现状进行了描述，从发展中国家的生活图景看，似乎令人沮丧。但我们必须明了，贫穷问题、生产率低下，对初级产品出口的依赖性及国际地位的脆弱性等这些欠发达现象一定要放在国内和国际双重背景下考察。从国

---

① 这一分类标准的数值因年份而调整。有关数据可在世界银行网站查询，http：//www.world-bank.org/data.

际背景看，发展中国家的"欠发达"是一种历史的产物，是西方殖民主义者在全世界扩张和奴役的结果。

三、经 济 发 展

（一）经济增长与经济发展

经济增长和经济发展是既相联系又相区别的两个概念。科学地把握这两个概念的区别和联系是研究发展经济学的理论起点，也是理解经济发展理论的必要前提。

一般而言，经济增长是指一国或一地区在一定时期内产品和劳务的产出的增长。一般用实际的国民生产总值或国内生产总值的增长率来表示。经济发展的概念，既有量的内容，也有质的规定。经济发展不仅包括经济增长，还包括经济结构的变化。这些变化包括：

第一，投入结构的变化。从简单劳动到复杂劳动，从手工操作转到机械化操作，从传统的生产方法转到现代的生产方法，从劳动密集型技术转到资本密集型技术和知识密集型技术，生产组织和管理形式从传统的小生产转到现代的大公司。

第二，产出结构的变化。主要表现为产业结构的变化。在国民经济中，第一产业的劳动力和产值比重趋于下降，第二产业的比重趋于上升，第三产业比重逐渐扩大，最终成为经济中最大的部门。每个部门内部的结构也相应发生变化，逐渐趋向平衡。在产业结构的转换过程中，农村人口向城市迁移，城市化和工业化同步进行。

第三，产品构成的变化和质量的改进。产品和服务构成适应消费者需求的变化，质量不断提高，品种更加多样化。

第四，居民生活水平的提高。具体表现在：人均收入持续增加，一般居民营养状况、居住条件、医疗卫生条件和受教育程度明显改善，文化生活更加丰富多彩，人均预期寿命延长，婴儿死亡率下降，物质和文化环境比以前更加舒适。

第五，分配状况改善。收入和财产的不平等程度趋于下降，贫困人口趋于减少。

此外，经济发展离不开社会变迁。例如，人口结构、社会分层结构、社会制度和文化等必然伴随着经济的发展而变化调整。从这个意义上讲，经济发展本身也包含社会进步、社会转型和社会变迁。

由此可见，经济发展是指随着产出的增长而出现的经济结构、社会制度结构以及文化结构的转换和全面进步。它比经济增长包含的内容要丰富和复杂得多。当然，没有经济增长是很难有经济发展的，就此而言，经济增长是经济发展的必要条件。但是，经济增长不一定会带来经济发展。也就是说，经济增长不是经济发展的充分条件。在经济增长过程中，如果生产方式和生产技术仍然以传统为主；如果产业结构没有什么变化，仍然以传统农业为主，二元结构鲜明，城市化和工业化严重不平衡；如果生产出来的产品相当一部分是假冒伪劣产品，以损害消费者的利益为代价；如果生产的产品大量积压，缺少需求；如果一国政府把收入增长的大部分用于建造豪华的宫殿，维持庞大的军队和官僚机构，致使普通居民的收入和生活水平长期得不到提高；如果人类居住的生活环境遭到破坏，污染严重，导致生活质量下降和健康受损；如果收入和财富分配越来越不均，贫困人口不但没有减少，反而还在增加，那么，这种经济增长就和经济发展不一致，有增长无发展，或者被称为"无发展的增长"。

(二)发展观的演变

早期发展经济学家把经济发展等同于经济增长，经济发展以物质财富的增长为核心，以经济增长为唯一目标，GDP 总量或人均 GDP 的增长会为国家带来好处，这些好处会通过创造就业和其他经济机会的形式使国民自然受惠。基于这一发展观，这一时期的发展经济学家都把研究重点放在如何加速落后国家或地区经济增长这一主题上。对于人类的一切经济活动，都以其创造的物质财富的多少来判断其价值，并由此出发来确定人们的发展行为和发展方式，从而导致了"有增长无发展"的情况出现。

20 世纪 60 年代中期，发展文献中对发展含义的解释出现了明显的变化。美国哈佛大学的怀特·帕金斯等人认为经济增长与经济发展之间有根本区别。如果一个国家的产品和劳务生产增加了，不论这种增加是如何实现的，我们都可以说这是经济增长。而经济发展却意味着更多的东西，例如，20 世纪 60 年代以来，韩国与利比亚都曾经历了人均收入的大幅度上升，但在利比亚，这一上升是由外国公司促成的。这些公司生产单一的产品销往美国或西欧，虽然利比亚政府因出售石油而获得了大量收入，利比亚人却与这种收入的生产没有关系。发现石油带来的增长效益就好似某个富国给利比亚捐赠了一笔巨款一样，这种现象通常不能认为是发展。经济发展，除去人均收入水平的提高外，还要包括经济结构的根本变化，其中最重要的是工业份额的上升和城市化。此外，还要包括人口增长结构、消费结构等方面的变化。并且，怀特·帕金斯等人强调说，一国国民必须是带来这些结构变迁的发展过程的主要参与者。对发展的参与意味着对发展成果的分享，如果增长只为少数富人带来利益，就不能认为出现了发展。

进入 20 世纪七八十年代，可持续发展问题越来越受到发展经济学家的关注。工业化带来空气和水污染以及丢弃的工业固体废料对地球表层的污染；农业现代化过程中化肥、除草剂和杀虫药的大量使用，不仅导致土地肥力下降，而且还潜伏着粮食作物中包含对人体有害物的各种危险；人口增长过快增加了对土地等自然资源的压力，出现严重的土地肥力和森林退化。因此，环境质量问题不再是发达工业国家独有的现象。人们越来越认识到，一个经济能够取得经济发展的能力与这个经济的环境质量、自然资源之间的密切关系，认识到高环境质量使得一个经济发展更快和更顺利。

20 世纪 90 年代以后，发展经济学家认为对经济发展问题的探讨最终应回到人自身的发展上。简言之，就是探讨以人为本的发展，基本内容包括：在不同层次上满足人的基本需要和发展人的能力。

美国经济学家丹尼斯·古雷特(Dennis Goulet)认为，发展至少有三个基本内容：生存、自尊和自由。① 所谓生存，就是提供基本生活需要，包括食物、住所、健康和保护，以维持人的生存。当这些基本需要中的任何一项得不到满足或严重匮乏时，就意味着存在

---

① Dennis Goulet, *The Cruel Choice：A New Concept in the Theory of Development* Atheneum, 1971, p. 23.

"绝对不发达"的状况。没有在社会水平和个人水平上持续不断的经济进步，人力资源及其潜能就很难得以发挥。因此，要满足人的基本需要，就必须提高人均收入、根除绝对贫困、增加就业机会、减少收入分配不平等。所谓自尊，是指人要被当做一个人来看待，要让人能够感受到自身价值，而不是为他人的目的被作为工具来使用。自尊的性质和形式可能会因不同的社会和文化背景而发生变化。目前人们常常把国家的繁荣和物质财富的丰富作为实现自尊的基本形式及一般价值尺度。所谓自由，就是把人类从异化的物质生活条件以及种种惯例和教条主义信仰的社会奴役下解放出来。自由还意味着社会及成员选择范围的扩大，或者限制范围的缩小。阿瑟·刘易斯（Arthur Lewis）在强调经济增长与从奴役下取得自由之间的关系时曾指出："经济增长的好处不在于财富增进了人类幸福，而在于财富扩大了人类选择的范围。"财富可以使人获得他在贫困时不能获得的对自然界和周围更大的控制能力，可以使人获得更多的闲暇，得到更多的物质产品和服务。此外，自由还包括思想表达自由以及参与社会活动和公共事务的政治自由。

1998年诺贝尔经济学奖得主阿玛蒂亚·森（Amartya Sen）指出，发展的目的不仅在于增加人的商品消费数量，更重要的还在于使人们获得能力。[1] 根据这一思想，联合国开发计划署提出了人类发展（human development）的概念，进一步拓展了发展目标的内涵，指出发展是一个不断扩大人们选择的过程。从1990年起，联合国开发计划署每年一度发行《人类发展报告》，对世界各国的人类发展状况进行比较和评估。

《人类发展报告》定义的人类发展与古雷特教授关于发展的三个核心含义相类似，两者都是强调以人为中心的发展。人类发展包括两个方面：人的能力的形成和人的能力的运用。人的各种能力包括：拥有足够的收入来购买各种商品和服务的能力、延长寿命的能力、享受健康身体的能力、获得更多知识的能力以及参与社会公共事务的能力，等等。能力的运用对人的发展也相当重要，如将人的能力运用到工作中，或者创造闲暇，或者去从事政治或文化等方面的活动，如果不能使人的能力得到运用，许多人力资源的潜力将难以发挥。当然，人的各种能力的提高需要有社会总产品的增加，需要有经济的增长。只有经济持续增长，才有可能不断增加生产性就业和提高收入水平，改善民众的物质生活条件，提高健康水平和文化素养，等等。没有经济增长，这些能力的扩大是相当有限的。但是，有了经济增长，不等于会自动导致人的发展。

以上对发展经济学"发展观"演变的回顾，使我们能够更为准确地把握经济发展的内涵，有利于较为全面地制定发展目标和选择发展政策。

（三）衡量发展的指标

1. GNP 或 GDP 系列指标

迄今为止，衡量发展的核心指标仍然是国民生产总值（GNP）或国内生产总值（GDP）以及它们的人均值。国民生产总值和国内生产总值是两个大同小异的总量指标。它们都是

---

[1] Amartya Sen：" The Concept of Development", *Handbook of Development Economics.* Volume 1, Edited by H. Chenery and T. N . Srinivasan , Elsevies Science Publishers B. V , 1988.

按市场价格计算的一定时期内国民经济中所生产的物品和劳务的总和。所不同的是两者是按稍有不同的统计原则来计算的。国民生产总值的计算，只包含本国居民从事经济活动的全部成果，而不问其居住在何处，这是所谓的国民原则。国内生产总值则是按所谓的国土原则计算的，只包含在本国领土上的经济活动成果，而不论其经济活动参与者是否为本国居民。采用 GNP 或 GDP 以及它们的人均值作为衡量发展水平的指标简洁明了，通用性强，因而国际组织经常将此作为划分国家类别的基本依据。但是这种方法在经济分析中，特别是在国际比较中，仍然存在许多缺陷：

第一，难以反映国与国之间真实的收入差距。在比较各国的经济发展水平时，必须对各国的 GDP 指标进行技术处理，剔除国民经济核算体系和统计口径的差异，并把不同货币单位的 GDP 数值按照汇率折算成统一的货币单位（通常是美元）。而汇率只能反映贸易品的价格，无法反映非贸易品（如基础设施和大部分劳务）的价格。各国贸易品和非贸易品的相对价格不一样，这就造成按汇率来折算各国 GDP 时容易失真。一般说来，低收入国家的非贸易品相对价格较低，因而居民的实际收入要比按汇率折算的收入高。

为了解决这个问题，联合国统计机构在世界银行资助下制定了一项关于各国人均国内生产总值核算比较中以购买力平价（Purchase Power Parity，PPP）法取代汇率法的工作规划，通常称之为国际比较项目（International Comparison Project，ICP）。按购买力平价法，在进行国际比较时，不再使用官方汇率作为换算因子，而是采用"购买力平价"对各国收入进行核算。所谓购买力平价是"在一国国内市场上购买相当于一美元在美国可以购买到的同样数量的货物或劳务所需要的该国货币单位的数目"。这样，在国际比较中，一些各国相对价格差异和汇率折算所造成的问题就可以消除了。此外，采用购买力平价法代替汇率法进行国际比较时，会产生一些不同的结果。低收入国家的收入水平会提高，高收入国家的收入水平会降低，各国收入的排列次序也会改变。

第二，没有反映由于环境污染、城市化和人口增长所付出的社会代价。尽管环境资源难以纳入国民收入核算体系，但是资源耗竭和环境恶化对生产率和经济增长的不利影响是显而易见的。

第三，没有包括非市场或非货币化的经济活动。如家务劳动、发展中国家尚未商品化的农业活动等，不通过市场进行交换，不能通过货币表现出来，所以也就不能在 GDP 系列指标中得到反映。

第四，它难以反映经济发展的全貌和经济发展的动态内容。例如，经济结构的变化与调整、收入分配的改善与贫困人口的减少、就业水平的上升与实际生活水平的提高等。

尽管如此，到目前为止，经济学中还没有发现比 GNP 或 GDP 更好的衡量一国国民经济中所生产的物品和劳务的综合指标。因此，这一指标仍然被广泛使用。不过，我们必须明了，要全面反映经济发展状况，仅使用这一个指标是远远不够的。许多学者一直在探索建立其他的综合指标体系，来替代或补充传统的度量指标。这些指标大致可以分为两种，一种是用社会、经济、政治因素等综合指标来衡量发展，另一种是采用生活质量指标来衡量发展。

2. 社会经济综合发展指标体系

1970 年，联合国社会发展研究所从 73 项指标中筛选出以下 16 项综合发展指标，作

主要参考文献和阅读指南

1. 张培刚、张建华主编：《发展经济学》，北京大学出版社 2009 年版。

2. 毕世杰主编：《发展经济学》，高等教育出版社 1999 年版。

3. 彭刚、黄卫平主编：《发展经济学》，中国人民大学出版社 2007 年版。

4. 马尔科姆·吉利斯、德怀特·帕金斯等著：《发展经济学》，中国人民大学出版社 1998 年版。

5. 齐良书编著：《发展经济学》，中国发展出版社 2002 年版。

6. 道格拉斯·诺思、罗伯特·托马斯著：《西方世界的兴起》，华夏出版社 1989 年版。

7. 阿瑟·刘易斯著：《经济增长理论》，商务印书馆 1991 年版。

8. Amartya Sen：The Concept of Development，*Handbook of Development Economics*，Volume 1，Edited by H. Chenery and T. N. Srinivasan，Elsevies Science Publishers B. V，1988.

9. 迈达尔 P. 托达罗、斯蒂芬 C. 史密斯著：《发展经济学》，机械工业出版社 2009 年版。

10. 彭刚：《发展中国家的定义、构成与分类》，《教学与研究》2004 年第 9 期。

11. 吴伟、高帆：《三种发展观的比较和启示》，《经济问题》2004 年第 3 期。

12. Kuznets，Simon：Modern Economic Growth：Findings and Reflections，*American Economic Review*，March 1973.

第二章　发展经济学的产生与发展

　　发展经济学是 20 世纪 40—50 年代形成的一门新兴经济学科。它的研究对象是发展中国家所面临的发展问题，不仅包括经济问题，也涵盖了社会、政治、文化、人口、环境等传统上不包含在经济学范围内的广阔领域，具有较强的整体性、综合性和边缘性。发展经济学还特别注重发展战略和政策的研究，因而又具有很强的应用性。本章首先介绍经济学说史上的经济发展思想，然后简要说明发展经济学的产生和发展历程以及发展经济学中的主要流派。最后对发展经济学的研究内容和研究方法做一概要性的描述。

一、发展经济学的理论渊源

　　发展经济学家在研究发展经济学的过程中继承了自古典到现代西方经济学各种流派的有关经济发展的主要思想，但人们一般从古典经济学中追寻有关经济发展思想的理论渊源。因为古典经济学产生的时代正是现在的发达国家处于不发达的时期，其经济发展水平类似于当今发展中国家的经济发展水平。所以，那时提出的一些理论就成为当今发展经济学的理论渊源。而给当代经济发展理论启示最多的是古典学派，主要包括亚当·斯密、大卫·李嘉图、托马斯·马尔萨斯、约翰·斯图亚特·穆勒、阿弗里德·马歇尔和阿林·杨格等古典经济学家。

（一）亚当·斯密

　　亚当·斯密在经济思想史上占有极其重要的地位。斯密的增长理论包括以下几个要点。

　　经济增长表现为国民财富的增长。所谓国民财富，按斯密的定义，即"构成一国全部劳动年产物的一切商品"。显然，这一定义具有现代经济学通用的国民生产总值或国民收入的含义。

　　国民财富的增长取决于两个条件，即劳动生产率的高低和从事生产性劳动人数的多寡。[①] 这一思想也许说不上深刻，但斯密进一步指出，影响劳动生产率的是分工，从事生产性劳动人数的多寡则和人口的增减有关，更取决于资本的丰歉。这样，斯密就把

---

　　① 亚当·斯密著：《国民财富的性质和原因的研究》，商务印书馆 1972 年版，第 8 页。

经济增长和分工、人口数量以及资本积累联系起来了。①

分工之所以能提高劳动生产率，原因有三：第一，劳动者的技巧因业专而日进；第二，由一种工作到另一种工作，通常需损失不少时间，有了分工，就可以免除这种损失；第三，许多简化和缩减劳动的机器的发明，使一个人能够做许多人的工作。

人口数量的增加会引起劳动数量的增加，从而引起经济增长，这是十分显然的道理。除此之外，斯密指出，人口数量对分工也有影响。劳动分工的好处依赖于需求集中的程度，需求集中的程度受人口数量的制约。斯密同时也注意到了人口质量以及与此相关的教育对经济增长的促进作用。

无论是增加生产性劳动者的数量，还是提高劳动生产率，"都有增加资本的必要"。②资本积累因此成为经济增长的重要条件。资本如何增加呢？斯密认为，资本增加，由于节俭；资本减少，由于奢侈和妄为。

斯密还认为资本的用途，或者说投资方向，对国民财富的增进速度有很大影响。他指出，投在农业上的部分愈大，所推动的国内的生产性劳动量也愈大，同时，对社会土地和劳动的年产物所增加的价值也愈大。除了农业，当推制造业。投在出口贸易上的资本，在三者中，效果最小。

如果就国内贸易、消费品国外贸易、运送贸易这三种贸易来比较的话，斯密认为，"与投在消费品国外贸易上的等量资本比较，投在国内贸易上的资本，所维持和鼓励的本国生产性劳动量，一般较大，所增加的本国年生产物价值，一般也较大。但投在消费品国外贸易上的资本，与投在运送贸易上的等量资本比较，在这两方面，都提供了更大的利益"。因此，应当首先把资本倾注到最有利的部门，一直到注满为止，然后资本溢出，注入次有利的部门，又一直到注满为止，如此次第配置下去。

斯密还论证了国外贸易与经济增长的关系。在他看来，国际分工通过自由贸易能促进各国劳动生产力的发展。对外贸易可以使一国的剩余产品实现其价值，从而鼓励人们去改进劳动生产力，努力增加其产量，使国民财富和收入都有所增加。同时，国外贸易还增进了消费者的利益，从而有利于国民经济的增长和发展。基于这些观点，斯密成为自由贸易的热心鼓吹者和贸易限制的坚定反对者。

---

① 马克思区分了工场手工业内部的分工和社会内部的分工。社会内部的分工又可分为一般的分工——社会生产分为农业、工业等大类和特殊的分工——生产大类进一步分为种和亚种。相应地，工场内部的分工，又被称为个别的分工。用今天的学术语言来说，工场手工业内部分工即企业内分工，是指企业内部个人之间的分工，这种分工依赖于企业的等级组织，是通过企业领导者的命令、指挥和协调而实现的。社会内部分工是指在一个社会中，微观经济单位之间形成的分工和专业化。微观经济单位可以是个人也可以是企业或其他经济组织，这些微观单位分属于不同的产业或部门。企业内分工和社会分工之间存在着某些联系，一般来说，社会分工的程度越高，企业内分工程度也就越高。但两者之间有一个重大区别："工场手工业分工以生产资料积聚在一个资本家手中为前提；社会分工则以生产资料分散在许多互不依赖的商品生产者中间为前提。"也就是说，企业内分工通过企业组织联结，而社会分工则通过市场联结。马克思在此已经采用了罗纳德·科斯后来提出的市场—企业两分法。转引自毕世杰主编：《发展经济学》，高等教育出版社 1999 年版，第 236 页。

② 亚当·斯密著：《国民财富的性质和原因的研究》，商务印书馆 1972 年版，第 315～316 页。

斯密认为资本主义社会以前的社会财富是不能迅速增长的，并分析了原因。他认为，有以下几种因素阻碍了财富的增长。第一，分工不开展。"未开化的野蛮民族，不知道分工的效果。而一个继续从事多种工作的人，要经过很久才能生产出比维持每日生活所需要的多一点的东西。"第二，没有资本积累和机器发明。"在古代社会……没有资本，所以不能有机器的发明"，"不可能发明机器来减轻工作的困难"。第三，经济制度扼杀劳动者的积极性。"使用奴隶从事耕作是不好的办法。奴隶只是由于害怕责罚才去劳动，除此以外没有其他动机。"工商业进展的疲缓，也是由于同样性质的原因。在封建专制政体下，没有什么能防止地主剥削佃户和随意提高地租，这使佃户的积极性大大减低。第四，政府的压迫和残暴。这又包括：（1）由于政府的性质，内战外战频繁。"就富裕的增进来说，再没有比这更大的阻碍了。"（2）政府的妄为，"差不多所有国家都实行过许多错误的政策，使农业的发展受到阻碍"。（3）政府的横征暴敛，苛捐杂税。第五，独占的因素。一切专利和公司独占权利，都使货价升涨，售量减少。货物的制造受到阻碍，劳动分工也不能尽量发挥。第六，其他因素，如交通的不便、市场狭小等。

斯密认为，只有在资本主义经济制度下，才能确保个人利益的充分实现，使经济发展具有足够的动力。"每个人改善自身境况的一致的、经常的、不断的努力是社会财富、国民财富以及私人财富赖以产生的重大因素。"通过"看不见的手"的作用，自然权利体系和完全自由的贸易将使一个资本得到最佳利用，创造资本积累的理想条件，并实现经济增长。

在这样一种经济体系中，政府只需有三项职能："第一，保护社会，使其不受其他独立社会的侵犯。第二，尽可能保护社会上各个人使其不受社会上其他人的侵害或压迫，这就是说，要设立严正的司法机关。第三，建设并维持某些公共事业及其公共设施……这些事业或设施，在由大社会经营时，其利润常能补偿所费而有余，但若由个人或少数人经营，就决不能补偿所费。"①

经济增长的前景，在斯密那里，可能有三种情况：第一种是国民财富增长迅速，劳动工资高，资本利润也高，这是进步状态，当时北美经济正处于这种状态；第二种是国民财富萎缩，从而劳动工资低，而资本利润高，这是退步状态，斯密举出了孟加拉国的例子；第三种是静止状态，国民财富停滞不增，劳动工资低，资本利润也低。斯密认为，"中国一向是世界上最富的国家，就是说，土地最肥沃，耕作最精细，人民最多而且最勤勉的国家。然而，许久以来，它似乎就停滞于静止状态了"，"但似乎还未曾退步"。但斯密并不认为中国就一定会停滞下去或退步，"若易以其他法制，那么该国土壤、气候和位置所可允许的限度，可能比上述限度大得多"②。在这一点上，我们不能不佩服斯密的预见能力。

（二）大卫·李嘉图

李嘉图对经济增长的看法和斯密有很多共同之处。和斯密一样，他也认为经济增长表现为社会物质财富的增长，也认为社会财富的增长取决于劳动数量的扩大和劳动生产率的提高，也认为资本积累的扩大是国民财富增长的根本原因。和斯密一样，他也主张自由放任和自由贸易。与斯密理论的不同之处在于：第一，他对报酬递减规律的强调。他认为，

---

① 亚当·斯密著：《国民财富的性质和原因的研究》，商务印书馆1972年版，第252~253页。
② 亚当·斯密著：《国民财富的性质和原因的研究》，商务印书馆1972年版，第78页。

由于土地的数量有限，质量不同，农业生产的报酬是递减的，而这将对国民经济增长起约束作用。① 虽然生产技术的创新和进步可能抵消或延缓报酬递减趋势，但在所有的土地都被耕种之后，经济增长将逐渐放慢，最终进入停滞状态。第二，在对外贸易方面，李嘉图在斯密的绝对成本理论上提出了国际贸易的比较成本理论②，他还根据自己的理论体系多方面论证了自由贸易给一国带来的利益。

（三）托马斯·马尔萨斯

马尔萨斯在他的成名作《人口理论》中提出了颇有影响的经济增长理论。他一方面分析了人口与经济增长之间的关系，指出增长的人口是经济繁荣的一种结果，而继续增长的人口又是经济发展的重大约束；另一方面又讨论了技术不变条件下，农业生产中的报酬递减现象与消费不足引起的经济停滞问题。马尔萨斯的悲观增长理论在西方经济学界产生了很大影响。新马尔萨斯主义把土地数量和质量对经济增长的作用扩展到整个自然资源，并接受了马尔萨斯关于人口按几何级数增长、生活资料按算术级数增长的假设，增加了环境污染等限制因素，提出了"增长极限论"等。

（四）约翰·斯图亚特·穆勒

约翰·斯图亚特·穆勒对经济增长的论述对后来的发展经济学也有很大影响。他集中分析了经济增长对投入要素价格的影响，把人口增长、资本积累和技术进步逐个地作为变化条件来考察投入要素价格的变化。穆勒在分析经济增长问题时，更为关注的是经济增长利益的分配和人们福利的改善。他强调在增长的同时要解决收入分配平等问题。他认为生产规律是人和自然的关系，它是永恒的自然规律，它不依社会制度而改变。而分配规律则完全不同，它取决于社会和法律的习惯，是由人的意志决定的，故是可以改变的。③ 穆勒的这一思想是发展经济学家提出发展中国家在经济增长的同时解决收入和分配不平等问题的理论基础。他把生产要素概括为：资本、劳动、技术和自然资源，并分析了各要素之间的关系，这四大生产要素至今仍是发展经济学研究的出发点。他的代表作是 1848 年出版的《政治经济学原理及其在社会哲学上的应用》，或称《政治经济学原理》。这部作品进行了西方学说史上的第一次大综合，在很长时期内被英国经济学界称为"无可置辩的圣经"，成为大学政治经济学教材，直至 1890 年被马歇尔的《经济学原理》所取代。④

---

① 大卫·李嘉图著：《政治经济学及赋税原理》，商务印书馆 1976 年版，第 64 页。
② 大卫·李嘉图著：《政治经济学及赋税原理》，商务印书馆 1976 年版，第 114~118 页。
③ 参见马涛编著：《经济思想史教程》，复旦大学出版社 2001 年版，第 200 页。
④ 从斯密和李嘉图建立古典政治经济学体系，到穆勒的《政治经济学原理》，其特征之一是：以经济增长和经济发展为主要研究课题，注重长期研究，并以整个经济为研究对象，这被称为"宏大的动态学"。其特征之二是：都属于政治经济学，偏重于制度分析。但到了 1848 年，也就是穆勒出版《政治经济学原理》之后，资本主义国家开始出现病态：如周期性经济危机、失业和市场供求不均等问题，这使西方学者开始将注意力从长期的动态的经济发展转向既定资源的有效配置，分析领域从宏观转向微观，从长期转向短期。分析方法是静态分析或比较静态分析。制度被视为既定的因素或外生变量而不予以考虑。到 19 世纪末，穆勒的《政治经济学原理》被马歇尔的《经济学原理》所取代。"主流经济学"便开始由政治的、规范的政治经济学转向作为工具的经济学。

（五）阿弗里德·马歇尔

马歇尔是新古典主义经济学的代表人物，他认为经济变化不是突变的，而是通过边际调节来推进的。边际调节反映在价格机制上，因此市场价格机制是促进经济发展的最好机制。经济发展过程是和谐的，累积的，以自动均衡机制为基础的。自动均衡机制会保证各阶层收入主体从发展中普遍得到好处。工业方面的报酬递增趋势会逐渐压倒农业方面的报酬递减趋势，因而持续增长是可能的。经济发展的利益会自动地逐步扩散到社会全体。这些思想对后世产生了深刻影响。他还分析了影响经济增长的各个因素，并研究了人力资源开发的重要性。他形象地说："依靠教育投资，许多原来会默默无闻而死的人就能获得发挥他们的潜在能力所需要的开端。而且，一个伟大的工业天才的经济价值，足以抵偿整个城市的教育费用。"①

（六）阿林·杨格

劳动分工对经济增长的作用，亚当·斯密在《国民财富的性质和原因的研究》中做了深入的阐述。斯密指出，"分工受市场范围的限制"，"分工起因于交换能力、分工的程度，因此总要受交换能力大小的限制。换言之，要受市场广狭的限制。市场要是过小，那就不能鼓励人们终生专务一业"。② 斯密举例说，一个鞋匠一年可制造 300 多双鞋，但其家人一年也许不会穿坏 6 双。所以，他至少要有 50 家像他家人那样的顾客。如果分工要进一步扩大，一个雇佣 100 人的工厂也许可以为 5000~10000 个家庭生产。这样的工厂只能在运输设备可以满足广泛分销商品的需要的前提下才能存在。③ 斯密的这一思想——"分工受市场范围的限制"被后人称为斯密定理。斯密的市场范围主要是地理范围和人口规模，因此在他的论述中，运输业的发展就成了一个决定性因素。

1928 年，美国经济学家阿林·杨格（A. Young）发表了《报酬递增与经济进步》一文，④修正并发展了斯密的论断。杨格指出，分工使一组复杂的过程转化为相继完成的简单过程，其中某些过程终于导致机器的采用。在使用机器、采用迂回生产方法时，分工进一步得到发展，但从经济角度看分工又受到市场范围的限制。例如是否值得建立制造铁锤的工厂或生产汽车零部件的工厂，取决于市场需要多少钉子，能够出售多少汽车。杨格进一步论证了迂回生产、报酬递增和市场范围的关系。表现为报酬递增的经济主要是那些生产的资本化或采取迂回生产方法的经济。迂回方法的经济比其他形式的劳动分工更多地取决于市场规模。市场在广义上是与商贸活动联系在一起的生产活动的总和，因而它必然形成某种平衡，不同的生产活动必须是成比例的。

根据这种广义的市场概念，斯密定理可以改写为：分工一般地取决于分工。这并不是同义反复，这意味着不断战胜走向经济均衡的力量的反作用力，在现代经济体制的结构

---

① 马歇尔著：《经济学原理》，华夏出版社 2005 年版，第 187 页。

② 亚当·斯密著：《国民财富的性质和原因的研究》，商务印书馆 1972 年版，第 16 页。

③ 亚当·斯密著：《国民财富的性质和原因的研究》，商务印书馆 1972 年版，第 248 页。

④ 阿林·杨格：《报酬递增与经济进步》，载《经济社会体制比较》，1996 年第 2 期。

中，比我们通常的理解更广泛、更根深蒂固的变化是累积的，以累进的方式自我繁殖。产业间分工是报酬递增的媒介。产业间分工不仅可以充分发挥资本化生产方式的优势，而且还可以发挥其他一些不依赖于技术变化的优势，如更高程度的管理专业化，改善产业经营的地理分布，等等。杨格的结论是劳动分工取决于市场规模，而市场规模又取决于劳动分工。经济进步的可能性就存在于上述条件中，影响经济进步的因素要到影响劳动分工的因素中去查找。

杨格的理论对 20 世纪四五十年代的早期发展经济学思想的形成产生了巨大的影响。例如，杨格的论文给保罗·罗森斯坦-罗丹的《东欧和东南欧国家工业化的若干问题》打上了深深烙印；罗格纳·纳克斯的《不发达国家的资本形成问题》是以杨格的"贫困的恶性循环"为开篇展开讨论的；纲纳·缪达尔在《经济理论与不发达地区》中所提出的地区或国际间的"循环累积因果原理"理论实际上是杨格思想的翻版。西奥多·舒尔茨对杨格的思想推崇备至，并在《为实现收益递增进行的专业化人力资本投资》中发展了杨格的理论。总之，杨格的理论对后来经济理论的发展起了重要的作用。

以上，我们有选择地叙述了经济思想史上几位著名经济思想家的经济发展思想。这些思想中有许多真知灼见，对于当代经济发展理论的建设、对发展中国家的政府决策有重大意义。毫无疑问，这些思想也有着各种各样的局限性。在这里，我们没有可能也没有必要一一列举这些局限性。只想指出一点：在这些思想形成和流行时，发展中国家作为一个群体尚未凸显出来，虽然发达与不发达的分野早已存在，但许多不发达国家还是发达国家的殖民地和附属国，以发展中国家的经济发展作为研究对象的发展经济学还不可能出现。因此，这些早期发展思想实际上研究的是发达国家本身的增长问题，它们没有关注在已经存在一批发达国家的历史背景下，欠发达国家的经济发展问题。

二、发展经济学的兴起

20 世纪 40 年代，关于发展问题的经典文献相继问世，如 1943 年保罗·罗森斯坦-罗丹（P. N. Rosensten-Rodan）的《东欧和东南欧国家工业化的若干问题》、1944 年尤金·斯特利（E. Staley）的《世界经济发展》、1947 年库尔特·曼德尔鲍姆（K. Mandelbaum）的《落后地区的工业化》。通常认为，它们的问世标志着发展经济学的诞生。

1948 年哈罗德（R. F. Harrod）和多马（E. D. Domar）几乎同时根据凯恩斯的经济理论推演出了一种经济增长理论，即哈罗德—多马模型。这是 100 年来西方主流经济学第一次把经济增长纳入研究范畴。不过，哈罗德—多马模型毕竟只是一个增长模型，还没有进入经济发展研究领域。

1949 年中国著名经济学家张培刚的《农业与工业化》（*Agriculture and Industrialization*）（哈佛大学 1946—1947 年度最佳博士论文奖和"威尔士奖"，作为《哈佛经济丛书》第 85 卷出版），第一次系统地探讨了农业国家的工业化问题。

此外，印度和拉美学者对摆脱殖民统治后的落后经济如何迅速发展，也提出了相当有见地的理论观点，这些都为发展经济学学科的形成奠定了基础。

第二次世界大战结束后，民族独立运动席卷全球，一大批亚非拉国家先后摆脱殖民统治，赢得了政治独立。这些国家只有尽快地发展经济，才能改变自己落后的地位，进而才能巩固政治上的独立。但对这些国家来说，适宜的经济发展理论仍然相当缺乏；此时世界上，形成了以美国为首的西方世界(资本主义体系)和以前苏联为首的东方世界(社会主义体系)相互对峙的国际政治经济格局。大批取得政治上独立的发展中国家也分成了两类：一类是实行资本主义制度的发展中国家，另一类是实行社会主义制度的发展中国家。在两大集团的争霸中，为数众多的发展中国家的倾向举足轻重。为了防止独立后的发展中国家走上社会主义道路，并以此来遏制以前苏联为首的社会主义阵营，西方国家不仅投入大量物质援助这些发展中国家，一些经济学家更是纷纷提出各种经济理论和政策来帮助这些发展中国家发展经济，尤其在美国涌现出了一大批发展经济学家。有关经济发展的论文、专著和教科书大量出现，促进了西方发展经济学的形成和发展。

三、发展经济学的演变

发展经济学的演变，就其主流而言，明显地划分为三个阶段。

(一)20 世纪 50—60 年代的发展经济学

20 世纪 50—60 年代是发展经济学繁荣与大发展的时期。在这一时期，许多专家学者，根据现代经济学的体系与发达国家经济发展的经历，构建了各种理论模式来解释发展中国家贫困落后的原因，并提出了一些经济发展战略。在这段时期影响较大的发展经济学家及理论主要有：阿瑟·刘易斯(W. A. Lewis)的二元经济模型、保罗·罗森斯坦-罗丹的"大推进"理论和平衡增长理论、罗格纳·纳克斯(Ragnar Nurkse)的贫困恶性循环理论和沃尔特·罗斯托(Walt Whitman Rostow)的经济成长阶段理论等。发展经济学在这一阶段的基本论点有三个：唯工业化论、唯资本论和唯计划化论。

1. 工业化的重要性和必要性

在 20 世纪 50 年代初，西方发展经济学家认为，发达国家之所以发达是因为他们实现了工业化，发展中国家由于没有经过工业化，被迫从事附加值较低的农业产品和初级产品的生产。因为初级产品的贸易条件在不断恶化，所以发展中国家在国际贸易中处于不利地位。另外，发展中国家存在大量过剩劳动力，只有实现工业化，才能吸收农业剩余劳动力和提高农业劳动生产率，才能促进经济增长和经济发展。因此在这一阶段"工业化"被认为是发展中国家摆脱贫困实现经济发展的必由之路。他们普遍认为，农业是停滞的，农民是愚昧的，农业不能为经济发展作出贡献，充其量只能为工业发展提供劳动力、市场和资金。在工业化就是一切的 20 世纪 50 年代，农业的发展几乎被完全忽略了。

2. 物质资本积累的重要性和必要性

生产过程所需要的最基本的要素是劳动与资本的结合，并配以一定的自然条件。对发展中国家来说，劳动要素一般是充裕的。因此，人们认为，资本的稀缺是发展中国家经济发展的主要限制条件。大多数发展中国家的经济之所以长期处于一种停滞不前的局面，主要原因是缺乏经济发展所需要的资本。这种认识在发展经济学的历史上被称为发展中的"唯资本论"（Capital Fundamentalism）。

3. 计划化的重要性和必要性

这一阶段，发展经济学家普遍认为，以市场价格机制为理论核心的新古典主义经济学并不适用于发展中国家。因为发展中国家国内的市场体系尚不完善，市场价格机制严重扭曲，社会经济结构缺乏弹性，人们作为生产者或消费者的经济行为均不符合"经济人"逻辑。因此发展中国家需要借助国家干预或计划来进行经济结构的重大改进和经济关系的重大调整。同时，强调计划化、强调国家干预，也是强调资本积累和工业化逻辑上的必然结果，因为加速资本积累和推进工业化进程，不能寄希望于私营部门的自发活动。大推进论、平衡增长论，甚至二元结构论都包含着计划化和国家干预的意味。

另外，在对外经济关系问题上，早期的发展经济学一般不支持比较成本理论和自由贸易政策，而是主张贸易保护，强调国家对外实行贸易保护的政策。

总之，此时期发展经济学的主要特点是：①反对单一的新古典主义传统，倡导双元经济学并存，即经济学至少可以划分为发达国家经济学（以新古典主义或新古典综合理论为基础）和发展中国家经济学。②注重结构主义分析，主张工业化、物质资本积累和计划化。③主张采取进口替代工业化，实行贸易保护政策。④试图建立对所有发展中国家都适用的宏大发展理论体系。

（二）20 世纪 70—80 年代初期的发展经济学

在早期发展经济学理论的影响下，绝大多数发展中国家采取计划化、国有化和进口替代战略等，推行国家主导的发展政策，来加速资本积累和工业化的发展道路。然而，不幸的是，许多发展中国家的实践结果不但未达到预期的经济目标，还在经济运行中遭遇着各种困难。与此形成鲜明对照的是，那些对外经济比较开放、注意发挥市场作用、实行出口导向政策的发展中国家（例如东南亚地区），却在经济上取得了较快的进步。面对这种情况，20 世纪 60 年代后期，尤其是 70 年代以后，发展经济学家开始对早期的发展理论进行反思，并在许多方面做出了重大修正。比较有代表性的学者有：舒尔茨（T. Schultze）、哈伯勒（G. . Haberler）和哈伯格（A. C. Harberger）等。这一时期发展经济学演变的主要特点如下：

1. 重新估计农业的作用

早期的发展理论把经济发展看成是工业化的过程而忽视农业的发展。发展中国家80%左右的人口或 2/3 的劳动力都在农村，绝大部分的贫困人口也是在农村，如果农村人口的贫困问题得不到解决，根本就不会有经济发展。此外，工业部门需要农业为其提供原材料，同时，农村也是工业品的大市场。因此发展经济学家渐渐认识到，农业不应只是工业扩张的工具，农业本身的发展也应是经济发展的目标。只有大力发展农业经济，发展中国家才能实现真正意义上的发展。

2. 估计市场机制的作用

早期的发展经济学基本上否定市场机制在发展中国家的有效性，强调国家和政府计划对经济发展的主导作用。但是，20世纪60年代末期以来，经济发展的实践与经济计划化的预期目标相差甚远。越来越多的发展经济学家指责政府对经济的过度干预造成了发展中国家的价格扭曲现象，提出与其矫正价格不如矫正政策的主张。他们反对政府干预经济，认为市场机制不仅在发达国家有效率，而且在发展中国家同样有效率。总之，这一时期开始重视市场机制在经济发展中的作用。由于强调市场机制作用的理论被称为新古典主义，因此，发展经济学领域的这一变化被称为新古典主义复兴（New-Classical Resurgence）。

3. 强调对外贸易在经济发展中的作用

在对外贸易问题上，20世纪50—60年代的发展经济学家认为，发展中国家的自由贸易是有害的，前景是悲观的。20世纪60年代后期，一些发展经济学家开始重视论证自由贸易对经济发展的重要性。他们认为，市场价格机制不仅能有效地调节国内经济，也能有效地调节国际经济，因此，应当实行自由贸易。

但新古典主义倡导的自由放任、自由贸易并不是对所有发展中国家都适用，大多数发展中国家推行贸易自由化政策并没有使这些国家的发展问题得到改观，反而困难重重。究其原因，新古典主义框架下的发展经济学存在天生的缺陷。因为在它的分析视野里，不存在时间变量，历史不起作用；政治、制度、法律、文化等因素被视为经济运行的既定因素或外生变量，价格机制和市场是所有经济活动的核心。事实上，经济不发达与上述变量是紧密相连的。据此，人们逐渐认识到，在既定的制度安排下，新古典主义的"矫正价格"和"矫正政策"的主张不可能使整个经济最终摆脱困境。因此，发展经济学期待着理论的创新。

（三）20世纪80年代中期以后的发展经济学

新古典主义复兴之后，发展经济学的生存受到了严重威胁，许多人对发展经济学能否成为一门独立的学科产生了怀疑，并做出了发展经济学已经"衰落"、"走下坡路"、"进入收益递减阶段"，甚至即将"死亡"的悲观论断。

20世纪80年代中期以后，尽管新古典主义思想在发展经济学领域继续发挥着重大影响，但是，随着越来越多的来自发展中国家的经济学家的加入，一方面发展经济学理论的研究呈现多元化的趋势，另一方面不同发展学说趋于融合。现在，发展经济学作为一门经济学学科，不仅存在，而且还相当活跃。发展研究出现了若干明显的新趋向，大致可以归纳如下：

（1）主流经济学理论和方法密切融合。随着主流经济学理论和方法的突破，发展经济学的研究也在不断拓展。如新增长理论、新贸易理论、信息经济学等主流经济学前沿成果，均可在发展经济学中得到更加广泛的运用。

（2）范围趋于国别化。发展中国家数目众多，彼此之间差别巨大，难以得出适用于所有发展中国家的统一结论。20世纪80年代中期以来，越来越多的发展经济学家转而关注发展中国家的异质性和对各国不同经济绩效的阐释，对发展中国家进行分类，构建特定的、个别的经济发展模型，那种追求大一统理论的倾向已不再是主流。

（3）对发展的含义有了更深入的认识。诺贝尔经济学奖获得者、印度经济学家阿马蒂亚·森在20世纪80年代初提出了一种评价发展的新方法，根据他的思想，联合国开发计划署提出了人类发展（Human Development）的概念，认为发展的核心问题就是以人为本的发展，发展的进程应该为人们创造一种有益的环境，使他们能够独立地和集体地去发挥他们的全部潜力，不断扩大他们的选择范围；发展还应该考虑后代的可持续性。环境问题变得日益严重，开始直接影响和制约发展中国家的长期经济增长，故从20世纪90年代开始，西方出版的发展经济学教科书无一例外地增加了新的一章，专门论述环境与可持续发展的问题。

（4）制度变革。到20世纪80年代中期以后，全世界的社会、经济环境发生了巨大的变化，经济发展面临着一些新问题，使得发展经济学的研究领域更加广泛，发展经济学从此也得到了进一步发展。而且20世纪80年代后，以科斯（R. Coase）为代表的新制度经济学的崛起，为发展经济学提供了新的视角。与新古典经济学不同，新制度经济学认为，制度不再是既定的前提，或外生变量，而是经济生活中的一个内生变量，并运用新古典主义供求分析法，探讨发展中国家在经济发展过程中所面临的制度障碍以及克服制度障碍可供选择的各种方案和思路，从而逐渐形成了发展经济学的新制度主义（New Institutionalism）理论。

总体来看，这一阶段的发展经济学家对片面强调市场经济的作用，不顾一切追求经济效益的思想进行了反思。由于经济的外在性和信息的不完全性，经济中不仅存在政府失灵，也存在市场失灵。完全依靠市场并不能解决一切问题。发展经济学家开始从发展中国家国内的政治和制度来探讨发展中国家在经济发展过程中所面临的问题。这是发展经济学理论逐渐成熟的一个重要标志。

四、当代发展理论的几种思路

自发展经济学诞生、演变至今，存在着不同的思想流派。它们各抒己见，在不同时期，各有消长，在不同范围，各有影响。我们认为，论证经济发展问题，有结构主义、新古典主义、激进主义和新古典政治经济学四种基本思路。

（一）结构主义

发展经济学兴起之时，统治西方经济学讲台的是新古典主义经济学和凯恩斯经济学，持结构主义观点的发展经济学家认为，新古典主义经济学强调价格机制对资源的配置作用，而发展中国家由于市场经济不发达，人们还不能根据价格信号做出理性选择。价格的相对变动对资源配置（劳动和其他生产要素）的推动作用很小，供求不能自动达到平衡。供需结构刚性，各个部门间结构不均衡。工业部门与农业部门生产率差异大（发展中国家存在传统部门和现代部门的结构差异）。发展中国家需要的不仅仅是边际的、增量的经济调节，更需要经济结构的重大改进和经济规模的巨大扩张，新古典主义经济学不适用于发展中国家。凯恩斯经济学是静态的、短期的分析，不能解决发展中国家如何摆脱贫困，走向发达的动态问题。因此，发展中国家应该有自己独特的经济学，即发展中国家经济学。

结构主义思路在发展经济学的第一阶段占主导地位，根据发展中国家的社会经济特点，提出了不少特殊理论。

（二）新古典主义

自19世纪末以来，新古典主义经济学一直是西方经济思想中的正统，被视为一种与结构主义相对立的世界观。新古典主义经济学认为，市场价格机制能够有效地配置资源，有效地调节企业的生产和个人的经济行为。由于市场价格机制的作用，在企业和个人追求自身利润或效用最大化的同时，社会也达到了和谐。经济的发展是以边际调节来实现的，均衡状态是稳定的，市场价格机制是促进经济发展的最好机制。新古典主义经济学有一套较为完整的理论体系和标准化的分析方法，但对经济运行的制度背景不予研究。

新古典主义经济学家持"单一经济学"观点，认为他们的理论既适合于发达国家，也适合于发展中国家。20世纪60年代中期以后，这一观点逐渐占了上风，发展经济学第一阶段中许多结构主义观点受到批评。此后，经济学家越来越多地应用新古典分析方法来分析发展中国家的问题，新古典主义经济学的内容也因此而得到了扩展。

（三）激进主义

新古典主义复兴的同时，在发展经济学的研究中涌现了一批较为激进的发展经济学家。代表人物有普雷维什（Raul Prebisch）、巴兰（Paul Baran）和卡尔多索（F. H. Cardoso）等。他们一般持较为激进的观点，认为发展中国家的不发达状态是由不公正的国际经济秩序造成的。他们的学说通常被称为激进主义，或依附学派。普雷维什提出，世界经济体系呈"中心—外围"状态，发达国家处于中心，发展中国家处于外围。外围国家与中心国家有很大差异。首先，外围国家的资本主义模式是中心国家通过殖民统治或凭借其政治经济优势强加于外围国家的，外围国家未发生摧毁封建主义基础的资产阶级革命，前资本主义制度尚未崩溃，也未形成成熟的资本家阶级，因此外围国家处于受中心支配的封建领主和买办的控制之下。其次，外围国家经济的主导部门是出口部门和奢侈品生产部门，这两个部门的发展既受到国外需求的约束，又受到国内市场狭小的限制，从而使外围国家经济受制于中心国家。

以中心—外围论为基点，激进经济学家提出了"依附论"。他们认为，低度发展并不是资本主义以前的落后状态，相反，却是一种特定形式的资本主义——依附性的资本主义发展的结果。依附是一种决定性的处境，在这种处境中，一些国家的经济受其他国家经济发展和扩张的制约。某些国家能够通过自身的动力进行扩张，而其他国家处于依附地位，其扩张只能是处于支配地位国家扩张的反映。这时，两个或多个经济相互依存的关系便成为一种依附关系。

激进主义发展经济学一般都接受了马克思主义的影响，把经济制度（生产关系）作为自己的研究对象。他们也被称为"新马克思主义者"。

（四）新古典政治经济学

新古典政治经济学是发展经济学中继结构主义思路、新古典主义思路和激进主义思路之后出现的一个重要思路，这一思路的显著特点在于把制度理论和经济发展理论融为一体，结合制度分析的观念和新古典方法论，探索经济发展的源泉，揭示经济发展的规律，研究经济发展的问题。一方面新古典政治经济学充分运用新古典分析工具，另一方面充分重视政治、法律、文化、历史等非经济因素的分析，在一定程度上回归到以亚当·斯密为代表的古典主义传统。但它并不意味着重新强调斯密所倡导的自由经济市场中"看不见的手"对配置资源和促进发展的巨大作用，而意味着发展经济学家们摆脱了新古典经济学纯经济分析思想的束缚，重新恢复了对政治、法律、历史等非经济因素的研究。

五、发展经济学与其他经济学科

（一）发展经济学与宏微观经济学

在发展经济学兴起之前，许多经济学家认为，发展中国家的经济发展问题不过是把传统的经济学应用到发展中国家的经济研究中，因而否认发展经济学是一门独立的科学，而把发展经济学视为传统西方经济学的一个分支或流派。西方经济学家主张只有一种单一经济学，即新古典经济学，认为它既适用于发达国家，也适用于发展中国家。早期的发展经济学反对这种主张，原因是发展中国家市场机制不健全，价格调节难以发挥作用，新古典分析方法的精确应用范围很小。凯恩斯的宏观经济理论虽然突破了新古典主义模式，但是它考察的是发达国家萧条时期的情况，因而也不适用于发展中国家。20世纪70年代尽管有新古典主义复活，但发展中国家毕竟有许多问题不是新古典经济学所能完全解决的，如人口和就业、二元经济结构、收入分配、外援问题等。因此，只要有发展中国家存在，就有发展问题要研究，也就有发展经济学存在的客观基础。发展经济学不能被新古典经济学或其他经济学科所代替，而是研究发展中国家经济发展的一门独立学科。

1. 宏微观经济学的特点

宏微观经济学考察的是西方资本主义制度下的经济运行问题，包括微观经济学和宏观经济学两部分。微观经济学以单个经济单位为研究对象，通过研究单个经济主体的经济行为和相应的经济变量的单项数值的决定，来说明价格机制如何解决社会的资源配置问题，宏观经济学是以整个国民经济总体为研究对象，通过研究经济中各有关总量的决定及其变化，来说明资源如何才能得到充分利用。

宏微观经济学在分析资源配置和资源利用问题时，假定社会制度、价值观念、文化习俗等是既定的，也就是说，宏微观经济学不考虑非经济因素。

2. 发展经济学的特点

发展经济学考察的是发展中国家的经济发展问题。在发展中国家，市场经济还不发达，各种经济动力和传统的社会结构、文化观念之间的关系还有待调整。因此，发展经济学特别注重考察社会经济发展所必需的社会结构、文化、价值观念、政治管理体制的变革，还注重政府和经济计划在消除贫困、失业和收入分配等方面的作用。由此看来，发展经济学摆脱了"纯"经济研究的窠臼，涵盖了社会、政治、文化、人口、环境等领域。

发展经济学与宏微观经济学也有一定的联系。比如在微观方面都强调资源的稀缺性问题和有效配置，在宏观方面都把国民经济的增长作为长期目标。经济学中的许多理论是研究经济发展问题的理论基础。比如，微观经济学中的价格决定、消费者行为、边际收益递减规律、成本-收益分析等理论在发展经济学中得到了应用。

(二)发展经济学与政治经济学

1. 政治经济学的特点

从研究对象看，政治经济学研究一般社会生产关系及其发展规律，从研究方法看，政治经济学的研究层次较高，考察的因素较少，因而较抽象。马克思主义政治经济学把社会经济形态当做一种自然的过程，它没有考虑人的意志、国家的经济作用等因素，这种高层次的研究揭示的是社会经济形态发展的本质和基本趋势。这种一般理论的研究不能直接回答现实生活中的各种具体问题。比如，马克思主义政治经济学虽然与古典政治经济学大相径庭，但马克思却继承了古典政治经济学的制度分析方法，马克思将生产关系作为主要的内生变量进行研究，对现实的社会制度本身进行了否定，通过对资本主义制度的分析，指出了资本主义的基本矛盾及其发展结果，最后得出了资本主义必然灭亡的趋势。

2. 发展经济学的特点

发展经济学不仅要研究不发达条件下的经济发展规律，而且要研究不发达条件下的发展过程中所面临的各种问题和对策。另外，发展经济学的研究层次较低，考察的因素较多，因而较具体。发展经济学作为一种应用经济理论，要考察更具体、更丰富的经济现象，充分注意人的意志对经济过程的影响，特别是人在经济活动中所能做出的各种选择。发展经济学在运用一般经济规律进行研究时，还会涉及政治、社会、文化传统等因素的影响和具体行为方案的研讨。与政治经济学相比，发展经济学与现实生活更加贴近。

发展经济学与政治经济学之间也存在着密切的联系，一方面，后者是前者的理论基础，前者在研究经济发展问题时，要以后者的基本原理做指导，另一方面，前者的发展又可以不断丰富和完善后者。

(三)发展经济学与部门经济学

与研究一般经济规律的经济学相比发展经济学较具体，但与研究某一经济活动领域的部门经济学相比，比如，农业经济学、城市经济学等，发展经济学具有综合性的特点。

(四)发展经济学与多种学科

发展经济学既要以政治经济学揭示的生产关系理论为基础，又要运用宏微观经济学的有关原理，还要吸收部门经济学的观点，而且与社会学、人口学和人类学都有不同程度的交叉。

综上所述，发展经济学具有应用性、综合性、整体性和边缘性的特征。

六、发展经济学的研究对象和研究方法

（一）发展经济学的研究对象

发展经济学是一门研究经济落后国家或农业国家实现工业化和现代化，实现经济起飞和经济发展的学问。就广义而言，凡是一个国家或地区的发展问题，都是发展经济学的研究范畴。从这种意义上讲，亚当·斯密在 1776 年出版的《国民财富的性质和原因的研究》可以说是第一部探讨经济发展的论著，他也被誉为第一位"发展经济学家"；同样，卡尔·马克思在 1867 年出版的《资本论》也是一部系统的发展经济学巨著，该书以历史唯物主义的观点，深入分析了资本主义的产生和发展过程及其趋于灭亡的必然趋势。以此为基础，当代美国进步的经济学家保罗·斯威齐于 1942 年出版的《资本主义发展的理论》，英国的莫里斯·多布于 1946 年出版的《资本主义发展问题的研究》以及经济学家约瑟夫·熊彼特，分别于 1912 年和 1942 年出版的《经济发展理论》和《资本主义、社会主义与民主》，都属于广义的"发展经济学"著作。此外，在历史上探讨过经济发展问题的学者，还有古典经济学家大卫·李嘉图、托马斯·马尔萨斯和新古典经济学家阿弗雷德·马歇尔等。在当代，美国经济史学家沃尔特·W. 罗斯托于 1960 年出版的《经济成长的阶段：非共产党宣言》，新经济史学家道格拉斯·诺思 1971 年出版的《西方世界的兴起》，新增长经济学家保罗·罗默与罗伯特·卢卡斯各自发表的《收益递增与长期增长》（1986 年）和《论经济发展的机制》（1988 年）等论著，也都应当算作是广义的"发展经济学"著作。

狭义的"发展经济学"，就是通常我们所论及的作为一门独立学科的发展经济学。它兴起于第二次世界大战结束之后，特别是 20 世纪 50—60 年代。它的主要研究对象是经济落后的发展中国家。发展中国家经济发展的目标是赶上发达国家，而发达国家的一个显著标志是高度的工业化和现代化。因此，发展经济学就是研究发展中国家在实现工业化和现代化，或实现经济起飞和经济发展过程中所面临的问题及其解决途径的一门学科。[①] 由于发展经济学立足于经济较为落后的发展中国家，从发展中国家的角度来探讨与经济发展有关的各种问题，因此发展经济学也被称为发展中国家经济学（Economics of Developing Countries）。

与广义的"发展经济学"相比，狭义的"发展经济学"具有显著不同的特征。这主要表现在，广义的"发展经济学"是在没有任何先例的条件下，研究农业国家如何成为工业化国家，或经济落后的国家如何成为经济发达的国家。而狭义的"发展经济学"则不同，它是在世界上已经有了一批为数虽少，但经济实力强大的发达国家的条件下，研究当代大多数经济落后的发展中国家如何实现工业化和现代化，或如何实现经济起飞和经济发展的

---

① 张培刚、张建华主编：《发展经济学》，北京大学出版社 2009 年版，第 4 页。

问题。

在已经有了少数发达的工业化国家的条件下，大多数落后的发展中国家要实现工业化或现代化，有后发优势，也有后发劣势。后发优势主要表现在：发展中国家在制定和实行工业化和现代化的方案时，有先进国家的经验可资借鉴，还有它们的先进技术和巨额资金可资利用。后发劣势表现在两个显著的方面：从时间上看，发展中国家在实现工业化时，不再具备发达国家工业化时期所拥有的宽松资源条件，不得不面对短缺的资源、激烈的国际竞争和严格的气候变化的约束；从空间上看，发展中国家虽然在政治上获得了独立，但是在经济上处于劣势。发达国家利用在贸易、金融、生产、分工、市场等方面的优势，掠夺发展中国家的经济成果。因此，发展中国家是在不同的起跑线上与发达国家进行"公平"竞争。再加上一些落后的发展中国家，或因人口负担过重，或因社会历史束缚过多，或因政治因素限制过死，以致难以抓住有利时机，乘势崛起。这些都是狭义的发展经济学研究中的特点和难点，也是当前我们的发展经济学所面临的重大课题。

(二)发展经济学的研究方法

发展经济学的研究方法应以唯物辩证法为指导，综合吸收各学派和各领域的特长，做到理论分析、历史分析和经验或统计分析相结合。

第一，一国经济发展是一个长期演变的动态过程，在这一过程中，经济系统的各要素和结构总在不断组合和协调，因此发展经济学侧重于动态的和非均衡的分析。

第二，发展经济学侧重于结构分析，其中包括产业结构、人口结构、现代与传统并存的二元结构等问题。

第三，发展经济学侧重于历史和制度等非经济因素的分析方法。

第四，发展经济学还较多地运用经验、比较和模型分析方法。主要有：①经验分析方法。选择若干发展中国家，获取有关发展进程的详细的实际资料，通过案例研究，具体分析这些国家的社会经济条件，对其发展进程进行实证性分析，总结发展的经验，提出有关的政策建议。②比较分析方法。在获得详尽统计资料和实证分析的基础上，进行比较研究，总结经验教训，找出经济发展的规律。具体包括三种不同的比较：一是同期的不同发展中国家的社会经济条件和经济发展状况的比较；二是发展中国家和发达国家的相同发展历史阶段的比较；三是同一发展中国家不同历史时期的比较。通过比较，可以揭示经济发展的共同趋势，也有利于分析不同国家在不同条件下所采用的不同发展道路和发展战略。③模型分析方法。通过对经济发展各因素之间的联系和各变量之间的关系以及总体变化趋势的研究，建立起描述这些联系、关系和趋势的相应模型，以便揭示经济发展的规律。如美国发展经济学家霍利斯·钱纳里就曾运用宏观经济模型，构造了一个两缺口模型，论证了发展中国家利用外资与国内经济平衡及经济发展之间的数量关系。这些模型包括问题模型、结构模型和单项模型。有些模型是适合于众多发展中国家的一般模型，而有些模型则是只适合于特定国家的具体模型。

第五，发展经济学重视发展战略和政策研究。由于发展经济学是一门应用性很强的经济学科，其研究目的是指导发展中国家的发展实践。因此，根据各国的具体国情，制定相适宜的发展战略和政策是发展经济学的基本任务；与此同时，为了检验发展战略和政策的实效，发展经济学还必须注意研究发展目标、政策规范和标准。

【专栏 2-1】

发展经济学的新发展与发展经济学的未来

发展经济学自 20 世纪 40 年代诞生以来至今已经有 60 多年了。众所周知，发展经济学的演进大体经历了三个阶段，即 20 世纪 40 年代到 60 年代中期为第一阶段，60 年代中期到 80 年代初为第二阶段，80 年代初到 21 世纪为第三阶段。目前这个学科的发展仍然处在第三阶段上。第三阶段发展经济学取得的主要成就有六个方面：①对发展中国家市场不完全的研究；②对发展中国家非正规市场的研究；③对发展中国家中家庭替代市场的作用的研究；④新增长理论的兴起；⑤推进了制度与发展关系的研究；⑥对环境与可持续发展的探讨。下面主要讨论 21 世纪初发展经济学的研究主题。

一、21 世纪头五年发展经济学演进的新动向

进入 21 世纪已经 5 年了，发展经济学有什么新的发展？我最近查了国际上公认的从事发展经济学研究和教学的几个主要大本营的代表人物的个人网页。在 2001 年到 2005 年的文献中，所查大学主要包括美国的哈佛大学、耶鲁大学、斯坦福大学、伯克利大学、哥伦比亚大学、纽约大学和英国的肯特大学、伦敦经济学院。归纳出来的结果，我觉得基本的研究领域还是主要集中在以上 6 个方面，但是有一些新的发展，人们开始关注一些新的领域，这些领域在过去不怎么被人们所注意或注意不多。这些新的发展反映了发展经济学的一些发展趋势。

(1) 社会资本与经济发展关系的研究。

(2) 种族问题对经济发展影响的研究。发展经济学中的一些结构主义者使用新方法讨论种族问题。我们知道在非洲如果不讨论种族问题，他们的发展是不能起步的。如果人类把非洲丢掉了，那么人类还有多大的地方可以考虑发展问题呢？

(3) 关于民主化与经济发展的问题。Stiglitz 的一篇有关民众在微观(公司治理)和宏观层次上参与程度的讨论，将其与社会发展、社会资本的积累联系起来了。

(4) 全球化问题。这在 80 年代很少讨论，特别是发展经济学文献对这个问题很少讨论，但现在全球化问题已经摆到每个经济学家面前。政治全球化往往先于经济全球化。

(5) 关于发展中国家赶超和技术创新问题。这些问题在发展经济学中过去也有讨论，但是比较少。我们知道创新问题中技术进步的概念都包含在新古典厂商理论中，或者希克斯的包括有偏向的技术进步和中性技术进步在内的概念中。传统新古典理论很少进入具体的技术创新过程参与讨论，现在经过一段时期发展，特别是新增长理论的发展，大家开始关注 R & D，即研究和开发，对技术创新的研究虽然仍然使用主流的方法，但视角有了很大的改变。

(6) 对金融发展问题的进一步考虑。如"金融约束论"、"信贷配给说"。

(7) 对收入不平等问题进一步关注。

(8)对历史上的经济增长问题的重新思考。最典型的是卢卡斯,他 1988 年发表了一篇关于经济发展机制的文章。最近这方面的文献非常多,如雨后春笋般涌现出来。这个现象足以说明这个问题。(这些经济学家)重新研究的经济史内容,是当时 16 世纪到 18 世纪西欧、美国原始积累时期发展是怎样起步的,还有关于殖民地时代的经济对于发展中国家影响的研究。这么多的包括全世界第一流的学者来讨论当时发达国家怎么起步,这个起步过程中哪些要素是关键要素,说明这个现象非常重要。一大批最优秀的经济学家重新思考经济史,这说明他们有某种重新考虑这个学科的意向。说明发展问题被更多的人所关注,(或者)说明发展可能比(资源)配置重要,否则为什么重新讨论经济史呢?他们是使用现代主流经济学的模型,特别是新增长理论的模型来讨论经济史问题的,使用的工具非常现代。尤其是递增收益分析工具的使用突破了传统的规模报酬不变和边际收益递减的假设或命题。对历史的重新思考往往意味着对现有理论的不满意,对现有的理论解释开始持怀疑态度。

二、对 21 世纪初发展经济学界动向的几点思考

1. 主流经济学的大量渗入

许多经济发展问题已经开始进入主流经济学的视野。在现代经济学中,判断一个学科是否还在发展,一个主要的标志就是看主流经济学家对它的关注程度。新古典经济学家改变了过去排斥发展经济学的态度,他们似乎想把发展经济学纳入新古典经济学的主流渠道。近年来,许多一流学者纷纷卷入有关发展问题的研究,包括斯蒂格利茨、卢卡斯、巴罗等,似乎给人以唯恐赶不上车的感觉。

这里有三方面特征。①发展经济学的进步得益于西方主流经济学的演变。20 世纪 60 年代中期兴起的"新古典主义复兴",其实质在于修正和完善新古典市场经济理论。制度理论、产权理论、委托与代理理论、博弈论、厂商理论以及交易成本、败德行为、逆选择、"搭便车"等概念的引入,不仅使新古典基本理论大为改观,而且极大地推动了对发展问题的探讨。20 世纪 70 年代以后,新古典发展经济学不再停留在对发展中国家市场不完全和扭曲偏离均衡的解释,而是在承认扭曲的前提下,通过政府政策工具实现"次优"最佳状态;以后又进一步推出了在市场不完全和信息不完全环境中,即使是市场竞争也不会是帕累托效率的结论。②早年结构主义者提出的命题给主流经济学家以极大的启示。当如今新古典学者重新审视早期阶段的发展经济学时,却同结构主义者殊途同归:"大推进"、"平衡增长"等命题被新古典主义者认为"在理论上仍然有效",这些命题"实际上确认了竞争性市场均衡中被忽略了的某些重要的可能性"。某些从对不发达国家的分析中得出的结论也给发达国家研究以启示。例如,"效率工资"模型被用于发达国家劳动市场,得出了与发展中国家近似的结果;又如,20 世纪 70 年代西方主流经济学中流行的结构性通货膨胀理论则被认为吸收了拉丁美洲结构主义者的研究成果。③引入了收益递增的分析工具,特别是新增长理论。有一种趋势,主流经济学似乎想用新增长理论这样一个理论分析范式,来替代发展经济学,把它纳入新古典的主流渠道,而替代的最主要的分析工具是收益递增的分析工具。但是当他们想办法涉足传统的发展经济学领域时,他们实际上把他们原来的"新古典紧约束"的框架一点、一点地丢掉了。

2. 发展中国家和地区发展实践所提出的挑战为经济发展理论的创新提供了巨大的激励

西方发展经济学界多年来存在着一个公认的事实，这就是发展经济学理论进展远远滞后于发展中国家和地区经济发展的实践，最典型的实例是在相当长时期内现有理论难以解释东亚"四小龙"的成功。这种状况激励着西方经济学界许多一流学者纷纷涌入发展经济学领域。这里有三类人。一是 10 多位诺贝尔经济学奖获得者。迄今为止已摘取桂冠的 57 位诺贝尔经济学奖获得者当中，其本人就是发展经济学家或者从事经济发展问题研究的就有 10 多位，如丁伯根、缪尔达尔、刘易斯、舒尔茨、阿玛蒂亚·森、斯蒂格利茨等人正是在亲临发展中国家并从事长期研究的基础上才完成他们的理论创新的。二是对发展中国家有丰富研究经验的世界银行发展经济学家（如斯蒂格利茨等人）。三是一大批在发展中国家长大但在发达国家受到当代经济学良好训练的学者，如 1998 年诺贝尔经济学奖得主阿玛蒂亚·森、巴格瓦蒂、巴丹等。这些经济学精英们选准市场不完善甚至根本不存在某些市场的发展中国家，以检验自己提出的理论，试图得出具有普遍意义的结论。新增长理论被认为是受东亚成功经验激励而成功地做出的"理论化"总结。在各门社会科学中，经济学具有最强烈的追求完美性的倾向。虽然经济理论往往滞后于现实，但经济学家有着追求其理论普适性的强烈愿望。这种追求理论完美性和普适性的意向在包括诺贝尔经济学奖获得者在内的经济学家大家们的身上表现得尤为突出。多年来一大批一流的经济学家纷纷涌入发展经济学领域并展现其才华，将他们提出的新理论放到发展中国家来检验，以验证其理论有多大程度的普遍意义。正是这一大批一流的经济学家对发展经济学理论创新的追求，才促成了这门学科的长足进步。他们这样做的道理很简单：任何人提出来的经济理论的某些命题、假设和结论都要受到经验检验，一种理论越是能解释市场不完善、不规范甚至市场缺失的发展中国家，则这种理论便越是具有普遍意义。在现今世界上已有的 180 多个国家和地区中，大体上有 20 多个发达国家，其余 160 多个国家和地区均为发展中国家和地区。可以设想一下，如果一种理论仅仅只能解释 OECD 国家的问题，而不能将包括中国在内的广大发展中国家的问题说清楚的话，那么，这种理论在很大程度上将失去解释力。近年来，中国的快速发展为世界所瞩目。中国是一个发展中国家，但它不是一般的发展中国家，而是一个位于亚洲的发展中大国。中国有数千年封建社会的历史，发源于中国的儒家思想至今仍然深刻地影响着包括中国在内的东亚各国和地区的人们的伦理道德观念甚至经济行为，在这种背景下，政府干预不是在纠正"市场失灵"和补充或替代"市场缺失"与"市场不完善"的意义上体现出它的效力，而是因为政府干预同东亚特有的历史传统和文化底蕴紧密地联系在一起。尽管 30 多年来中国的改革开放带来了经济发展的巨大成功，但中国从总体来看仍然保持着作为发展中国家主要特征的二元经济结构。中国的经济发展问题始终同经济转轨紧密地联系在一起，而中国又是在市场体制仍未完善的前提下加入 WTO 的，这就使得中国的经济发展问题呈现出空前的复杂性。中国的案例是发展经济学家们未曾遇到过的，人们所达成的共识是：中国作为一个发展中大国，由于市场经济体制远未达到完善的程度，经济转轨过程也远未完成，其经济发展过程中的许多特征都在某种程度上表现出对西方主流经济学在分析中所依赖的范畴、命题以及基本假设条件的偏离，因此，在探讨中国的经济发展问题时，必须修正原有的假设条件，提出新的假设条件或增加附设条件，使之与中国的现实相适应。

3. 新的分析方法对发展经济学的推进

（1）可计算的一般均衡模型大量涌现。结构主义者在原有的结构主义研究方法的基础上用主流的方法进行了武装。近年来最突出的进展是可计算的一般均衡模型，虽然也是一般均衡，但却给它赋予了非常强烈的结构主义色彩。通过这种方式，结构主义者把它们重新武装起来，然后进行讨论。

（2）在多学科融合的趋势中更多地展现出经济学的"人类关怀"。人类学、社会学、政治学、历史学、心理学都在融合，而且这种融合在发展经济学领域中展现了很大的空间。在经济学的演进中，有两次表现出人文关怀。一次是加里·贝克尔的贡献，它将经济学分析的触角伸进家庭、犯罪、歧视等领域。那一次展现了经济学在"宽化"方面的潜力。第二次是对发展中国家的人类关怀，这次关怀显示了更大的"宽化"的空间。一方面，递增收益的分析对经济学家解释世界赋予了更强的能力；另一方面，发展中国家的经济发展毕竟是整个人类的事情。随着经济学视野的不断扩大，"经济学帝国主义"的发展，经济学所体现的人类关怀将会被更多地纳入进来。而人类关怀最现实的是对发展中国家的关怀，因为当今世界上的两大主题是"和平"与"发展"。如果把对发展中国家的关怀放入发展经济学，那么可以说发展经济学的前景是难以估量的。

从发展经济学60多年的演进历程中，我们所见到的情景并不是这个学术领域的衰落，而是在"一波未平，一波又起"的思想激荡中，新观点不断涌现，老观点被重新讨论。这种学科兴盛的情景恰好说明发展经济学仍处在它的繁荣时期。据一位希腊发展经济学家统计，20世纪60年代第一种有关经济发展的刊物问世，截至1988年已超过50种，至今这个数字肯定上升了。学术刊物的增多，一方面说明学术队伍在壮大，另一方面说明这个学科正在蒸蒸日上。

资料来源：马颖：《发展经济学的新发展与发展经济学的未来》，载张培刚发展经济学研究基金会组编：《发展经济学与中国经济发展——第一、二届张培刚奖颁奖典礼暨学术论坛文集》，华中科技大学出版社2009年版，第129~136页。

【思考题】

一、基本概念

广义的发展经济学　狭义的发展经济学　新古典主义复兴

二、简答题

1. 简述亚当·斯密的经济发展理论。

2. 发展经济学产生的历史背景是什么？

3. 发展经济学的研究方法有何特点？

三、论述题

试述发展经济学的演进及理论特征。

主要参考文献和阅读指南

1. 亚当·斯密著：《国民财富的性质和原因的研究》，商务印书馆 1972 年版。

2. 托马斯·马尔萨斯著：《人口原理》，商务印书馆 1962 年版。

3. 阿弗里德·马歇尔著：《经济学原理》，商务印书馆 1983 年版。

4. 大卫·李嘉图著：《政治经济学及赋税原理》，商务印书馆 1976 年版。

5. 马涛编著：《经济思想史教程》，复旦大学出版社 2001 年版，第 200 页。

6. 张培刚、张建华主编：《发展经济学》，北京大学出版社 2009 年版，第 4 页。

7. 陶文达主编：《发展经济学》，四川人民出版社 1992 年版。

8. 谭崇台：《怎样认识发展经济学》，《经济学动态》2001 年第 11 期。

9. 邹进文等：《发展经济学在中国的三次发展》，《经济学动态》2012 年第 2 期。

10. 刘学华等：《从哺育到反哺：30 年农村改革的实践和逻辑——基于经济发展的新古典政治经济学构架》，载张培刚发展经济学研究基金会组编：《发展经济学与中国经济发展——第一、二届张培刚奖颁奖典礼暨学术论坛文集》，华中科技大学出版社 2009 年版。

要　素　编

第三章　资本形成与经济发展

在 20 世纪 50—60 年代，发展经济学集中探讨了发展中国家贫困的根源与摆脱贫困的出路。这些理论特别强调资本形成在发展中国家经济发展中的作用，形成了发展经济理论"唯资本论"的特点。本章首先分析资本形成的各种来源和方式，讨论金融深化与资本形成的关系；然后重点介绍资本形成的主要理论；最后分析发展中国家过度强调物质资本形成对经济发展带来的负面影响。

一、资本与资本形成过程

(一)资本和物质资本

在马克思主义经济学中，资本被看作是一个历史范畴，这是从资本的生产关系属性特征来定义的。现在我们抽象掉资本"生产关系"质的规定性，从经济运行的层次，把资本作为一种生产要素，来研究它对经济发展的影响。从这个意义上来说，凡用于生产、扩大生产能力或能提高生产效率的物质及其载体，都可称为"资本"。[1] 在现代经济发展理论中，资本一般被分为物质资本、人力资本和金融资本三种基本形式。早期发展经济学家特别强调物质资本的作用，当时所说的"资本"一般是指物质资本。本章中的"资本"也一般是指物质资本，在论述金融问题时则指金融资本。物质资本是指实物形态的机器、工具设备、厂房、建筑物、交通工具与设施等长期耐用的生产资料，包括固定资产和生产所必需的存货。[2] 一般来说，物质资本具有以下三个特点：(1)物质资本是投资过程的结果；(2)物质资本的规模和结构反映现有的生产能力，同时也构成未来经济发展的基础；(3)就大部分物质资本而言，它具有耐用性，即有折旧问题。

(二)资本形成过程

资本来源于储蓄，储蓄可以转化为投资，投资又形成一定形式的资本，产生一定生产能力的过程，就是资本形成过程。资本形成过程一般要经过三个阶段：

第一个阶段，储蓄。把国民收入的一部分节省下来不用于消费。

第二个阶段，储蓄集中。将来源不同的分散的储蓄汇集到一起。

第三个阶段，投资本身。通过投资使这些资本资源转化为实际的物质资本存量。

---

[1]　引自陶文达主编：《发展经济学》，四川人民出版社 1992 年版，第 72 页。

[2]　引自张培刚主编：《发展经济学教程》，经济科学出版社 2001 年版，第 275 页。

可以看出，资本形成首先要解决储蓄的来源问题，以便增加物质资本的资金来源；其次是将分散的储蓄有效地汇集起来；最后是通过一定的方式将资金贷给投资者，用以购置机器设备、建设厂房等，以增加物质资本存量。这就意味着，从储蓄到现实的物质资本之间必须经过投资的转化。那么，储蓄是怎样构成的呢？

二、资本形成的来源

从以上对资本形成过程的讨论，我们知道，资本形成最初来源于生产量超过当前消费量的剩余即储蓄。在西方经济学中，储蓄是指一国在一定时期（如一年）内国民收入中扣除消费后的余额，是放弃现期消费而选择未来消费的结果。在一个开放的经济中，一国的总储蓄包括国内储蓄和国外储蓄两部分。根据储蓄的经济主体不同，前者包括个人储蓄、企业储蓄和政府储蓄，后者则包括外国官方储蓄和外国私人储蓄。

(一) 个人储蓄

个人储蓄又称居民储蓄或家庭储蓄。在西方国家，它也包括非公司企业（合伙或独立经营企业）的储蓄，个人储蓄是总储蓄的主要来源。决定个人储蓄水平的因素有：一是个人可支配收入（个人总收入扣除所得税）的总水平。一般而言，个人可支配收入越多，个人储蓄也越多。个人可支配收入的高低取决于一国经济发展水平所决定的国民收入的总量和人口数量，它与前者成正比，与后者成反比。二是储蓄倾向，即平均每个人可支配收入中用于储蓄的比例，在收入一定的情况下，储蓄倾向越高，储蓄额也就越多。储蓄倾向的高低取决于多种因素，主要有：收入分配状况、储蓄习惯、金融制度与支付习惯、人口结构、社会保障与社会福利制度、物价水平、利率水平、财政与货币政策等。

(二) 企业储蓄

企业的总储蓄包括净储蓄和折旧基金两部分。净储蓄是企业的未分配利润，即税后利润扣除股息和职工福利基金后的余额，它是用于扩大再生产的。它取决于企业的经营状况（利润大小）和内部的分配政策。折旧基金在未用于更新机器设备之前，也是一种储蓄。在发达国家，企业经常采取加速折旧的办法，政府也给予税收等方面的种种优惠，以扩大企业的资本积累和更新改造的能力，加速技术进步。所以，折旧是企业资本积累的一个重要来源。在工业化国家，折旧基金占企业总储蓄的比例相当大。由于企业是国民经济的细胞，所以提高企业的获利能力，增加企业利润以进行再投资，对于经济发展具有决定性的意义。

(三) 政府储蓄

政府储蓄包括政府预算储蓄和国有企业上缴利润两部分。政府预算储蓄是政府的税收扣除经常性公共支出后的余额。除这两个正常手段之外，如果政府储蓄不足以支付政府的投资支出，即发生财政赤字，那么政府可以通过向国内公众举债（发行债券），出售国有企业的股票，或借外债，或向银行透支扩大货币发行，即实行通货膨胀等手段来弥补赤字，政府储蓄以及财政赤字的规模都是由政府的社会经济政策决定的。

（四）外国储蓄

外国储蓄中的官方储蓄包括外国政府以及国际金融组织（如世界银行、国际货币基金组织）的援助和贷款，一般情况下条件比较优惠，无利息或低利率，期限也较长。外国私人储蓄则包括外国私人金融机构、企业或个人对本国的贷款、直接投资（FDI）以及购买的本国的债券和股票。世界经济发展的经验，特别是第二次世界大战以后发展中国家经济发展的经验显示，在政治独立和经济稳定的前提下，外资只要使用得当，对落后国家加速进行工业化和现代化，是具有促进作用的，而且也是必不可少的。一个发展中国家能够利用的外资数量，取决于其政治经济形势的稳定程度，国内市场的大小与潜力以及吸引外资的各项政策。

综合以上所列举的资本形成的四大来源，其中个人储蓄和企业储蓄被称为"自愿储蓄"（Voluntary Savings）。一般来说，发展中国家在工业化初期，自愿储蓄占收入的比率相对较低，其原因主要是：人民普遍贫困，缺乏储蓄能力；可用于储蓄的资产种类太少；金融机构不够普遍，存款手续太多；公众对本国货币缺乏信心，持有货币常会遭受贬值的损失。所以，完全依赖自愿储蓄动员国内资源，增加资本形成，速度势必相当缓慢。为了加速动员国内资源，加快资本形成，不少经济学家主张通过征税、财政赤字、通货膨胀、对隐性失业劳动的充分利用等方式，实行所谓的"强制性储蓄"（Compulsory Savings）。事实上，很多发展中国家（特别是在 20 世纪 50—60 年代）正是主要通过这种强制性储蓄来加速资本积累和工业化的。此外，20 世纪 70 年代以后，第二次世界大战后工业化实践的经验教训，特别是日本、联邦德国、亚洲"四小龙"等发展外向型经济的成功，使越来越多的经济学家和政府决策者逐渐认识到了外资在资本积累以及经济发展中的重要作用。

三、资本形成的方式

从前面的分析我们知道，资本形成的直接途径来自于储蓄，但储蓄只是资本形成的必要条件，还需要采用一定的机制或手段把储蓄转化为现实的物质资本。这部分内容探讨发展中国家资本形成的主要方式。

（一）农业剩余与资本形成

对于大多数发展中国家来说，在工业化初期，如果没有外资可利用，又不能通过初级产品的出口来换取资本品的进口，那么农业剩余就成为发展中国家初始资本的主要来源。在将农业剩余转化为工业化所需的物质资本的方式上，主要有以下几种：

1. 利用廉价的剩余劳动力，扩大资本积累

在发展中国家的广大农村地区，存在着大量的剩余劳动力，在城市也有许多公开的或隐蔽性失业，这些多余的劳动力对生产没有多少贡献（其边际生产力为零），却仍然需要消费。所以，如果将闲置的劳动力动员起来，从事那些不需要多少资本的生产性活动，如

建筑、修路、农田水利建设等工作，便可直接增加资本形成，同时生产量并不会因此减少。而且，支付给这些人员的工资，将被他们主要用于购买粮食等食物，这又可以增加农民的收入，进而增加储蓄。更重要的是，对企业经营者来说，大量农村剩余劳动力的存在，对在业工人将构成一个强大的竞争压力，从而使得工业企业可以维持工人的低工资，以增加利润，扩大资本形成。第二次世界大战后，亚洲"四小龙"就是利用了劳动力资源丰富的比较优势，大力发展劳动密集型的轻纺工业，扩大其出口市场，换取巨额外汇，为国内工业化进口了大量的国外先进机器设备和技术。我国改革开放以来走的也是这样的道路。

2. 通过工农产品价格的"剪刀差"人为地压低农产品的相对价格

政府用行政手段强行压低粮食及其他农产品的价格，并抬高农用生产资料（农药、化肥、机械等）及其他工业品的价格，通过与农民的不等价交换（工农产品价格的"剪刀差"）将农业剩余强制性地转移出来。这实际上是一种看不见的税收，它比直接征税所遇到的阻力要小，所以为政府所偏好。在前苏联和1978年前的中国，这种隐蔽的转移农业剩余的方式，是工业化原始资本积累的最主要来源。与这种原始资本积累方式相配套，国家在农业生产的组织制度上实行集体化（在前苏联是集体农庄，在我国是人民公社）；在农产品流通体制上实行"统购统销"，排斥商品生产和价值规律；在工业化战略上则是优先发展重工业。这种方式可以在较短时期内迅速聚集巨额资金，建立起较完整的工业体系。但是这种方式损害了农民的利益，抑制了农业的发展。

（二）发展中国家的"金融抑制"与"金融深化"

金融发展与资本形成和经济发展之间存在着一种相互影响的关系。一个国家的金融体系越健全，就越可以帮助一国加快资本形成，改善资源的配置，从而促进经济增长；反之，一个国家的金融体系越落后，政府对金融的管制就越严，从而会极大地抑制其经济发展。

发达的金融系统对经济增长的促进作用或"引致增长效应"（Growth-Inducing Effect）是通过两个方面产生的：一是金融系统提高了储蓄和投资的总水平。因为金融机构和金融工具提供的选择机会越多，金融服务越是便利周到，人们从事金融活动的欲望就越强烈，一些非生产性的或暂时闲置的资金就可以被吸引到生产性用途上来，从而社会资金积累的速度就越快。二是金融系统通过资本运用可提高投资的效率或边际收益。因为竞争会保证资金首先流向投资风险小、回收期短、营利水平高的产业与地区。

发展中国家普遍存在着"金融浅化"（Financial Shallowing）或"金融抑制"（Financial Repression）现象。① 主要表现在：政府为了刺激投资，利用行政力量人为地将利率规定在

---

① 美国斯坦福大学的两位教授爱德华·S. 肖（Edward S. Shaw）和罗纳德·I. 麦金农（Ronald I. Mckinnon）于1973年提出了发展中国家的"金融抑制"与"金融浅化"问题，他们主张"金融自由化"和"金融深化"。一些发展中国家如韩国、阿根廷、马来西亚等，试图按金融深化的思路来进行金融改革，但成功的例子还很少。

远低于市场均衡利率的水平，而且在通货膨胀时期，实际利率不断下降甚至变为负值。过低的或负实际利率，一方面助长了对实物资产的追逐，从而抑制了储蓄的增加和人们对金融资产的需求，导致金融系统相对于非金融系统的实际增长率和实际规模下降，最终使可投资资金减少；另一方面则刺激了不适当的投资需求，使那些边际收益率很低的投资项目变得有利可图，而且助长了资本密集型产业的发展（因为资本相对价格较低），而不利于劳动力就业的增加。由于资金供不应求，政府只好对信贷实行限额配给，结果政府所能满足的往往只是重点发展的现代部门和国有大中型企业或少数特权阶层的资金需求，而将为数众多的小企业、小商人和农户排斥在有组织的金融市场之外，他们只得靠自身的积累或在无组织的金融市场借高利贷来扩大再生产。这就加强了金融和经济的二元化倾向。另外，在外汇市场上，政府也人为地抬高了本国货币的价值，其结果是限制了出口，鼓励了进口，使国际收支状况恶化。总之，选择金融抑制战略对储蓄、投资、就业、收入和外贸都是不利的，是一种缺乏远见的行为，它只能使落后的经济更加落后。要使经济真正得到稳定持久的发展，就必须抛弃"金融抑制"战略，而进行"金融自由化"（Financial Liberalization）与"金融深化"（Financial Deepening）的改革，即放弃国家对金融体系和金融市场过度的行政干预，让其自由发展。比如，取消利率与汇率限制以及信贷和外汇的配给制，促进金融业内的竞争；降低通货膨胀率，稳定币值和物价，以使实际利率与汇率提高到反映资金和外汇稀缺程度即供求均衡的水平；打破金融市场间的障碍，使利率间的差别趋于缩小，从而有效地吸收储蓄和分配投资；促进金融资产的品种和期限多样化，使其增长率与国民收入或物质财富的增长率之比逐渐上升，增加金融机构，扩大金融体系的规模，使金融职能专门化。

此外，发展中国家应该追求经济自主发展，即发展中国家应该主要依靠国内的金融系统来为工业化筹措和分配资金，而不必过分长期依赖外资；反对用赤字财政与通货膨胀的办法来动员资本，因为这只会使实际利率降低甚至成为负值，从而造成"金融浅化"。

推行金融深化将具有储蓄效应、投资效应、技术创新效应、就业效应和收入效应等，即有助于挖掘储蓄潜力，增加私人及政府的储蓄和国际资本的流入；有助于使来自居民储蓄方面的融资代替财政、通货膨胀和国外援助方面的融资；也有助于扩展多样化的金融市场，促进储蓄者和投资者展开竞争，优化储蓄的分配和使用，提高投资效率。因此，这些措施对加速技术创新、增加就业、提高收入、改善分配的不平等状况以及经济的稳定增长，都起着积极的促进作用。

当然，发展中国家在实施金融自由化和金融深化方面，也有一些值得吸取的深刻教训。例如，许多东亚和东南亚国家，虽然20世纪80年代以来在金融自由化和金融深化方面已经取得了很大进展，但仍然很不彻底，突出地表现在政府主导型的融资体制（即政府指挥银行向企业融资）使金融业缺乏竞争，透明度低，造成了大量的"关系贷款"和低效投资，进而演化为银行的巨额不良资产和金融危机。事实上，这正是金融自由化和金融深化不彻底的表现。如果在金融体制还不健全、金融市场尚不成熟的条件下，过快实施金融自由化也必然会造成金融风险的增大，这时政府和金融当局不仅不能放松反而应当加强对金融业的监管和风险控制。也就是说，金融自由化与金融监管之间并不是此消彼长的替代关系，而应是并行不悖的互补关系。当然，监管的方式应从以直接的行政手段为主转向以间接的经济手段为主。

(三)发展中国家的"二元金融市场"

发展中国家的金融体系不发达的另一个重要表现就是其金融结构的二元性,或"二元的金融市场",即一方面是有组织的、金融管理当局能够控制的金融机构和金融市场,它们以低利率为现代产业部门和出口部门(主要是大中型企业)提供资金;另一方面是民间无组织的、金融当局不能控制的、进行高利贷活动的资金市场,它们则满足那些被排斥在有组织的金融市场之外的当地的小农场主、农户、小企业主、小商人的资金需要。

金融市场的二元性在根本上是发展中国家二元经济结构的反映,反过来又加剧了经济结构的二元性,使传统部门相对于现代部门更加落后,使城市和农村的差距扩大,使农业生产停滞不前,使那些占人口大多数的贫困阶层(特别是农民)的生活长期得不到改善。因此,消除金融的二元性,建立一体化的金融市场是十分必要的,应作为发展政策的一个重要方面。

消除落后国家金融二元性的对策是:第一,有组织部门的信用市场的官价利率必须提高到足以反映它们现存资金不足的状况。这将鼓励一个金融中心的成长,以便有效地向国内及国外吸收储蓄。它同时能够使可利用的储蓄供给等于贷款需求,包括放贷者重新贷给无组织信用市场的资金的需求。第二,一个更整合的国内市场只有在现代及传统部门都能以相同的条件自由接触时才能创立,传统部门的利率才能够更有效地降低。这不是由于对合作机构提供了有限金额的低利率贷款,而是由于对合作机构和放贷者在同等的条件下都给予无限制的接触,所以它们能够互相竞争以较低的利率提供贷款给小额贷款者。

四、资本形成在经济发展中的作用

资本形成的理论,既源远流长,又博大精深。亚当·斯密的劳动分工理论和资本积累理论,李嘉图的收入分配理论,都是旨在促进资本扩张和资本主义经济的长期增长,因而属于古典经济学的资本形成理论。马克思的劳动价值论和剩余价值论更是揭示了资本积累的源泉和资本扩张的奥秘、机制。从斯密到李嘉图再到马克思,他们都非常重视资本积累在工业化和资本主义经济增长中的关键作用,这一传统为第二次世界大战后早期的发展经济学家所继承。

20世纪50—60年代,在早期发展经济学的许多论著以及很多发展中国家的经济发展政策中,物质资本被描述成唯一稀缺的资源,资本短缺被看成是加速经济发展的最主要的障碍。著名的哈罗德—多马模型、纳克斯的"贫困恶性循环"理论、罗森斯坦—罗丹的"大推进"理论和罗斯托的"起飞"理论等均强调资本形成的重要性。这些过分强调资本形成在发展中国家经济发展中的作用的理论,后来被人们称为唯资本论。下面我们简要介绍这几种资本形成理论。

(一)哈罗德—多马模型

英国经济学家哈罗德(R. F. Harrod)在《动态经济学导论》(1948年)一书中,将凯恩斯的静态均衡分析动态化，建立了一个动态的经济增长模型。美国经济学家多马（E. D. Domar）在《资本扩张、增长率和就业》（1946 年）和《扩张与就业》（1947 年）两篇论文中，独立地提出了一个类似的增长模型。因此，人们将二者合称为"哈罗德—多马模型"（简称 H-D 模型）。

H-D 模型是根据凯恩斯收入决定论的静态均衡条件，即储蓄等于投资（$S=I$）推导出来的，或者说是以 $S=I$ 为假定条件的。其基本公式为：

$$g=s/v$$

g 表示经济增长率，若以 Y 表示总产出（GDP），Δy 表示总产出增量，则：

$$g=\Delta y/Y$$

s 表示储蓄率，若以 S 表示储蓄，则 $s=S/Y$。

v 表示增量的资本-产出比，即 $v=\Delta K/\Delta Y$，ΔK 表示资本增量即投资，$\Delta K=I$。

可见，v 为生产的一种技术系数，即平均每单位总产出增量所需要的资本增量，v 值愈大，则表明资本的产出率愈低，或投资的效率愈低。

由 $g=s/v$ 推得：

$$\frac{\Delta Y}{Y}=\frac{S}{Y}/\frac{\Delta K}{\Delta Y}=\frac{S}{Y}\cdot\frac{\Delta Y}{\Delta K}=\frac{\Delta Y}{Y}\cdot\frac{S}{\Delta K}=\frac{\Delta Y}{Y}\cdot\frac{S}{I}$$

上式两边约掉 $\Delta Y/Y$，得 $S/I=1$，即 $S=I$。

将上述推导过程倒过来，即由 $S=I$，可得 $g=s/v$。这表明 H-D 模型实际上是 $S=I$ 这一凯恩斯静态宏观均衡条件的动态（增长率）表述。

H-D 模型的含义是十分明了的。它假定资本-产出比 v 在短期中是一定的，这意味着生产的技术水平是一定的，资本与劳动这两大生产要素在生产中是不能相互替代的，即资本-劳动比 K/L 是固定的。因此，经济增长率 g 就唯一地与储蓄率 s 成正比，资本积累就成为经济增长的唯一源泉。

H-D 模型本来是论述发达国家的经济增长的，但它同样可以适用于发展中国家。而且，发展中国家收入水平低，资本稀缺，因此要加速经济增长，就必须提高储蓄率或投资率，即加快资本形成。

H-D 模型由于简单明了，曾经颇为流行，成为第二次世界大战后很多国家制定经济发展政策的一个重要理论依据。但是，由于它只强调资本形成的作用，忽视了劳动投入、技术进步乃至制度因素对经济增长的重要作用，而受到了批评，并被索洛等人提出的"新古典增长模型"所取代。

（二）贫困恶性循环理论

1953 年美国发展经济学家纳克斯（R. Nurkse）在《不发达国家的资本形成问题》一书中提出了著名的"贫困恶性循环"（Vicious Circle of Poverty）理论，论证了资本形成对于打破"贫困恶性循环"的关键作用，奠定了早期发展经济学的资本形成理论的基础。

该理论认为，资本匮乏是阻碍发展中国家经济发展的关键因素。"贫困恶性循环"包括供给和需求两个方面：在供给方面，一国由于经济不发达，人均收入低，人们将要把大部分收入用于消费，很少用于储蓄，从而导致储蓄水平低，低储蓄水平又会造成资本形成不足；资本形成不足又会导致生产规模难以扩大、劳动生产率难以提高，低生产率造成低产出，低产出又造成低收入，形成了一个"低收入—低资本形成—低收入"的恶性循环；在需求方面，发展中国家的人均收入水平低下意味着低购买力和低消费能力，低购买力导致投资引诱不足，投资引诱不足又会造成资本形成不足，低资本形成使生产规模难以扩大、生产率低下，低生产率带来低产出和低收入，这样，也形成了一个"低收入—低资本形成—低收入"的恶性循环（见图 3-1）。纳克斯认为，正是资本形成的供求两方面的约束阻碍了发展中国家的经济增长，资本形成不足是"贫困恶性循环"的主要障碍。因此，要打破"贫困恶性循环"，就必须大幅度地提高储蓄率，大规模地增加储蓄和投资，加速资本形成。同时，他又认为，为了克服发展中国家市场狭小所造成的投资引诱不足问题，即资本形成的需求"瓶颈"，应当采取"平衡增长"战略，即在众多的行业中同步地投资，形成相互的需求推动，以投资带动投资，"供给创造需求"。

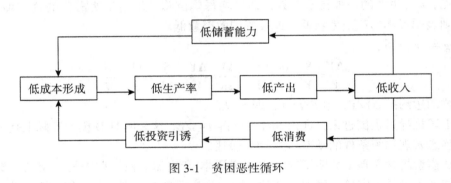

图 3-1　贫困恶性循环

　　纳克斯的"贫困恶性循环论"反映了发展中国家贫困的现实状况，并从资本形成的角度探讨了产生贫困的根源和摆脱贫困的途径，强调了储蓄、投资和资本形成对发展中国家的推动作用。而且他提出了从供求两方面促进资本形成的重要思想。这些都是富有启发性的见解。但是，他把发展中国家贫困的原因仅仅归结为资本形成的不足，把加速资本形成看成是摆脱贫困的唯一途径，显然是片面的，他忽视了阻碍发展中国家经济发展的其他因素。

（三）"大推进"理论

　　1943 年，发展经济学的先驱罗森斯坦-罗丹（P. N. Rosenstein-Rodan）在《经济学》杂志上发表了论文《东欧和东南欧国家工业化的若干问题》，提出了资本形成的"大推进"（Big Push）理论。他认为，发展中国家以农业生产为主，劳动生产率和收入水平低下，要从根本上解决贫穷落后问题，关键在于实现工业化。而要实现工业化，首要的障碍是资本形成不足。在资本形成的过程中，必须达到足够的规模，分散的、小规模的、个别部门的投资不能形成经济发展的氛围，给工业化带来足够的动力。这是因为，发展中国家经济具有两个重要特征：一是工业化基本条件的不可分性（Indivisibilities），表现在作为工业化前提条件的基础设施等社会公共资本（Social Overhead Capital）和作为工业化起步拉动力的市场需求与资金来源的储蓄均不可细化分割，而必须达到足够的规模才能进行；二是缺乏工业发展所必要的"外部经济"(External Economy)，表现在企业规模过小，缺乏规模经济效益，企业之间彼此提供的"外部经济"效应微小。在这种情况下，企业和社会的获利能力(Social Profitability)很低，经济是很难迅速增长的。因此，必须实施资本形成的"大推进"战略，即同时在各个工业部门全面进行大规模投资，使各个工业部门之间相互创造需求，提供市场，克服"不可分性"，产生"外部经济"效应和"规模经济"效应。顺着这一思路，罗森斯坦-罗丹进一步提出了"平衡增长"的战略主张。

"大推进"理论强调工业化是发展中国家的中心任务，指出了大规模的资本形成对于突破发展中国家市场狭小的束缚、创造社会关联效应的重要性和必要性。这反映了发展中国家在工业化初期的困境，对发展中国家特别是发展中大国如何开展工业化具有一定的启发意义。但是，它忽视了发展中国家进行大规模投资所需的资金、资源以及其他要素的限制，没有认识到工业化是一个逐步演进的长期过程，是不可能"急于求成"的。"大推进"理论在绝大多数实行市场经济的发展中国家是缺乏可行性的，在少数曾经实行计划经济的发展中大国，如前苏联和中国的工业化初期曾经实践过，事实证明，虽然曾经一度有过很快的经济增长速度，但后遗症和弊端很多，超越现有条件的过快过大规模的投资抑制了消费品工业的发展和人民生活水平的提高，造成了产业结构的严重失衡，引发了严重的通货膨胀或产品短缺，甚至出现了中国"大跃进"时期的严重恶果。

（四）"起飞"理论

罗斯托(W. W. Rostow)在1960年出版的《经济增长的阶段：非共产党宣言》一书中，提出了著名的"起飞"理论。他吸收了凯恩斯的宏观经济分析理论、熊彼特的创新理论和哈罗德-多马模型等理论和方法，根据现代西方经济史，把所有国家从不发达到发达的过渡概括为六个阶段的增长。传统社会(Traditional Society)、"起飞"准备阶段(Preconditions for Take-off)、"起飞"(take off)阶段、走向成熟阶段(Take-off and the Drive to Maturity)和大众高消费阶段(the Age of High Mass Consumption)。后来，他在1971年出版的《政治和增长阶段》一书中又在"高额群众消费阶段"后面增加了一个"追求生活质量"(the Quality of Life)的阶段。

1. 六个阶段

第一，传统社会阶段。这一阶段包括英国物理学家牛顿(Newton)所处时代以前的各种类型的社会。主要特征是：没有现代科学技术，资源大多配置在农业，而不在工业；存在着一种僵硬的社会结构，阻碍着持续的经济增长。因此，在传统社会阶段，社会生产率低下，人均收入低，仅够维持生存。

第二，"起飞"准备阶段。这一阶段是一个过渡阶段，社会发展所需的各种条件正在形成。这一时期的特点是：新的科学技术正在应用于工业和农业，主导部门有食品、饮料、烟草等，金融机构(如银行)开始出现，商业交通运输状况得到了很大的改进，交通业的发展促进了商业的发展。与此同时，中央集权的民族国家建立起来了。这时候尽管生产效率低的生产方法还在运用，但新的方法开始出现，处于一种新旧交替和并存时期。发展的障碍逐渐被克服，但人均实际收入增长缓慢。历史上，英国是第一个为"起飞"阶段创造充分前提条件的国家。

第三，起飞阶段。起飞是传统社会进入现代社会的分水岭，是社会变化质的飞跃。在这个阶段中，一些阻碍和抵制经济持续增长的旧势力最终被克服。有利于经济增长的力量继续扩展，最终支配整个社会，增长已成为正常状态。

起飞阶段的主要特征为新工业扩张迅速，利润中的大部分被再投资于新工厂，而这些新工厂又促进了城市地区和其他现代工业企业的进一步扩张。现代部门的整个扩张过程导致一部分人的收入大幅度增加，他们具有很高的储蓄率，并且把储蓄交给从事现代生产活动的人使用。新的企业家阶层在扩大，他们把扩大的投资引导到私人部门。新技术不仅在工业中扩散，而且也在农业中扩散。农业生产率革命性的变化是起飞成功的必要条件，因为社会的现代化大大增加了对农产品的需求。一二十年后，社会基本经济结构和政治结构发生了根本性的转变，已适应于维持一个稳定的经济增长率。

罗斯托将一些国家起飞的时间确定为：英国在 18 世纪末，法国和美国在 19 世纪中叶，德国在 1850—1875 年，日本在 19 世纪最后 25 年，加拿大在 19 世纪末 20 世纪初。

第四，走向成熟阶段。起飞之后再经过五六十年的稳定增长，就可以进入一个新阶段，即走向成熟阶段。这个阶段的主要特征是吸收和使用现代技术成果的能力大大增强，10%~20% 的国民收入用于投资，使得产出持续地超过人口增长。随着技术的改进，新工业加速扩张，老工业衰落，经济结构不断发生变化，对外贸易越来越频繁。整个社会服从于现代高效率生产的要求，新的思想和体制代替旧的思想和体制，以支持经济的持续增长。

第五，大众高消费阶段。这一阶段，经济中越来越多的资源被用来生产耐用消费品和提供劳务，城市人口和白领阶层所占比例大，通过各种途径，越来越多的资源用在了社会福利和保障事业上。这一阶段是一个富裕阶段，收入水平的提高逐渐改变了人们的消费习惯，人们不满足于衣食住行等基本生活需要，开始追求更高水平的消费。汽车、各种家用电器等都获得了广泛的消费，社会福利和保障事业得到深入发展。此阶段的主导部门已经转移到耐用消费品的生产部门和服务业。

第六，追求生活质量阶段。经过大众高消费阶段后，由于汽车的大量使用，带来了环境污染、交通拥挤和噪音污染等城市化问题，于是人们不仅追求小汽车之类的耐用消费品，而且追求优美的环境、闲暇和娱乐。这一阶段中，主导部门已经从耐用消费品的生产部门转移到以服务业为代表的与提高居民生活质量密切相关的部门，如教育、环境保护、娱乐和旅游等。它们提供的产品主要是劳务而不是有形产品。

2. 经济起飞

对于发展中国家而言，实现经济起飞是它们从传统社会进入现代社会的决定阶段。所谓"起飞"是指在工业化初期的较短时间内（20~30 年）实现基本经济和生产方法上的剧烈转变，在此剧变之后，经济将步入持续稳定的增长过程中。

如何才能实现经济的"起飞"呢？罗斯托认为，发展中国家要实现经济起飞必须具备以下几个方面的条件：

（1）科学思想条件。罗斯托认为，伟大的科学家牛顿所完成的自然科学的革命，其意义远远不限于自然科学本身，它还从根本上动摇了传统社会的基础。自然科学的进步，打破了资源瓶颈对经济增长的束缚，克服了生产要素报酬递减规律对经济增长的限制，从而开辟了持续增长的可能性。更为重要的是，自然科学改造了人们的传统思想，调动了人们的主动性和创造性，进一步推动了科学技术的发展并扩大了经济持续增长的可能性。正是在这种意义上，罗斯托把牛顿科学思想的产生看成是历史的分水岭，把它作为划分传统社会和现代社会的时间界线。

（2）政治条件。第一，有一个统一的国家，以利于举国上下一致为共同目标而努力。相反，在四分五裂的状态下，起飞是不可能的。第二，有一个致力于经济和社会现代化的政治目标。第三，有一个强有力的中央政府，发挥领导核心作用。

（3）社会条件。起飞有赖于一大批富有创新、冒险和进取精神的企业家和全社会的创业精神。起飞前夕的社会，应该开始具有有利于创业精神产生和企业家生长的社会环境。

（4）经济条件。第一，要有10%以上的资本投资率。经济起飞要以充足的资本积累作为物质基础，大多数发展中国家经济发展的主要阻力是资本形成不足。罗斯托接受了哈罗德—多马模型的基本思想，认为提高资本投资率是促进资本形成的必要条件。罗斯托指出，如果资本/产出率 V（投资与产量之比）为3∶1，投资率达到10%，经济增长率就会达到3.3%，将超过任何可能的人口增长速度，按人口平均计算的生产量就会不断提高。第二，要建立"起飞"的"主导部门"（Leading Sectors）。罗斯托认为，在起飞阶段，各部门所处的地位和所起的作用是不一样的。其中的一个或几个部门的增长决定着其他部门的增长，在所有部门中处于支配地位，它或它们有技术创新和迅速应用新技术的能力，能够通过自身的发展带动其他部门和整个经济的增长。主导部门不是一成不变的，而是随着经济发展的不同阶段依次更替。从历史上看，起飞准备阶段的主导部门主要是饮食、烟草等工业部门；起飞阶段的主导部门主要是纺织、铁路等；走向成熟阶段的主导部门主要是重型工业和制造业；大众高消费阶段的主导部门是汽车工业；追求生活质量阶段的主导部门主要是服务业。正是主导部门的这种不断更替，推动了经济增长阶段的变迁，而促使主导部门不断更替的主要原因是技术的不断创新和新技术的不断采用。

罗斯托认为，具备了上述条件，一国经济就可以实现"起飞"，并在恰当的努力下进入"自动持续增长"。

五、资本形成作用的反思

第二次世界大战后几十年经济发展的事实，证明了上述理论存在着很大的片面性。很多发展中国家经过努力，甚至不惜采取强制储蓄手段，使积累率提高到远超过10%的水平，有的高达20%或30%，可是除了"亚洲四小龙"等少数国家和地区成功地实现了经济起飞之外，多数发展中国家并没有实现经济上的起飞，有的增长率虽然较高，但有增长无发展。人民生活仍然处于低下或贫困的水平，失业和就业不足普遍存在，收入分配更不平等，处于绝对贫困状态的人数众多，农业进步不大。究其原因，主要有以下几个方面：

第一，片面强调物质资本的形成，使人们把注意力集中于资本存量的增长，而忽视资本的合理配置。在发展中国家，由于制度上的缺陷和市场机制发挥作用的环境不健全，原本稀缺的资本或者被错误地使用，或者被低效率地使用，资本的产出效率非常低下，造成资源严重浪费。

第二，片面强调物质资本投资，使一些发展中国家政府忽视人力资本投资。物质资本与人力资本比例失衡，成为长期制约发展中国家经济增长的主要原因之一。

第三，一些实施高积累高投入发展战略的国家长期忽视技术进步，导致资源利用效率低下，形成了高投入低产出的粗放型经济增长方式。这又成为发展中国家经济发展长期处于低效高耗状态的主要原因。例如 20 世纪 50—60 年代，日本和中国的储蓄率都在 30%左右，据估计两国资源的总使用量也差不多，但生产出来的国民收入却相差甚远。因此，提高资本形成的效率甚至可能比提高投资量对经济的长期增长更为重要。

因此，物质资本形成尽管是经济起飞和经济发展的一个必要条件，但却不是一个充分条件，仅仅鼓励物质资本形成是不够的，还必须重视技术进步、人力资本和制度等因素对经济发展的推动作用。

【案例 3-1】

东亚金融危机

第二次世界大战以后，日本经济从废墟中崛起，30 余年持续高速增长，到 20 世纪 90 年代初其经济实力达到了顶峰。韩国、新加坡、中国台湾和香港等亚洲"四小龙"以骄人的增长速度在全世界领先，在 90 年代初期成为新兴工业化经济体，正在举世争说"东亚奇迹"，韩国也在 1996 年加入所谓"富国俱乐部"——经济合作与发展组织（OECD）的时候，也有冷静的经济学家对东亚经济潜在的危险发出了警告。美国经济学家 P. 克鲁格曼在《外交》季刊上发表了题为《亚洲奇迹的神话》的论文，认为东亚并没有创造什么"奇迹"，它们的快速发展，所依靠的不外乎是国内高额储蓄所提供的投资加上大量人口从农村转移到城市所提供的劳动力，而不是依靠生产率的提高。因此，其增长速度注定会跌落下来。

而这些警告并没有引起人们的正面响应，甚至被看作是对东亚地区的恶意攻击。就在 1995 年和 1996 年东亚经济连续两年高增长，人们对克鲁格曼的警告已经淡忘时，一场持续时间长、波及面广、危害大的金融危机于 1997 年 7 月突然爆发，东南亚许多国家和地区陷入了支付困难、金融机构倒闭、股市狂泻、资产缩水、经济衰退的泥潭。

这场危机 1997 年 7 月 2 日从泰国开始，当日泰国在国际支付发生困难的压力下，被迫宣布泰铢与美元脱钩后，泰铢在一日之内狂跌 20%。金融危机迅速扩展到东盟各国，再扩展到整个东南亚，进而波及世界金融市场。

在金融危机的冲击下，东亚经济的增长率下降，进入长时期的停滞。同时，大批外资从该地区撤出，造成了长远的影响，甚至导致一些国家发生政治危机。在东亚金融危机爆发后，相关国家银行体系因为出现巨大黑洞而面临崩溃。为了维持金融体系的运转，这些国家的政府不得不出巨资救援本国的银行。国际金融市场也受到东亚经济危机的影响而急剧波动。直到 1998 年初，危机持续恶化的势头才初步被遏制。

　　这场危机的发生绝不是偶然的，它是由一系列因素共同促成的。政府主导的过度投资和产能扩张，是造成金融风险积累直至最后一发不可收拾的重要原因之一。

　　东亚新兴工业化经济体的经历表明，依靠资源和资本投入驱动的经济增长是无法长期持续的。对于已经取得了相当成就的经济体而言，要维持高速经济增长，必须更多地依靠提高资源配置效率和各类创新活动；或者用速水佑次郎的话说，东亚经济能否保持持续增长的势头，取决于它们是否能够实现由早期经济增长模式到现代经济增长模式的转变。

　　资料来源：参阅吴敬琏著：《中国增长模式选择》，上海远东出版社 2005 年版，第 47~48 页。

【思考题】

一、基本概念

资本形成　二元金融市场　经济起飞

二、简答题

1. 如何评价贫困恶性循环理论和大推进理论？

2. 资本形成有哪些来源？

3. 简述哈罗德—多马模型的经济含义。

三、论述题

试析罗斯托的"起飞"理论对发展中国家的启示。

主要参考文献和阅读指南

1. 张培刚主编：《发展经济学教程》，经济科学出版社 2001 年版。

2. 陶文达主编：《发展经济学》，四川人民出版社 1992 年版。

3. 罗纳德·W. 麦金农著：《经济发展中的货币与资本》，上海三联书店 1988 年版。

4. 爱德华·S. 肖著：《经济发展中的金融深化》，上海三联书店 1988 年版。

5. 罗伊·哈罗德著：《动态经济学》，商务印书馆 1981 年版。

6. E. 多马著：《经济增长理论》，商务印书馆 1983 年版。

7. 拉格那·纳克斯著：《不发达国家的资本形成问题》，商务印书馆 1966 年版。

8. W. W. 罗斯托著：《经济增长的阶段》，中国社会科学出版社 2001 年版。

9. 习明明、郭熙保：《贫困陷阱理论研究的最新进展》，《经济学动态》2012 年第 3 期。

第四章　人力资源与经济发展

人既是发展的目的，也是发展的条件。一国人口的数量与质量是影响经济发展水平的重要因素。本章首先分析人口数量及其增长速度对经济发展的影响，接着分析人口质量对经济发展的影响，最后探讨教育对提高人口质量的重要作用。

一、发展中国家人口增长过快的原因

发展经济学家认为，发展中国家人口增长之所以居高不下，主要是死亡率得到了有效的控制，而出生率却没有明显下降造成的，他们通过比较西欧与发展中国家人口转变的不同来说明这一问题。

（一）人口转变理论

人口转变理论（the Theory of Demographic Transition）是一种以发达国家的实际人口增长数据为依据建立起来的用来解释人口变化趋势的理论。该理论最早由法国学者兰德里（A. Iandry）于 20 世纪初提出，[①] 后经美国学者汤普逊（W. S. Thompson）和莱宾斯坦（H. Leibenstein）等人的发展和充实，逐渐完善起来。这一理论不仅被用于分析发达国家的人口发展，而且也被广泛用于研究发展中国家的人口发展。根据这一理论，每个国家的人口增长都会经历三个阶段。在第一个阶段，人口的出生率和死亡率都很高，高死亡率抵消了高出生率，故人口增长率较低。在第二个阶段，人口出生率仍然很高，但死亡率急剧下降，结果导致人口增长率迅速上升。在第三个阶段，出生率开始下降，并逐步趋近于死亡率，人口增长速度十分缓慢。下面具体分析发达国家和发展中国家的人口转变过程。

1. 西欧国家的人口转变

西欧国家人口转变模型见图 4-1。

第一个阶段：高出生率、高死亡率，低人口增长率。这一时期，经济发展水平很低，食物来源没有保障，加上饥荒、战乱和各种传染病的发生，导致死亡率很高，人类的平均寿命很短。为了延续后代，人类的出生率处于生理上的极限。由于出生率和死亡率都很高，人口数量大致不变，维持相对稳定的规模。例如，大约在 1840 年以前，西欧人口的

---

① 兰德里对人口转变理论的贡献是其于 1909 年提出了人口发展阶段论，汤普森对人口转变理论的贡献是其在 1929 年提出用人口出生率、人口死亡率和人口自然增长率作为标准，把世界人口划分为三类。参见陈卫、黄小燕：《人口转变理论述评》，《中国人口科学》1999 年第 5 期。

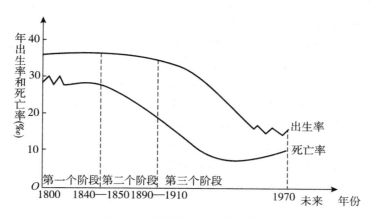

图 4-1　西欧国家人口转变模型

出生率保持在 3.5%左右，而死亡率在 3%上下波动，年人口增长率为 0.5%。

第二个阶段：死亡率开始下降，但是出生率并未下降，结果导致人口迅速增加。19世纪 20 年代，死亡率开始缓慢下降，西欧人口史上第二个阶段开始。这一时期，由于这些国家经济的发展，国民收入增加，人民生活水平提高及医疗卫生事业的进步，死亡率从 3%左右下降到 2%左右，出生率仍保持在 3.5%，人口增长率约为 1.5%。人口的寿命逐步从不到 40 岁提高到 60 多岁。应该指出的是，西欧发达国家人口死亡率的下降是与经济发展和人均收入水平提高直接联系在一起的，死亡率下降相对缓慢。例如，瑞典的死亡率从 3%下降到 1%用了 170 年的时间，而且下降到一定程度就逐渐减缓乃至停止。①

第三个阶段：死亡率逐渐停止下降，同时出生率开始下降。这一时期，西欧国家人口出生率从 3.5%左右下降到 1%，死亡率从 2%下降到 1%。出生率逐渐趋近于死亡率，人口数量从略有增长到维持不变，甚至缓慢下降。19 世纪晚期，特别是 20 世纪 50 年代以后，一些发达国家出生率大大降低，以致人口增长率很少超过 1%，有些国家甚至出现人口负增长。

2. 发展中国家的人口转变

第二次世界大战前，发展中国家人口的出生率、死亡率都较高，人口增长率较低，处于人口转变的第一个阶段。如图 4-2 所示，发展中国家人口出生率达到 4.3%，死亡率达到 3.7%左右，人口出生率和人口死亡率都比西欧国家同期要高。第二次世界大战后，情况发生了变化。许多发展中国家虽然经济上没有多大发展，人民生活水平依然很低，但是世界范围科学技术的进步、医药费用的降低和国际援助的支持，使许多疾病特别是传染病得到控制，甚至灭绝，从而导致了死亡率的急剧下降，造成了人口的大幅度增长。但与西欧国家不同的是，发展中国家死亡率的下降几乎完全是医药卫生与健康保健事业发展的结果，而不是由于当地的经济发展和收入水平的提高，而且是在一个比西欧国家短得多的时

① 陶文达主编：《发展经济学》，四川人民出版社 1992 年版，第 104 页。

期内发生的。在死亡率大幅下降的同时，在这些国家占主导地位的仍是落后的经济、低下的生产力水平和传统的价值观念，因此人口出生率一直居高不下，人口增长率为2%～2.5%，大大高于发达国家同期的人口增长速度。发展中国家人口转变的第三个阶段可以分为 A、B 两大类型。在 A 类国家和地区中，现代化控制死亡的方法和生活水平的提高结合在一起，使出生率和死亡率同时下降(死亡率降到1%，而出生率降到2%～3%)，如韩国、中国台湾、古巴、斯里兰卡、泰国等国家和地区大多属于这一类，其人口出生率持续下降。但是大多数的发展中国家属于 B 类，外部原因导致的死亡率下降到一定程度时便停止，而普遍的贫困和低下的生活水平，使高出生率持久存在，导致人口增长率停留在较高的水平上。从严格意义上讲，这一类国家仍处在人口转变的第二个阶段，如撒哈拉以南非洲及中东地区就还停留在高出生率、而死亡率又有所下降的阶段。

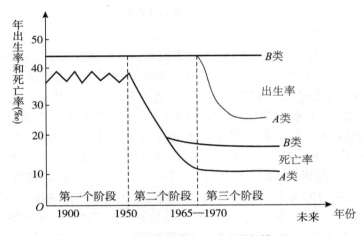

图 4-2　发展中国家人口过度增长模型

人口转变模型从现象上描述了在经济发展的不同阶段，人口发展的趋势变化，并指出发展中国家人口增长率不断提高主要是死亡率得到有效控制而出生率居高不下造成的。然而这一模型并没有从本质上阐明发展中国家的出生率为什么居高不下以及应采取什么样的措施才能从根本上抑制人口的过度增长。

(二)生育率的微观经济理论

目前，发达国家和发展中国家的死亡率基本处于同一水平，人口增长率的差异主要来源于出生率的差异。出生率取决于生育率，而生育率又取决于每个家庭中育龄妇女的生育决策。加里·贝克尔从需求方面研究家庭生育决策，把生育决策整合进微观经济学效用分析的框架中，从而清晰地揭示了社会经济因素对生育率的影响。

具体的分析思路是：把子女视为一种"商品"，这种"商品"与其他商品一样会带来满足。如果把其他商品视为一个总体商品而称为商品 A，把子女这个特殊"商品"称为商品 B，则如何根据收入水平在商品 A(即一般生活享受的商品)和商品 B(即子女)之间做出恰当的选择以求得最大的满足，可以利用无差异曲线显示一般生活享受商品数量和子女数目之间的主观选择。预算线显示一定收入水平下按照一般生活享受商品的价格所能购买这些商品和按照子女的"价格"所能"购买"(即生育)子女的实际能力，无差异曲线和预算线将决定一定收入水平条件下选择若干一般生活享受商品和生育多少子女的最佳配合。子女的"价格"如何决定呢？它决定于生育子女的净成本或净价格，即父母生育子女所花费的直接成本和机会成本之和减去子女为父母带来的预期收入的余数。直接成本指养育子女花费的一切开支，包括生活和教育等费用。机会成本指父母在养育、照料子女时不得不放弃的挣钱机会所可能带来的收入。预期收入包括子女在成年之前为家庭劳动带来的收入和父母年老后子女所负担的赡养费用。

图 4-3 中，横轴表示需要子女(简称商品 B)的数目，纵轴表示需要一般生活享受商品(简称商品 A)的数量。I_1、I_2、I_3 和 I_4 为四条无差异曲线，每条线上表示购买商品 A 和"购买"商品 B 的任何一种数量组合带来的满足是无差异的，离原点越远的无差异曲线表示的满足程度越大。在一定收入水平和两种商品价格比一定的条件下，预算线为 ab，ab 的斜率表示商品 A 和商品 B 的数量比或价格比。

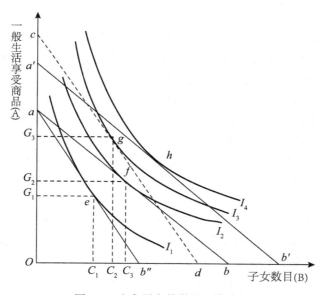

图 4-3　生育子女的微观经济分析

从图 4-3 中可以看到，在 ab 线的约束下，ab 与无差异曲线 I_2 相切于 f 点，此时选择 OG_2 数量的商品 A 和 OC_3 数量的商品 B 为最优的消费行为。就生育决策而言，有 OC_3 个子女为最优的生育行为。

家庭收入水平上升能使家庭通过消费更多的商品和生育更多的子女而获得更大的满足。在图 4-3 中的预算线由 ab 平行地移到 a′b′ 的位置，与一条更高的无差异曲线 I_4 相切于 h 点，显然，h 点代表的商品与子女的组合要大于 f 点所代表的组合。但是，这里需要指出，收入的增加引起对子女需求的增加，必须具备一系列前提条件，即子女的"价格"不变(预算线斜率不变)，父母的生育观不变(无差异曲线形状不变)。实际上，一般来说，收入水平的提高同时会使养育子女的直接成本和机会成本都提高，以致子女的"价格"随之提高。子女"价格"的提高也会引起父母生育观的改变，以子女的质量来代替子女的数量。因此，收入水平的提高将增加对子女的需求是一个不符合实际的假设。

子女"价格"即净成本的上升将会引起家庭用商品代替子女。在其他条件不变时，子女相对价格的上升必然导致对子女需求的下降。在图4-3中，由于子女"价格"的上升，一定收入只能拥有更少的子女，预算线 ab 以 a 点为轴心向左下旋转到 ab″ 的位置，与一条较低的无差异曲线 I_1 相切于 e 点，于是，最优的消费行为为购买 OG_1 数量的一般生活享受商品，最佳的生育行为是养育 OC_1 数量的子女，这比起子女"价格"未上升前养育的子女数目 OC_3 显然要少。

最后假设妇女就业机会增加。于是，家庭收入和子女"价格"会同时上升。这时，预算线 ab 就会向左下方旋转又同时向右上方移动到虚线 cd 的位置。cd 与无差异曲线 I_3 相切于 g 点，此时，最优的消费行为为购买 OG_3 数量的一般生活享受商品，最佳的生育行为为养育 OC_2 数量的子女。因此，在妇女就业机会增加而使家庭收入和养育子女成本增加的情况下，家庭对商品的需求将增加（因为 $OG_3 > OG_2$），对子女的需求将减少（因为 $OC_2 < OC_3$）。

上述的生育决策微观分析颇符合发达国家与发展中国家的生育状况。发达国家生育率之所以很低是因为养育子女的成本很高。在这类国家中，高度竞争的环境使人们不能不为子女的前途进行智力投资，从而增加了养育子女的直接成本；另外，妇女受教育水平较高因而就业机会较多，这就增加了养育子女的机会成本。还有其他一些因素影响家庭生育决策，例如，发达国家儿童营养丰富，医疗卫生条件优越，儿童死亡率低，这就减少了养育子女的风险，因而不追求子女的数量。又如，发达国家普遍推行的社会保险制度使老年生活得到保证，不必"养儿防老"。同时，发达国家的封建传统观念比较淡薄，"不孝有三，无后为大"的思想已不存在，人们追求自己的生活享受，认为不如"及时享乐"，这也大大减弱了对多子女的偏好。

与此相反，发展中国家生育率则居高不下。这是因为：首先，教育落后对子女的智力投资少，从而减少了养育子女的直接成本；妇女就业机会少，而子女很小就可以做工帮助家庭增加收入，从而减少了养育子女的机会成本。其次，社会保险制度不普及，人们为了老年生活得到保证，不能不"养儿防老"。一些发展中国家在传统观念影响下，还存在着"不孝有三，无后为大"的封建意识和"多子多福"的心愿。此外，发展中国家城市生育率和农村生育率有不小的差异，这种情况也可用微观经济分析来说明其原因。城市地区养育子女的成本较高，对多子女的偏好较小，故不愿生育太多的子女；农村地区养育子女的成本较低，对多子女的偏好较大，故愿多生子女。

二、人口增长与经济发展

（一）马尔萨斯的人口理论

马尔萨斯（R. T. Malthus）在其 1798 年出版的《人口原理》一书中，提出了关于人口增长与经济发展关系的理论。他的分析以"两个公理"为前提：第一，食物为人类生存所必需。第二，两性间的情欲是必然的。[1] 他认为这是人类"本性的固定法则"，从而把人口增殖看作自然现象，并断言：人口的增殖力无限大于土地为人类提供生活资料的能力。[2] 假如人口不受到抑制，便会以几何级数（Geometric Progression）增长，而生活资料（主要是食物）由于土地的边际报酬递减，却只能以算术级数（Arithmetic Progression）增加。为了维持人口增殖力和土地生产力的平衡，他又提出了三个命题：一是人口增加必然地为生活资料所限制；二是只要生活资料增长，人口必定增长，除非受到非常有力而又显著的抑制的阻止；三是这些抑制和那些遏制人口的优势力量并使其结果与生活资料保持同一水平的抑制，全部可以归纳为道德的节制、罪恶和贫困。[3] 这三个命题后来被分别概括为"限制原理"、"增殖原理"、"均衡原理"，合称为"人口原理"。抑制方式主要有两种：一是"积极的抑制"，指通过贫困、饥饿、瘟疫、灾荒和战争等手段去阻碍人口的增加；[4] 二是"预防抑制"，指通过禁欲（独身）、晚婚、不生育等预防人口增加，这又称为"道德抑制"。[5] 这些抑制将提高人口死亡率，降低人口出生率，强制性地使人口数量和生活资料水平保持平衡。

上述对人口问题的分析使马尔萨斯对经济发展持悲观态度。他认为，从长期看，人均收入水平将保持在仅仅足以维持生存的水平上。

（二）"人口陷阱"理论

20世纪50年代中期，经济学家试图从人口增长的角度来解释为什么发展中国家的人均收入停滞不前，他们提出了"人口陷阱"理论（the Theory of Population Trap）。按照这一理论，在发展中国家，当人均收入提高时，由于生活条件改善，人口增长率也必然随之上升，结果人均收入又会退回到原来的水平。即是说，人均收入的上升速度从较低的水平上升到与人口增长率相等的过程中，存在着一个"人口陷阱"。在这个"陷阱"中，任何超过较低水平的人均收入的增长都会被人口增长所抵消，最后又回到原来的水平。冲破陷阱的最好方法是大规模投资（如第三章提到过的"大推进"理论那样）使总收入迅猛地提到一个高水平。当总收入到达并超过这一高水平以后，人均收入水平的上升速度将超过人口增长率的上升速度（因为人口增长率的上升是有其自然限度的）。上述论证可由图4-4说明。

在图4-4中，纵轴表示总收入的增长率和人口的增长率，横轴表示人均收入。

首先来说明表示人口增长率（纵坐标）和人均收入水平（横坐标）之间关系的人口增长曲线 P。在人均收入水平很低的 Y_0 上，人口增长率为零，形成稳定的人口规模。因此，Y_0 描述的是"赤贫"的概念，出生率与死亡率相抵，人们仅能维持生存的最低水平，这相当于人口转变的第一个阶段。在超过 Y_0（在右方）的人均收入水平上，人口规模在死亡率下

① 托马斯·马尔萨斯著：《人口原理》，商务印书馆2001年版，第6页。
② 托马斯·马尔萨斯著：《人口原理》，商务印书馆2001年版，第7页。
③ 托马斯·马尔萨斯著：《人口原理》，商务印书馆2001年版，第16页。
④ 托马斯·马尔萨斯著：《人口原理》，商务印书馆2001年版，第55页。
⑤ 托马斯·马尔萨斯著：《人口原理》，商务印书馆2001年版，第179页。

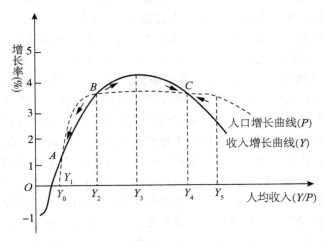

图 4-4 "人口陷阱"曲线

降的作用下开始增大，这相当于第二个阶段。当人均收入到达 Y_2 时，人口增长率达到最高值，约为 3.3%（因为生育率的增长一般有其极限）。之后，人口增长率基本上保持不变。当人均收入超过 Y_5 水平之后，出生率开始下降，此时进入人口转变的第三个阶段。

其次，来说明收入增长曲线，它表示总收入增长率与人均收入水平之间的关系。收入增长曲线与生产理论中的总产品曲线相似，它的变动趋势是先递增，到达一定点后开始递减。

第一个阶段：总收入增长率与人均收入水平正相关，即人均收入水平越高，总收入增长率也越高。二者呈正向关系的经济原因在于储蓄与人均收入正相关的假设。人均收入越高的国家假设越能产生高储蓄率，从而有更多的投资。根据哈罗德—多马模型，高储蓄率意味着高总收入增长率。

第二个阶段：当人均收入超过既定点（Y_3），在土地与其他生产要素的数量不发生变化的情况下，由于更多的人寻求就业机会，总收入增长曲线停止上升并开始下降。这是"土地收益递减"规律在理论中的体现。

最后，我们来说明这两条曲线之间的关系，它体现在三个交点上。

一是交点 A。与 A 点相对应的人均收入水平值为 Y_1。A 点为稳定均衡点，即任何一个偏离 A 点（向左或向右）的微小摆动，都会使人均收入均衡点重新回到 Y_1。例如，当人均收入从 Y_1 向 Y_2 增长时，人口增长率将会超过收入增长率（在图上表现为人口增长曲线 P 高于收入增长曲线 Y），但是，无论何时，只要人口增长快于收入增长，人均收入必然下降。箭头从右方指向 A，表明不管人均收入处于 Y_1 与 Y_2 之间的什么位置，都会下降到初始水平 Y_1。同理，在 A 点的左方，收入的增长快于人口增长，导致人均收入的均衡值上升到 Y_1。也就是说，人均收入一定会从 Y_0 与 Y_1 之间的任何值回到 Y_1。根据马尔萨斯的观点，经济落后国家没有能力使其人均收入水平突破生活必需品的界限，虽然收入有可能增加，但每一点增加的收入又被随之而来的人口增加所抵消，使人均收入重新回到 Y_1 的"陷阱水平"。

二是，交点 B。这是一个非稳定均衡点。即使无限接近于 B 点，但只要没有突破 B 点，都会重新回到 A 点，但只要过了 B 点，就会继续运动到 C 点。

三是，交点 C。这也是一个稳定均衡点。人均收入只要能够过 B 点，便会稳步向 C 点（Y_4）前进。

因此，落后国家摆脱人口陷阱的途径不外乎两条：或者通过大规模投资，一举突破 A 点到达 B 点，以诸如"大推进"的发展，摆脱人口陷阱的束缚；或者通过有效措施来抑制人口增长。

"人口陷阱"理论是一个关于人口增长与经济发展关系的理论。它所揭示的人口过度增长对经济发展的制约是对发展中国家实际状况的理论概括。但它是建立在一些过分简化的假设和前提条件的基础之上的，经受不住经验的检验。我们可以从两个主要方面来说明其缺点。

首先，"人口陷阱"理论的假设忽视了技术进步的巨大力量，这种力量足以抵消人口快速增长对经济发展所产生的抑制力量。马尔萨斯是以土地收益递减规律为基础来建立其人口理论的，没有考虑技术进步的作用，因而对人类社会的发展前景得出了悲观的结论。从理论上讲，不断的技术进步和人类对自身繁衍的有效控制可能改变收入增长率曲线和人口增长率曲线的形状。如图 4-5 所示，收入增长率高于人口增长率，从而收入增长曲线在纵坐标上，一直高于人口增长曲线，结果是人均收入将平稳地增长，所有国家都可能避开马尔萨斯人口陷阱。

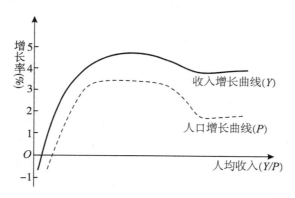

图 4-5　技术和社会进步使"人口陷阱"消失

其次，"人口陷阱"理论假设人口增长与人均收入水平之间有直接的联系。根据这个假设，在人均收入较低水平下，可以预期人口增长率随人均收入增长而提高。但是，关于发展中国家的研究表明，在人口增长率和人均收入水平之间并不存在明确的相关关系。

由于现代医疗和公共健康事业的发展，许多发展中国家的死亡率迅速下降，死亡率不再像过去那样在很大程度上取决于人均收入水平。此外，从一些发展中国家和地区的统计资料看，出生率与人均收入水平似乎没有严格的关系。例如，印度、菲律宾和墨西哥的人均收入水平相差很大，但却有相似的较高出生率，而斯里兰卡、韩国有相似的较低出生率，但人均收入水平却相差很大。

三、发展中国家的人口忧患

前面已经指出，"人口陷阱"理论的主要缺点是忽视了技术进步对经济增长的促进作用，故认为发展中国家将陷入"人口陷阱"之中而难以自拔。只要技术不断进步，经济增长的速度是可以超过人口增长速度的，因而"人口陷阱"是不会出现的，即使出现也是可以被填平的。但是，应当看到，贫困落后的发展中国家往往由于资金匮乏和智力稀缺而难以开发和应用技术，以致经济增长速度落后于人口增长速度使"人口陷阱"的出现成为可能。

人口增长过快究竟是否妨碍经济发展？大多数发展经济学家对这一问题的答复是：人口增长过快不是发展中国家贫困落后的主要原因，但是，它是发展中国家经济发展的重大障碍。这是因为：

第一，在资源有限，资金短缺，技术落后的国家，人口增长过快，必将降低人民的消费水平和生活质量，使普遍贫困的现象更加恶化，经济进步的愿望将成为泡影。拉丁美洲地区现在有数以百万计的人生活水平低于 20 世纪 70 年代初期，撒哈拉以南非洲地区人民生活已降到 20 世纪 60 年代的水平。在称为"被遗弃的十年"的 20 世纪 80 年代中，大多数发展中国家经济进步缓慢，其原因是多方面的，但人口的过快增长是一个重要因素，这一点是毋庸置疑的。正如世界银行 1990 年的《世界发展报告》所说："贫困、人口和环境问题往往是互相交织的，早期的发展模式和人口迅速增长的压力，意味着有许许多多穷人生活在环境严重恶化的地区。"

第二，赡养负担加重，不利于经济发展。人口快速增长，将引起人口年龄结构的恶化。当人口缓慢增长时没有一个特定年龄组会占有突出的优势，而且在人口总数中有劳动能力的人（15 岁至 65 岁）比儿童和老人要多得多。当人口快速增长时，首先是儿童数目的迅速增加，以致许多发展中国家小于 15 岁和大于 65 岁的人在人口中占 40% 以上，而发达国家小于 15 岁和大于 60 岁的人在人口中只占 30% 左右。没有劳动能力的儿童和失去劳动能力的老人是社会中的被赡养者，他们对经济未作贡献，在衣食住行和教育上却成为社会负担。这种负担称为"赡养负担"（Burden of Dependency），赡养负担的轻重由 14 岁以下年龄组和 65 岁以上年龄组的人口在总人口中所占的百分比来测定。

第三，在既定的资本存量条件下，由快速的人口增长而引起的大量新增的劳动力所能得到的资本（具体化为机器设备）配置量将有所减少，也就是说，每单位劳动力占有的资本量将有所减少，出现一种所谓"资本宽化"（Capital Widening）的状况。资本宽化使劳动生产率降低，进而使工资收入降低，对经济发展带来负面影响。相反，如果人口增长受到节制，每单位劳动力在既定资本存量条件下可以得到较多的资本配置，就形成所谓的"资本深化"（Capital Deepening）的状况。资本深化将提高劳动生产率，进而提高工资收入，对经济发展带来有利影响。而且，如果人口不断增长，由储蓄而形成的新资本，也不能使资本深化，而继续保持资本宽化的状态。资本长期处于宽化状态的重大后果之一是作为国民经济命脉的基础设施难以配套建成。

第四，在人口总量大，农业比重高的发展中国家，由于大量农业剩余劳动力转移到现代工业部门的可能性有其限度，人口的迅速增长，将使这种转移更加困难。结果，更多的剩余劳动力继续留在生产率很低的农业之中，并使农业劳动生产率无法提高，许多家庭的收入长期停留在很低的水平。

第五，人口迅速变动使社会经济结构相应调整的难度加大，一些发展中国家的高人口增长率是城市迅速扩大的主要因素，不少城市正在扩大到前所未有的规模，已成为畸形发展，如墨西哥城的人口 1960 年为 480 万，1970 年为 800 万，原来估计 1980 年为 1200 万~1500 万，2000 年为 2000 万，事实上，1990 年已达 1800 万,① 2005 年，人口为 2200 万，人口增长率在世界大城市中占第一位。② 由于人口的过快增长造成了畸形城市化，使城市化的速度超过了工业化的速度，只有一部分农村流出人口能为工业部门所吸收，其余的或者只能进入业已过分臃肿的服务部门，或者加入了城市失业队伍，给城市带来了贫困、疾病、犯罪等严重的社会问题，给经济发展带来重大障碍。

第六，背上沉重人口负担的发展中国家往往无力发展应有的教育文化事业以提高人民的知识技能和价值判断能力，以致在人口数量不断增长的同时，人口素质却在不断下降。过度的人口增长还会造成自然资源耗竭、环境污染和生态失衡。因此，人口失控不仅直接影响现代化建设，影响人民生活水平和民族素质的提高，还会给子孙后代留下严重的后患。

总之，人口增长过多、过快，付出的代价是高昂的，给社会带来了许多难以解决的困难，在一个人口基数庞大的贫困落后的社会尤其如此。因此，发展中国家应当对人口问题有足够的忧患意识，采取必要的控制人口增长的措施。

四、人力资本与经济发展

（一）人力资本理论的形成

人力资本的概念在古典经济学中早已出现。亚当·斯密（A. Smith）在《国民财富的性质和原因的研究》中就明确把劳动者的才能看作是资本存量的一部分，他指出："学习一种才能，须受教育，须进学校，须做学徒，所费不少。这样费去的资本，好像已经实现并且固定在学习者的身上。这些才能，对于他个人自然是财产的一部分，对于他所属的社会，也是财产的一部分。工人增进的熟练程度，可和便利劳动、节省劳动的机器和工具同样看作是社会上的固定资本。"③（这段话清楚地说明了劳动者才能的获得是投资的结果，而且其成本就是该劳动者接受教育或培训期间的花费）继斯密之后，对人力资本理论作出了较大理论贡献的是著名英国经济学家阿弗里德·马歇尔（A. Marshall），他在其所著的《经济学原理》一书中，一再强调教育对经济发展的重要性，主张经济生产的要素，除土

---

① 谭崇台主编：《发展经济学概论》，武汉大学出版社 2001 年版，第 62 页。
② 资料来源：http://news. xinhuanet. com/ziliao/2002-10/17/content_ 599703. htm.
③ 亚当·斯密著：《国民财富的性质和原因的研究》，商务印书馆 1972 年版，第 257~258 页。

地、资本、劳动力外，应该再加上教育的因素。他认为经济的发展和劳动生产率的提高，要靠两种能力，一种是普通能力，包括对职业的敏锐性、精力以及知识能力等；另一种是专门能力，包括有关某一类职业的特殊的熟练技术或知识能力等，而这两种能力的提高关键在于教育。因此，马歇尔明确提出了"教育是国家投资"的观点，[①] 认为"所有资本之中最有价值的就是对人本身的投资"。[②]

系统的人力资本理论是美国芝加哥大学的舒尔茨（T. W. Schultz）提出来的，他因此而获得了 1979 年度的诺贝尔经济学奖。舒尔茨于 20 世纪 50—60 年代相继发表了几篇重要文章，成为现代人力资本理论的奠基之作。这些文章包括：《关于农业生产、产出与供给的思考》（1958 年）、《教育与经济增长》（1961 年）、《人力资本投资》（1961 年）以及《对人投资的思考》（1962 年）等。他在 1960 年美国经济学会年会上发表的题为《人力资本投资》的演讲，引起了美国经济学界的轰动。舒尔茨认为，完整的资本概念应该包括物质资本和人力资本两方面，前者体现在物质产品上，后者则附在劳动者身上，体现为凝聚在其身上的知识、技能等。依此，"人力资本"概念可定义为：存在于人体之中的具有经济价值的知识、技能和体力（健康状况）等质量因素之和。[③] 舒尔茨批评了李嘉图的"土地收益递减规律"和马尔萨斯的人口悲观论。不少经济学家认为，固定的土地面积和日益增长的人口将导致世界资源的枯竭，使人民陷入贫困。舒尔茨针锋相对反驳说："空间、能源和耕地并不能决定人类的前途。人类的前途将由人类的才智的进化来决定。"[④]

这样，舒尔茨的理论从两个方面推动了人力资本理论的研究：一是扩大了资本含义，改变了人们长期形成的资本总是有形的、物质的观点，开辟了经济学研究的新领域。二是对现代经济增长作出了新解释。在人力资本理论出现之前，发展经济学对经济增长的研究主要侧重于对经济领域内若干总量之间关系的考察，以确定实现经济均衡增长目标的条件。随着研究的深入，总量分析的局限性日益暴露。一些研究者发现，不同的国家在相同的投资额和相同的投资与国民收入之比的条件下，所实现的经济增长却有较大的差异。其主要表现在于各国投资量与产出量之间很不一致。这说明除了物质资本方面的原因外，经济增长还与劳动者的素质有密切的关系。1962 年，美国经济学家丹尼森（E. F. Denison）在其出版的《美国经济增长的源泉及我们面临的选择》一书中，[⑤] 用系数法测算了美国 1929—1957 年教育对经济增长的贡献率，其结论是，在此期间美国教育对经济增长的贡献率为 23%；若考虑到知识增进的作用（丹尼森认为，知识增进作用中的 3/5 为教育的作用），则同期教育对经济增长的贡献率实为 35%。但是最终完成人力资本理论从具体到抽象的发展过程的，是美国的另一位经济学家贝克尔（G. S. Becker）。贝克尔分别于 1962 年和 1964 年发表、出版了《人力资本投资：一种理论分析》、《人力资本：特别关于教育的

---

① 阿弗里德·马歇尔著：《经济学原理》，华夏出版社 2005 年版，第 187 页。

② 阿弗里德·马歇尔著：《经济学原理》，华夏出版社 2005 年版，第 449 页。

③ 齐良书编著：《发展经济学》，中国发展出版社 2002 年版，第 103 页。

④ 西奥多·舒尔茨：《穷国的经济学》，《世界经济译丛》，1980 年第 12 期。

⑤ E. F. Denisen，*The Sources of Economic Growth in the United States and the Alternatives Before Us*，NY：CFD，1962.

理论与经验分析》，后者被人们视为"经济思想中的人力资本投资革命"，也就是现代人力资本理论最终确立的标志。贝克尔对人力资本理论的突出贡献主要表现在对人力资本的微观分析上。他从家庭生产和个人资源（特别是时间）分配的角度，系统地阐述了人力资本与人力资本投资问题。他提出了孩子的直接成本、间接成本、家庭时间价值、时间配置、家庭中市场活动和非市场活动等概念，为人力资本的性质、人力资本投资行为提供了具有说服力的理论解释。贝克尔于 1992 年获得诺贝尔经济学奖。自此之后的 20 世纪 60—70 年代，人力资本理论在自身理论体系不断深入完善的基础上，进一步向更广泛的研究领域扩展，并大大推进了相关领域研究的进展。进入 20 世纪 80 年代，特别是 20 世纪 80 年代后期，人力资本理论研究的势头更加猛烈。罗默（P. M. Romer）于 1986 年提出了"收益递增的长期经济增长模式"，美国著名经济学家卢卡斯（R. E. Jt. Lucas）1988 年在《货币经济学杂志》（第 22 期）上发表了题为《关于经济发展机制》的文章，这标志着学者们的研究视野进一步拓展，开始注意研究发展中国家的经济发展，强调人力资本存量和人力资本投资在从不发达经济向发达经济转变过程中的重要作用，确立了人力资本和人力资本投资在经济增长和经济发展中的重要作用。

（二）人力资本投资

同物质资本一样，人力资本也是通过投资形成的。所谓人力资本投资，就是通过对人力资源一定的投入（货币、资本或实物），使人力资源的质量及数量指标均有所改善，并且这种改善最终反映在劳动产出增加上的一种投资行为。但是，如何来鉴别和衡量对人力资源进行投资的结果，却不像物质资本形成那样简便直观。一方面，很难区分对人力资源的投资中哪些属于消费性投资（维持生存），哪些属于生产性投资（形成人力资本）；另一方面，对人力资源的种种投资所形成的素质提高及科学技术、工作能力的增长总是潜在的，很难及时表现出来并给人以直观印象，更难以用数字准确表达。因此，舒尔茨主张在对人力资本进行计量时，应该"是用它的产量而不是用它的成本来进行计算"。对人力资本的投资，即人力资本的形成途径是多方面的，主要有：

第一，用于教育方面的投资。教育投资又称为智力投资，是用于提高人的智力、知识、能力和技术水平方面的投资，具体包括用在儿童早期教育、正规学校教育（小学、中学和大学教育）、职业培训（就业前、在职、继续教育等形式的职业教育）和专门技能训练等方面的各种费用支出。教育投资一般分为宏观教育投资和微观教育投资，前者主要是指国家用于教育的投资，后者是指劳动者个人或家庭用于本人在业培训和子女学校教育方面的费用支出。教育投资是人力资本投资中最主要的部分，也是推动经济发展的一个重要因素。

第二，用于保健方面的投资。保健投资包括穿衣、住房、医疗服务、营养卫生、自我调养等有关身体保健方面的费用支出。这种投资转化为健康资本存量，表现为健康或无病时间增多或寿命延长等。因此，从广义上讲，凡是用于影响人力资源的寿命、力量、耐久力、精力等方面的费用，都可以认为是对保健的投资。

第三，用于劳动力国内流动的费用。在一国劳动力供大于求的地区，存在着人力资源的浪费，人力资本的作用得不到充分的发挥，这显然是人力资本的损失；而对那些学非所用、用非所长的人来说，人力资本也得不到有效的利用。用于劳动力国内流动的各种费用支出，有助于调剂不同地区劳动力的余缺，并有利于发挥人才的作用，从而最大限度地提高人力资本的使用效率，因而也被视为是一种对人力资源的投资。①

第四，用于移民入境的支出。移民入境是指国外的人力资源迁移到本国。如果入境的是专业人才，那就省去了本国的教育费用支出；即使是普通劳动者，那也等于省去了生育、抚养和入境前的保健费用。因此，用于移民入境的支出是对人力资源的投资，是一国人力资本形成的又一途径。然而，下述两种情形却是例外：一是如果入境的是丧失了劳动能力的人，则这类移民的入境费用不能被视为对人力资源的投资，因为这不能增加一国的人力资本；二是如果入境的劳动者替代了国内的劳动者，从而使后者失去了工作岗位，但经济收益却并没有增加(假定两者的工作能力、技术水平、熟练程度相同，从而创造的国民收入一样多)，则用于移民入境的费用也不能被视为对人力资源的投资，因为一国得以利用的人力资本绝对量并未增加。

与物质资本投资相比，人力资本投资具有以下三个特征：

第一，人力资本投资具有连续性、动态性。人力资本投资的连续性体现为在生命历程的各阶段上都需要进行人力资本的投资：一个人在接受一定的正规教育之后，进入社会从事生产劳动，期间要接受各种在职培训；退出劳动过程后，还要参与多种继续教育。不能因为处于生命历程中的某个阶段而中断人力资本投资，中断即是人力资本的贬值。从时间跨度上讲，人力资本投资要贯穿人的一生，这就是人力资本投资的长期性。另外，不同时期人力资本投资的形式、内容、目的等都是不同的，人力资本投资并非一成不变，它是一个不断发展、不断升华的动态过程。在这个过程中，人力资源逐步适应社会化大生产的要求，适应高科技发展的要求，适应各种环境变化的要求，最终带来生产的发展和社会的进步。

第二，人力资本投资的受益者与投资者不完全一致。投资者进行投资活动的目的之一就是获取收益，但是，由于人力资本是一种无形资本，它潜藏于人体之中，投资者无法将其拿出来单独投资，只有通过其载体即人力资源的活动才能获得。因此，对人力资本投资首先获益的往往是人力资源个体，即被投资者，而投资者则只有通过人力资源的各种活动才能受益。此外，对人力资本的投资可以由社会、企业或个人三方中的任何一方或几方承担，但收益却三方都可获得。人力资本投资获益的顺序一般是：被投资者首先受益，即各种技能的提高；企业受益——企业效益提高；社会受益——社会政治经济进步。

第三，人力资本投资收益的多方面性。人力资本投资的收益不同于物质资本投资的收益，它可以有多种表现形式，并且其具体内容繁多。除了经济收益外，人力资本还可以带来社会效益。用于教育、卫生保健等多方面的投资，可以通过提高人的教育水平、素质和

---

① 人员的不断流动、迁移，既可以调剂劳动力市场，又可使人才发挥较大效用，使学非所用或专业不对口现象尽可能减少，从而提高人才的利用率，这是其积极的一面。但其弊端也十分明显，如盲目迁移，可能使一个地区的就业前景更加黯淡或治安变得困难重重以及社会福利变得难以落实等。盲目迁移也将使本来就人才匮乏的地区，情况更加恶化。中国改革开放以来人员大量迁移，应该说，其优缺点兼具，因而并不能笼统地谈。

修养来提高人的社会经济地位，可以减少疾病对人类的危害，有利于人类社会的进步等。

（三）教育与人力资本的形成

教育作为人力资本投资的重要途径，它直接决定着一个国家劳动力知识存量的多少、国民素质的高低和人力资本的形成状况，从而决定着经济发展的水平和速度。当把教育作为提高未来收入的经济行为来考察时，就有必要分析教育的成本与收益。同时，鉴于目前发展中国家教育中存在的各种问题，必须采取相应的对策加以解决。

1. 教育成本

教育成本，是为了培养一定熟练程度的劳动后备力量和专门人才以及提高现有劳动力素质而耗费的教育费用。教育成本是教育机构为了培养人才所耗费资源的尺度，是劳动力再生产费用的一个重要组成部分。教育成本按其来源不同，可以划分为个人成本和社会成本，而个人成本和社会成本都包括直接成本和间接成本两部分。教育社会成本有广义和狭义两种解释。广义的教育社会成本是指教育个人成本与教育社会成本的总和。教育个人成本包含在教育社会成本之中，教育社会成本大于教育个人成本。狭义的教育社会成本不包括教育个人成本，只指国家或社会所支付的教育公共成本。我们这里使用的是狭义的教育社会成本，是除去教育个人成本以外的全部教育费用。

（1）教育个人成本。教育个人成本，是指学生为了就学由个人或家庭直接支付的各种费用和发生的机会成本。个人直接成本包括：学杂费、书本等学习用品费；学生往返学校的交通费；额外的吃、穿、住费用，即学生因就学在吃、穿等方面多支出的费用和在校住宿学生的住宿费用；文娱体育费用，即学生因参加学校组织的文娱体育活动而支出的费用。个人间接成本，是指学生在达到法定就业年龄后因继续就学所放弃的劳动收入。学生上学所花费的时间并不是没有成本的。由于世界上很多国家的法律禁止 14 岁以下的儿童或少年就业，因此，计算所放弃的收入，一般从 14 岁以上的中学生开始。

（2）教育社会成本。教育社会成本，是指由社会支付的教育费用和间接成本。社会直接成本主要是用于教育的公共支出。社会间接成本包括社会所放弃的收入、免税成本、潜在的租金和折旧费。社会所放弃的收入，是指由于需要和允许一部分学生在义务教育后继续上学，必然损失一部分劳动力资源，从而减少所得税收入；免税成本，是指教育部门免交的税的价值。为了资助教育事业，许多国家都规定教育部门免交财产税、所得税和营业税。政府免除了学校的税，实际上等于间接增加了对教育的投入，因此，教育部门所免交的税的价值，构成了教育间接成本的一部分；潜在的租金，是指所放弃的把学校的土地、建筑物和设备租给非教育部门使用而获得的租金，是教育的一种机会成本；折旧费反映的是学校系统所有固定资产因磨损或废旧过时而造成的价值损失。由于潜在的租金和折旧两者都与学校的固定资产相联系，所以往往把它们放在一起进行估算。

2. 教育的收益

办教育虽然要花费一定的成本，但是教育可以增加和提高劳动者的知识和技能，从而给个人和社会带来巨大的收益。教育的收益是教育通过增加和提高劳动者的知识和技能给个人和社会带来的种种有益效果，也称教育的经济收益。教育的收益按其受益对象的不同，可以划分为个人收益和社会收益。同样，无论个人收益还是社会收益，它们都包括直接收益和间接收益两部分。

（1）教育个人收益

一个人通过受教育所形成或提高的劳动能力，可以使他在社会生产和生活中获得种种好处。受教育者个人通过受教育所获得的这些好处，就是教育的个人收益。教育的个人收益，按其是否以货币的形式获得，又可以分为直接收益和间接收益。从教育的直接个人收益看，受过较多教育的人和受过较少教育的人相比，在一生中可以获得更多的收入。不同受教育程度者之间的这种终生收入差别，就是教育给个人带来的直接收益。教育的这种直接收益可以通过如下年龄—收入曲线图来加以说明。

在图4-6中，横轴表示一个人的年龄，纵轴表示他的收入。从图中可以看出：第一，受教育时间越长的人，年龄—收入曲线越高，反之则越低。没有受过教育的人收入是最低的，大学毕业生的收入是最高的。第二，每条年龄—收入曲线都是先上升而后下降，到50岁左右，收入达到最大，这说明一个劳动者在不同时期有不同的收入水平。第三，文盲在年龄很小时就挣得收入，但起点收入很低。随着教育级别的提高，获得最初收入的年龄就不断变大，但起点收入也在增加。

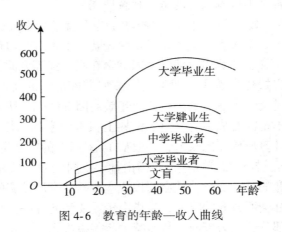

图4-6　教育的年龄—收入曲线

教育的间接个人收益，既包括受教育者个人较强的职业适应性和就业机会的增加，也包括受教育者因个人较强的能力而实现的消费支出的节省等。具体地说，教育的间接个人收益主要表现在以下几个方面：

第一，较强的职业适应性和更多的就业机会。受过较多教育的人与受过较少教育的人相比，具有较大的职业适应性和更多的就业机会，这是教育给个人带来的另一种收益。由于这种收益并不是直接表现为货币收入，所以它是教育的一种间接收益。

第二，由于较强的能力而实现的消费支出的节省。与受教育程度较低的劳动者相比，受教育程度较高的劳动者由于掌握了更多的市场知识和商品知识，因而就有可能在商品选购方面实现支出的节省，或者在支出相等的情况下得到更大的满足。同样，受教育较多的人由于具有更丰富的科学文化知识和更高的劳动技能，可以做更多的事情，从而就可以减少对他人劳务的依赖，在购买他人劳务方面实现支出的节省。

第三，较健康的身体。受教育程度和人的身体健康状况之间也存在着正相关。未受教育或受教育较少的人，由于缺乏保健知识、预防传染病的知识和安全知识，患病、受伤或致残的可能性相对较大。而受教育程度较高的人，由于具有必要的卫生常识、保健常识和安全常识，患病、受伤或致残的可能性就会小一些。此外，学校的体育课教给了他们体育锻炼的方法，使他们养成了进行体育锻炼的良好习惯，从而使他们的体魄更加健壮。这样，受教育程度较高的人就有可能节省医疗保健费用的支出。

第四，世代影响。所谓世代影响，是指一代人以后才能感觉到的潜在的教育收益，即由父母的受教育增量所引起的他们的子女的受教育增量。许多调查研究表明，父母的受教育程度越高，其子女接受较高层次教育的可能性就越大。这是因为，一方面，父母受教育程度高，对教育的重要性的认识更加明确，也能够掌握正确的教育方法，因此，时常教育自己的子女努力学习；另一方面，由于他们有较高的科学文化知识水平，可以对子女的文化学习给予具体指导和帮助。

（2）教育社会收益

教育社会收益，是指受教育者本人不能占有的、为社会其他成员所得到收益。教育的社会收益也可以分为直接的和间接的两种收益。

从教育的直接社会收益看，教育可以促进劳动生产率的提高，从而导致国民收入的增长。在归因于教育的国民收入增量中，扣除受教育者个人因较高的受教育水平而多得的个人收入后，余下的就是教育的直接社会收益。教育的直接社会收益集中体现在教育是提高劳动生产率的重要因素。而教育在提高劳动生产率方面的作用则具体地表现在以下几个方面：

第一，教育可以提高劳动者的平均熟练程度。教育可以增加和提高劳动者的生产知识和劳动技能。受教育程度较高的劳动者可以较快地掌握生产专业技术，并达到高度熟练的程度，在同样长的时间内，使用同样的机器设备可以生产出数量更多、质量更好的产品。

第二，教育可以促进科学技术的发展和应用。一方面，教育是传播科学技术的最有效形式，它可以把浩如烟海的知识经过有目的的选择和提炼，以系统的、概括的形式传授给学生，使社会积累起来的科学技术得以保存、传播、继承和发展；另一方面，由于教育能为社会提供一支掌握和运用科学技术的劳动者队伍，所以，它必然成为把科学技术由潜在的生产力变成现实生产力的桥梁。任何一门新兴的科学技术，都必须借助于教育，才能以较短的时间在广阔的范围内为劳动者所掌握和运用。

第三，教育可以加强生产过程的社会结合。加强生产过程的社会结合就是加强生产管理或企业管理。科学的生产管理可以协调生产过程中的分工协作，合理组织劳动，有效地配置生产资源，从而提高劳动生产率。要加强生产管理，就需要有管理人才。而教育则能够为社会提供一支适应于工业化水平的生产管理人员队伍。

第四，教育可以促进生产资料规模的扩大和效能的提高，同时也能够加强对自然资源的开发和自然力的应用。

教育的间接社会收益，主要表现为政治上和道德上的收益。政治上的收益，是指国民教育水平的提高，可以增加全体国民的社会责任感和政治参与能力，更为自觉地运用社会政治民主所赋予每个人的权利；道德上的收益，是指使受教育者具有较高的道德风范，即通过教育，可以提高人们的道德认识，激发人们的道德情感，树立人们的道德信念，坚定人们的道德意志，并不断校正人们的道德行为，养成良好的道德习惯。尽管教育的间接社会收益不能精确地计量，但是，它是可以观察到且确实存在的。

通过上述从个人和社会两个方面对教育的成本和收益进行的分析中可以看出，个人的教育成本和收益同社会的教育成本和收益相比较，两者往往是不一致的，甚至可能是矛盾的。

3. 教育的成本—收益分析

教育投资按照投资主体的不同可分为两种：一种是家庭投入的，称为个人教育投资；另一种是政府或社会投入的，称为社会教育投资。

就个人教育投资来说，如果随着教育级别的上升，教育收益逐渐增加，而教育成本的增加不如教育收益增加之快，则这个家庭让子女接受更高的教育是有利的。相反，如果随着教育级别的上升，教育收益不增加或增加很少，而教育成本的增加很快，甚至超过教育收益，则这个家庭就不愿意把子女送入级别更高的学校。但教育收益在投资时不是现实的，而是预期的，因此，在估算教育收益时要对某级教育在未来年份的收益进行贴现。未来某一年预期教育收益的贴现值可用下列公式计算：

$$V_0 = E_t(1+r)^{-t}$$

式中，V_0 表示 t 年预期教育收益的贴现值，E_t 表示 t 年的预期教育收益，r 表示利率。某级教育 n 年中所有预期收益贴现值，可以用下式计算：

$$V = \sum_{t=1}^{n} \frac{E_t}{(1+r)^t}$$

式中，V 表示 n 年中所有预期教育收益贴现值的总和。

个人教育投资的成本分两个部分：一是显性成本（Explicit Costs），也就是直接成本，指父母对子女完成某级教育的全部实际货币支出，如学费、伙食费、书籍费、交通费、住宿费等；二是隐性成本（Implicit Costs），指子女在就学期间所不得不放弃的收入，也就是受教育的机会成本。可以设想，随着年龄的增长而接受的教育越多放弃的收入就越大，隐性成本就越大，包括显性成本和隐性成本两部分在内的个人教育投资成本也是预期的，也需要贴现为现值。n 年中所有预期教育投资成本贴现值总和的计算如下：

$$C = \sum_{t=1}^{n} \frac{C_{et} + C_{it}}{(1+r)^t} = \sum_{t=1}^{n} \frac{C_t}{(1+r)^t}$$

式中，C 表示 n 年中全部预期教育投资成本贴现值的总和，C_{et} 表示 t 年的教育显性成本，C_{it} 表示 t 年的教育隐性成本，C_t 表示 t 年的全部教育成本。

如果 $V>C$，则教育投资是有利的；如果 $V<C$，则教育投资是不利的。

确定教育投资是否处于最优状态，要计算内在收益率（Internal Rate of Return），它是贴现成本之和与贴现收益相等时的贴现率，可通过下式计算：

$$\sum_{t=1}^{n} \frac{E_t}{(1+i)^t} = \sum_{t=1}^{n} \frac{C_t}{(1+i)^t}$$

或

$$\sum_{t=1}^{n} \frac{E_t - C_t}{(1+i)^t} = 0$$

式中，i 表示内在收益率。通过计算内在收益率，还可以把教育投资的收益率与其他投资收益率进行比较，从而可以看出教育投资是不是最合算的。

上述的个人教育投资的成本—收益计算方法，也可以用于社会教育投资的评估。

世界银行的统计学家们曾经以"社会收益率"（Social Rates of Return）作为衡量社会教育投资经济效益的指标，其计算方法如下：

$$教育投资社会收益率 = \frac{税前收入}{因上学而牺牲的收入 + 对教育的公私支出}$$

社会教育投资的分析方法与个人教育投资的分析方法基本相同，区别在于，教育投资的社会收益中包含税款，即这里的收益是税前收入；教育投资的社会成本除了私人教育成本外，还包含公共教育支出。需要指出的是教育投资的社会收益中有很大一部分是无法用收入来表示的，例如巨大的社会凝聚力以及对政治参与能力的促进，确实很难量化。因此，计算出来的社会收益率低于实际的社会收益率。对不同地区的教育收益率的平均估计见表 4-1。有关 20 世纪 80 年代发达国家和发展中国家的教育投资收益的大量研究表明，各国的教育投资收益一般具有以下几个特点。

表 4-1 　　　　　　　　　　　对不同地区的教育收益率的平均估计（%）

	社会收益率			个人收益率		
	初等教育	中等教育	高等教育	初等教育	中等教育	高等教育
撒哈拉以南非洲地区	24.3	18.2	11.2	41.3	26.6	27.8
亚洲	19.9	13.3	11.7	39.0	18.9	19.9
欧洲/中东/南非	15.5	11.2	10.6	17.4	15.9	21.7
拉丁美洲/加勒比海地区	17.9	12.8	12.3	26.2	16.8	19.7
OECD 国家	14.4	10.2	8.7	21.7	12.4	13.3
世界	18.4	13.1	10.9	29.1	18.1	20.3

资料来源：［美］吉利斯、帕金斯等著：《发展经济学》，中国人民大学出版社 1998 年版，第 253 页。

（1）发展中国家的教育收益率一般高于发达国家。而且研究表明，其教育收益率还高过物质资本投资的收益率，这反映了大多数发展中国家人力资本的稀缺程度。因此在大多数发展中国家，教育投资是合理的。

（2）不同教育程度的收益是不同的。一般来说，最高的社会收益率是从初等教育中获得的，无论是发展中国家还是发达国家都是如此。因此，发展中国家教育投资的重点应该是普及初等教育。

（3）从收益率来看，个人教育收益率要高于社会收益率。与发达国家相比，发展中国家之间的差距更大。为了尽快获得本国急需的人才，许多发展中国家在高等教育方面投入了大量的资金。这不仅没有使教育收益率达到最大，而且在一定程度上加剧了两极分化的趋势。

五、发展中国家教育存在的问题及其对策

（一）教育存在的主要问题

如前所述，教育是开发人力资源的最重要的途径，通过教育，所有的发展中国家都在不同程度上取得了发展经济的效果。但是，由于社会经济条件的限制，传统思想观念的影响和约束，发展中国家教育又存在着不少问题，主要有以下几个方面：

1. 教育内容不合理，教育与实际严重脱节

发展中国家教育的一个突出问题是教育与实际严重脱节。发展中国家的实际情况是，70%的儿童生活在农村并在农村上学，而且由于中小学辍学率高和高等教育的不发达，大概有80%以上的入学者将会在农村度过一生。根据这一特点，发展中国家的中、小学教育应该与农村发展密切结合起来。但是，中小学教育很少向学生传授农村发展所需的知识、技能和思想，它们的目的和任务是为学生升学做准备，学习的主要内容是为升学打基础的。在发达国家中，中小学辍学率低，而且大部分人将升入更高级的学校继续读书，因而它们的中小学特别是小学把重点放在为升学打基础这一点上是恰当的。但是，把这种教育体制全盘搬到社会经济状况迥然不同的发展中国家则是不恰当的。

发展中国家中除个别国家（如印度）以外，一般高等教育的比重很小，进入大学的学生比例还不到学生总数的5%，而且大学教育也像中小学教育一样与经济发展的实际需要严重脱节。许多发展中国家的大学是按照发达国家的模式建立起来的，学科专业设置、教学内容、课程安排，都是从西方发达国家引进的，很少考虑到这种教育体制是否符合发展中国家自身的特点。其大学教育的成就是按照国际学术标准而不是按照大学教育对国家发展的贡献来衡量的。

教育与实际脱节还表现为学校里所学的课本知识不能适应职业市场的需求。很多国家城市的职业介绍所每天挤满了数学、物理等专业的毕业生，而雇主所需的是工程技术专业毕业生。在这样的环境下，大学毕业生们最后不得不接受的工作与他们所受的教育简直是风马牛不相及，学物理的当秘书，学数学的开出租车之类的事情在发展中国家比比皆是。

2. 教育结构不合理，基础教育被忽视

教育结构是指教育的不同层次的构成。一般说来，教育结构包括扫盲、基础教育、高等教育和非正规教育等内容。根据发展中国家的现实，这一结构应呈宝塔形，即上端小、底座大，把扫盲和基础教育作为国民教育的基础。然而，我们却看到，发展中国家的投资偏好于高等教育。

3. 教育体制扩大了不平等

在许多发展中国家，一年的中等教育学费大体相当于人均国民收入，而接受高等教育的费用则远远超过低收入家庭的经济承受能力。因此，许多低收入家庭对中高等教育不敢问津。这实际上是一种严格按照家庭收入水平而不是依据择优录取的原则选拔学生的制度。这种状况导致了发展中国家大、中学校在校学生中，来自中上等收入家庭的学生占多数，而穷人由于经济和其他的原因实际上被取消了接受中等和高等教育的机会。如果就某些发展中国家政府对于高等教育实行免费或近似免费的政策而言，由于大多数学生来自高收入家庭，因此，用公共基金建立的高补贴的大学教育，实际上是穷人对富人以"免费"高等教育的名义进行补贴或者救济的一种形式。据统计，在加纳，最富有的 20% 的家庭占有高等教育补贴的 45%，而最贫穷的 20% 的家庭只占有 6% 的补贴。这就表明，发展中国家的这种教育体制实际上保持甚至加剧了不平等。①

4. 教育深化与知识失业

发展中国家教育的另一个重要特征是：教育的社会成本（在有限的资金本可以更有效益地用于其他部门的情况下，却花费在更高层次的教育上而产生的可计算的社会机会成本）随着学生在教育阶梯上继续攀登而急剧上升，而教育的个人成本（由学生家庭承担的费用）却增加得较为缓慢，甚至下降。教育的社会成本与个人成本之间不断扩大的差距，造成对高等教育比对中小学教育更强的需求刺激，因而夸大了对高等教育的需求。要使接受教育的机会满足这种被扭曲的教育需求，就不能不以更高的社会成本为代价。于是，越来越多的资金不合理地配置在教育扩展之中，而用于创造就业机会的财力却日渐短绌。接受教育的个人成本和收益与社会成本和收益的不一致可通过图 4-7(a) 和图 4-7(b) 做出说明。两图也说明了当个人收益超过社会收益时资源配置不合理的状况。

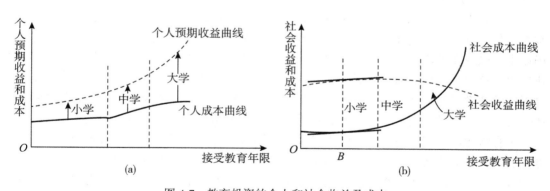

图 4-7 教育投资的个人和社会收益及成本

图 4-7(a) 和图 4-7(b) 的横轴都表示接受教育年限，图 4-7(a) 的纵轴表示个人成本和

---

① 转引自彭刚、黄卫平主编：《发展经济学》，中国人民大学出版社 2007 年版，第 164 页。

个人预期收益，图 4-7(b)的纵轴表示社会成本和社会收益。图 4-7(a)显示，一个学生接受学校教育的年限越多，他的个人预期收益比个人成本增长越快，因此，在他看来，最优的决策是尽可能接受更多的教育。图 4-7(b)则显示，社会收益开始上升很快，但随着教育级别的提高，上升逐渐放慢，甚至逐渐下降；社会成本则开始上升很慢，但随着教育级别的提高，上升迅速加快。因此，从社会的角度看，最优的决策是让所有的学生至少接受 OB 年的基础教育(此时边际社会成本等于边际社会收益)，因为超过 OB 年限的更高层次的教育，其边际社会成本将高于边际社会收益。但是，实际上，许多发展中国家并没有根据这种理论分析做出合理的最优决策，而是被动地适应公众对教育的需求，把有限的财力用于发展高层次教育，对中学尤其是大学给予大量的补贴。有的发展中国家甚至脱离自己国家的实际，从形式上模仿发达国家的高等学校，在校舍、设备等方面追求西方标准，以致耗资巨大而效益不高。与此同时，对就业机会的创造又未做出应有的努力，以致学生的供给超出了需求，学生从学校毕业后找不到适当的工作，并由此而引致两种现象的出现：

一是教育深化(Educational Deepening)。发展中国家并存着两种不同的经济结构，即传统部门和现代部门。知识劳动者嫌传统部门的报酬太低而不愿屈就，进入现代部门求职。但是，现代部门的就业岗位又是有限的，不可能按照知识劳动者的供给数量，根据不同的受教育水平充分吸收各级学校的毕业生。于是，随着教育的迅速发展，学校培养出来的知识劳动者的数量就越来越多于现代部门所能提供的就业岗位的数量。现代部门面对众多的从各级学校毕业的求职者，自然首先聘用受过高等教育的学生，然后考虑招用中学毕业生，最后才会雇用小学毕业生，也就是说，由于求职者供过于求，首先被拒于现代部门之外的是小学毕业生，其次是中学毕业生。在这种情况下，现代部门就倾向于雇用受教育程度较高的人去做原来由受教育程度较低的人所做的工作。这样，本来小学毕业生胜任的职务，现在由中学毕业生代替了，本来中学毕业生胜任的职务，现在由大学毕业生代替了。这意味着，相对于国民经济的发展对人力的需要而言，出现了"教育深化"，或教育过度(Over-education)的情况。

二是知识失业(Educated Unemployment)。它是与教育深化伴生的现象，或者说，它是教育深化问题的一个侧面。由于受教育者供过于求而现代部门又跳级雇用各受教育层次的毕业生，以致在求职竞争中，中小学毕业生往往被拒于雇用单位的大门之外，甚至大学毕业生也不免遭受同样的命运。尽管在发展中国家中受教育者在人口中所占的比率较低，受过程度较高教育的人在人口中所占的比率更低，而知识、技能和专长又是相对稀缺的，但还是有一部分受过较高教育的劳动者很难找合适的工作，形成知识失业的状况。

教育深化和知识失业的一个结果是发展中国家教育事业不切合实际需要的扩张。在教育发展初期，失业者主要是文盲，为了免遭失业的危险，人们把子女送去上小学，于是，小学教育扩大。随着小学教育的发展，小学毕业生的失业率上升。为了防止失业，小学毕业生不得不进入中学，于是中学教育扩大。与此同时，小学教育也要继续扩大，一方面使找不到工作的文盲接受初等教育，另一方面为进入中学准备升学的阶梯。到了中学毕业生也难以找到工作时，他们要求升入大学，于是大学教育扩大。与此同时，中学也自然要继续扩大。总之，在教育深化和知识失业的影响下，一些发展中国家不得不扩大大学教育，也不得不扩大中、小学教育。就业状况的每一次恶化，都要求把各级教育作一次扩大。因此，一些发展中国家出现了一种似乎难以置信的情况：某一级教育作为一个终点变得对该级毕业生就业越不利的时候，上一级和这一级教育就需要越迅速地发展，对政府扩大教育投资的压力就越大。

（二）教育发展的战略与政策

发展中国家教育中存在的主要问题不是教育体制发展不足，而是教育投资效率不高。所以，发展中国家应当采取旨在以提高教育投资效率为中心的教育发展战略与政策。

（1）改变教学内容和教学模式。发展中国家的教学内容和教学模式基本上是从西方发达国家照搬过来的，严重脱离了发展中国家的实际情况。因此，要改变教学内容和教学模式，使之服务于本国的经济发展。具体措施包括编写适合本国特点的教材和参考书；开设与农村经济有关的课程；改变灌输式的教学模式，注重训练和培养学生的操作能力和创造能力，加强教育与生产力之间的联系，改变教育不具有生产力作用（只具有信息甄别作用）的现象。

（2）调整教育投资方向。研究表明，大多数发展中国家的高等教育投资收益率低于中小学教育投资收益率，而且盲目地发展高等教育，势必造成人才浪费和智力外流。事实是许多发展中国家把教育投资的重点放在了高等教育上。所以，在教育经费有限的情况下，为了提高教育的投资效率，必须放慢高等教育的发展速度，加快中小学尤其是乡村小学教育的步伐。同时，由于初等教育不仅是中等和高等教育的基础，而且也是自学和农村应用技术学习和交流的基础，因此，发展中国家应当把大部分的教育经费用于发展初等教育。

（3）实施适当的教育机会限额分配制度。为了纠正发展中国家大多数正规学校中存在的不平等状况，需要有某种形式的限额分配制度，来保证低收入家庭的学生在中等教育和高等教育中所占的比例至少应该接近他们占总人口的比例。在现有体制下，由收入地位决定的"间接"地分配限额的制度往往决定了学生所能接受的教育程度。通过改革现行教育机会限额分配制度，使教育能够充分发挥其作为经济和社会平等的媒介的作用。

（4）改变教育体制以外的刺激和增加教育投资的个人支出。导致发展中国家教育过度发展和知识失业的两个重要原因，就是城乡收入差距的不断扩大和教育投入基本上由国家财政负担。因此，缩小城乡收入差距和增加教育投入的个人支出，有助于缓解教育特别是大学教育扩张的巨大压力。此外，在国家对教育补贴时，由于穷人比富人受教育的程度低，受教育的机会少，因此，高收入家庭从政府的教育补贴中得到的好处比贫困家庭多。所以，由私人来负担更大部分的教育费用有利于坚持收入分配公平的原则。增加教育费用的个人投资有两个可行性方案：一是通过学生交纳学费和教材费的办法推行成本回收机制；二是在高等学校中推行学生信贷计划。

【案例 4-1】

日本教育与经济的良性循环

第二次世界大战以后，日本国民经济体系受到了沉重的打击，工矿业生产总指数只是战前 1935 年至 1937 年平均数的 13%，农业生产也降到了最低水平，1945 年水稻产量只有四千多万石,这是明治时期以来最低的数字。加之战后 447 万军人和流民被遣返回日本,日本人口骤增至 7647 万,1946 年日本又爆发经济危机,这一切致使日本的经济处于崩溃边缘。面对经济困境,日本全国在 50 年代,就经济发展的道路选择问题,即是走国内资源开发主义道路还是走贸易立国主义道路展开了一场大争论。以中山伊知郎为代表的贸易立国主义认为,日本经济发展面临的主要问题是人口多、出生率高、资源少、生活水平低,解决问题的关键是发展对外贸易,把难题放在世界中解决。从那时开始,贸易立国主义成为日本经济发展的基本立足点。

然而,贸易立国主义能否在实践中行得通,关键在于日本是否具有高水平的科学技术和高质量的劳动力,否则它就难以在世界性的经济和贸易竞争中获胜。为了培养出高质量的劳动力,日本将教育放在优先发展的战略地位上。

1947 年,日本内阁颁布了《教育基本法》,并对教育经费不足问题做出了"经费及补助"的规定:新制公立初中教职员的工资所需经费由都道府县负担,同小学一样,国库负担 1/2;增加的设备费、校舍修缮费用、公立学校教育经费以及私立义务教育学校因学费收入减少而增加的经费,由国家给予补助或采取其他财源措施。1947 年,日本政府为初中先后支出 31 亿多日元;1948 年,日本政府预算中教育支出为 57 亿日元。1950 年以后,日本地方财政赤字严重,难以保证教育经费的支出。在这种情况下,日本政府还是将义务教育经费增至 90 亿日元。在几经周折之后,日本于 1952 年又制定了新的《义务教育费国库负担法》。新法规定,都道府县支付的各义务教育学校教职员工资额的 1/2 由国库负担;教育中最重要的经费之一,教材费由国库负担。

就这样,日本在经济极端困难的条件下,仅用一年的时间,中小学教育就达到普及程度,入学率达 99.27%,并且达到高中普及。教育的普及,及时为日本的经济建设提供了大量的合格人才。从 1949 年起,日本经济开始逐渐恢复,1955 年日本工矿生产指数上升到 180.7;超过投降前最高水平 1944 年的 178.9,并进入高速增长期。

日本政府及时认识到了教育对促进经济发展的作用。1957 年,日本政府在公布的《新长期经济计划》中,在战后首次把教育政策和发展规划编入"国民经济计划"。1960 年日本内阁制定了《国民收入净增计划》,教育被作为实现目标的重要一环。

随着产业经济的发展以及国家财政规模的扩大,日本政府采取了投巨资以教育的政策。1959—1969 年,国民收入增长 2.3 倍,但总教育经费却增长 3 倍。在这一期间,日本的中、高等教育得到了快速发展。日本高中升学率 1958 年为 53.7%,60 年代中期超出 70%,70 年代达到了 80%。日本高等教育的升学率由 1958 年的 16%,上升到 1965 年的 25.4%。

中、高等教育的发展为日本经济输送了大量高素质的人才。1956—1972 年,日本经济出现了三次高速增长的高潮。1967 年,日本经济超过了英、法;1968 年超过西德,在资本主义国家跃居第二位。1972 年日本国民生产总值达到 849,780 亿日元,约为 1955 年的五倍。

1962 年,日本文部省调查局出版了题为《日本的成长与教育》的报告书。报告书中说:"教育是促进经济发展的强有力的重要因素","战后经济发展的速度非常惊人，为世界所注视。出现这种情况的重要原因，可归结为教育的普及和发达"。日本前文部省大臣森善即一也曾经深刻地指出：日本是用教育的作用开采了人的脑力和心中的智慧资源和文化资源，以人的创造力资源来弥补自然资源的短缺。日本政府也清楚地认识到："在激烈的国际竞争中，科学的创见、技术的熟练、劳动者的素质等因素，对于经济发展所起的作用，不亚于增加物质资本和劳动力的数量。"

总之，日本在经济建设中正是看准了劳动力对于经济发展的作用，试图以高素质的劳动力来弥补劳动对象的短缺和劳动工具的落后。而劳动力的培训主要依托于教育，因此日本教育的普及与发展促成了日本经济目标的实现。反过来，日本经济的发展又促使政府更加深刻地认识到了教育的巨大作用，故而又继续加大教育投入，促成了教育体系的发展和完备。就这样，日本通过教育摆脱了经济窘境，实现了教育与经济的良性循环。

资料来源：选自傅维利著：《劳动力市场与教育的自主调节问题》，湖南教育出版社 1995 年版，第 63~66 页；顾明远、梁忠义主编：《世界教育大系——教育财政》，吉林教育出版社 2000 年版，第 22、27、34、35 页；王桂编著：《日本教育史》，吉林教育出版社 1987 年版，第 273、322 页。

【思考题】

一、基本概念

人力资本　知识失业　教育个人成本　教育个人收益　教育社会成本　教育社会收益

二、简答题

1. 简评"人口陷阱"理论。

2. 人力资本的形成有哪些主要途径？

3. 简述第二次世界大战后发展中国家人口大幅度增长的主要原因。

三、论述题

试论述中国教育的主要问题和解决问题的对策。

主要参考文献和阅读指南

1. 加里·贝克尔著：《人力资本》，北京大学出版社 1987 年版。

2. 加里·贝克尔著：《人类行为的经济分析》，上海三联书店 1993 年版。

3. Gary S. Becker, *A Treatise on the Family*, Cambridge, Mass.: Harvard University Press, 1981.

4. 托马斯·马尔萨斯著：《人口原理》，商务印书馆 1962 年版。

5. 西奥多·舒尔茨著：《论人力资本投资》，北京经济学院出版社 1992 年版。

6. 张培刚主编：《发展经济学教程》，经济科学出版社 2002 年版。

7. 谭崇台主编：《发展经济学概论》，武汉大学出版社 2001 年版。

8. 彭刚、黄卫平主编：《发展经济学》，中国人民大学出版社 2007 年版。

9. 杨葆焜、范先佐著：《教育经济学新论》，江苏教育出版社 1995 年版。

10. 李元宝著：《人力资本与经济发展》，北京师范大学出版社 2000 年版。

11. 马尔科姆·吉利斯、德怀特·帕金斯等著：《发展经济学》，中国人民大学出版社 2007 年版。

12. 孟令国：《后人口红利与经济增长后发优势》，《经济学动态》2011 年第 5 期。

13. 周芬芬：《城乡教育差距的分析视角与实践模式》，《华中师范大学学报》2009 年第 1 期。

第五章　技术进步与经济发展

发达国家的现代经济增长主要是由技术进步和效率提高推动的，而发展中国家由于片面强调物质资本的积累，忽视技术进步，导致资源利用率低下，形成了高投入低产出的粗放型经济增长方式，这又成为大多数发展中国家经济落后的主要原因。因此，技术进步对发展中国家的经济发展具有关键意义。本章将介绍技术进步的概念和类型、技术进步的方法以及发展中国家的技术选择等问题。

一、技术进步的含义与作用

（一）技术进步的含义

技术有狭义和广义之分。狭义的技术是指人类在社会生产实践中运用科学知识所形成的物质改造能力、劳动经验、知识和操作的技巧；① 广义的技术是指科学知识和生产相结合的物化形态以及知识形态的总称。它既包括工程意义上的依赖于自然科学知识、原理和经验的"硬技术"，也包括管理科学、管理技术、决策方法等以自然科学与社会科学相交叉的学科为基础的"软技术"。同样，技术进步（Technological Change）也有广义和狭义两种理解。狭义的技术进步主要指在硬技术应用的直接目的方面所取得的进步，它包括技术进化与技术革命。当技术进步表现为对原有技术或技术体系的改革创新，或在原有技术原理或组织原则的范围内发明创造新技术和新的技术体系时，这种进步称为技术进化，如自动控制技术与传统生产线相结合，将其改造为自动化生产线。当技术进步表现为技术或技术体系发生质的变化时，就称为技术革命。技术革命的结果往往使原来的社会经济结构发生巨大变革，劳动生产率获得极大提高。比如，发生在英国的以蒸汽机动力为标志的第一次技术革命，使纺织业的劳动工具和动力系统由手工纺车和简陋的水力动力机械变成了纺织机和蒸汽动力系统；推动了冶金、机械制造、交通运输等行业的发展，使过去手工业作坊的生产方式转向社会化大生产；促使劳动组织与管理方式发生了巨大变化。因此，这一技术革命是推动英国进入资本主义社会的主要动力之一。

---

① 马春文、张东辉主编：《发展经济学》，高等教育出版社 2005 年版，第 36 页。吴敬琏从科学与技术关系的角度出发，认为技术作为与生产实践紧密联系的知识，侧重的是生产某种物品或完成某项任务的实用方法。在第二次产业革命之前，科学与技术之间的联系是很弱的。第二次产业革命以后，技术与科学的关系越来越密切，终于改变了现代技术的性质。参见吴敬琏著：《中国增长模式抉择》，上海远东出版社 2005 年版，第 53 页。

广义的技术进步是指从产出增长中扣除劳动力和资金投入数量增长的因素后，所有其他产生作用的因素之和，又称为全要素生产率。广义的技术进步的内涵由六类因素组成：①资源配置的改善。资源经过优化配置后，可以在投入一定的情况下有更多的产出。劳动力、资本等由低生产率部门向高生产率部门转移的产业结构升级过程就是如此。②生产要素的提高。人力资源素质的提高可以在人力资源数量一定的条件下提高产出水平。③知识进步。基础科学的进展推动应用科学的发展，进而推动技术进步和生产率的提高。④规模经济。在一定范围内，商品的成本将随企业规模的扩大而降低。⑤政策的影响。⑥管理水平。技术进步既需要发明、创造等硬技术，也需要管理技术、决策方法等软技术，因此广义的技术进步对技术进步的理解较为全面。

技术进步有三种表现形式：①给定同样的投入可以生产更多的产品，即生产率的提高；②现有产品质量的改进；③生产出全新的产品。

(二)技术进步的作用

技术进步对经济发展有着重要的影响。它是实现经济持续增长的主要途径，直接表现就是它能够直接推动生产的发展和经济效率的提高。给定同样的投入可以生产更多的产品或者质量更好的产品，或者说，生产出一定量的产品只需要更少的投入。除此之外，它还是促使产业结构变化的重要因素。

1. 技术进步与经济增长

技术进步是经济增长的重要源泉。经济增长可以由劳动力投入的增加、资本投入的增加而实现，也可以由这些投入要素产出效率的提高而实现。前者是外延的扩大再生产，后者是内涵的扩大再生产。为了实现经济的持续增长，投入要素是很重要的，但由于资源总是稀缺的，因而通过提高投入要素的产出效率来支持经济的持续增长是世界各国共同努力的目标。依靠技术进步提高生产要素的产出效率是实现经济持续增长的主要途径。

资本、劳动和自然资源在经济活动中总要按一定比例，以某种具体形式结合在一起才能形成现实的生产力。而各种生产要素结合的比例及具体形式，从根本上讲是由技术决定的。技术进步能节约一种或者几种要素或者改变要素结合的方式，从而节约资源、提高生产效率。

早期的发展经济学家并没有认识到技术进步对经济增长的重要性，他们普遍认为资本才是经济发展的决定因素。但是人们逐渐发现很大一部分经济增长仅仅用资本是难以解释的，于是经济学家们逐渐把经济增长的重心转移到技术进步上来。目前，绝大部分经济学家们都承认技术进步对于经济增长的重要作用，在技术进步如何促进经济增长这个问题上，在经济学理论中存在着两种观点。

新古典增长理论首先把技术引入模型中，将技术进步看作是外生的，即技术并不受经济系统中变量的影响，只随着时间的变化而变化。其代表性理论是索洛模型。依据新古典增长理论，采用相同技术的国家其生产率的增长速度将会趋于一致，但是亚洲、非洲和拉丁美洲的一些国家的发展却与该结论不同。

新增长理论是在继承和批判新古典增长理论的基础上产生的。它把技术进步看作是经济增长的内生变量，认为技术进步与其他经济变量间存在着相互影响的关系。新增长理论的代表人物是罗默和卢卡斯，罗默沿用了阿罗"干中学"的思想，提出了一个具有外溢性知识的增长模型，在这个模型中，罗默假设技术进步是通过投资的外在性来实现的，知识这种中间产品的性质，使技术具有了外部性，因而整个经济中生产的规模报酬递增。为了更好地解释技术进步的内生性来源，罗默还引入了一个显性的研究与开发部门。卢卡斯则通过引进人力资本积累因素（主要是人力资本的外在性与人力资本生产中的正反馈）来解释经济增长的内生性。

除了理论以外，为了更好地说明技术进步对经济增长的贡献，一些经济学家对技术进步对经济增长的作用进行了实证分析。美国著名经济学家丹尼森和库兹涅茨曾对经济增长的要素进行了分析。根据丹尼森对美国 1929—1969 年国民收入增长率的分析，这 40 年间其国民收入年均增长率为 3.41%，其中，劳动的贡献为 1.32%，资本的贡献占 0.5%，假定土地的贡献为零，则总生产要素投入的贡献占 1.82%；平均每个投入单位即生产要素的生产率贡献占 1.59%，其中，知识进展的贡献占 0.93%，规模经济的贡献占 0.36%，资源配置改进的贡献占 0.30%。丹尼森又进一步把这 40 年分成两个时期进行了对比分析，结果发现随着技术的进步，要素对经济增长的作用发生了变化。在 1929—1948 年，国民收入年均增长率为 2.75%；1948—1969 年，国民收入年均增长率为 4.02%，后一个时期的经济增长快于前一个时期。从要素投入对国民收入增长的贡献来看，前期对国民收入增长的贡献为 54.5%，后期为 52.5%，说明要素投入对国民收入增长的贡献趋于下降。从要素生产率的贡献来看，前期对国民收入增长的贡献占 45.5%，后期占 47.5%，表明要素生产率对国民收入增长的贡献趋于增加。在要素生产率中，知识进步的贡献最大，占要素生产率对国民收入贡献的 62.6%，规模经济和资源配置的贡献占 37.4%。从对美国这 40 年间经济增长的分析可以看出，知识进展的作用在明显增强，资本等其他因素也在发挥重要作用，但要素总投入所起的作用趋于下降。

库兹涅茨通过对不同国家经济增长中要素作用的比较分析也得到了相同的结论。他对 7 个较发达国家从 19 世纪下半叶到 20 世纪上半叶一百多年的统计资料进行了分析，发现在此期间，可再生资本增量和产量之比，可再生资本与国民总收入之比都有所提高。但是，土地和自然资源随经济增长和工业化的发展在总投入中的比例显著下降，使得要素总投入在国民收入增长中的贡献率下降，而要素生产率在国民收入增长中的贡献率明显上升。根据有关数据综合测算，目前在发达国家技术进步对经济增长的贡献份额是 50%～70%。目前中国各生产要素对经济增长的贡献份额大致为：资本投入占 60%，劳动投入占 10%，技术进步对经济增长的贡献份额为 30%，经济增长方式仍然是外延型的。因此，要实现中国经济高效持续增长必须大力推动技术进步。

2. 技术进步与产业结构

技术进步还是影响产业结构发展变化的关键性因素。首先，技术进步决定着社会分工的发展和深化，社会分工的发展和深化是引起产业结构发展变化的前提。其次，技术进步越来越成为社会生产发展的主要推动力和社会生产效益提高的主要源泉，而产业结构本身又是在社会生产发展中，在各种生产活动的社会经济效益的比较中形成和发展的。最后，技术进步影响着劳动工具、劳动对象和劳动力等各种生产要素，而生产要素的变化，正是社会生产宏观结构变化的重要基础。

我们可以通过供给和需求两方面来具体说明技术进步对产业结构的影响。

从供给方面看，首先，技术进步能够创造出新的产业。随着技术不断进步，新产品或新的生产方式就会逐渐产生，随着规模的不断扩大，就能够产生新的产业。此外，原有的产业在技术进步的情况下会发生分化，分离出的某些生产阶段能够形成新的产业。在创造新产品和新产业的同时，技术进步也会对原有的产业部门进行改造，提高产品质量，使产品不断更新换代，而一些无法被改造的落后的过时产品和产业就会不断消亡。这样，产业结构就会不断得到改善。其次，技术进步能够使资本和劳动在产业间发生转移，从而使产业结构发生变革。在技术进步的条件下，各个产业进行的重置投资采用的是更新的技术，这样就能够提高生产率，增加产品产量。由于技术进步对不同产业产生的影响不同，不同产业的生产效率也不同，资本会向资本产值率高的产业流动。由于技术进步，劳动生产率得到提高，这样，在生产规模不发生变化时，需要的劳动力人数就会随着技术进步而减少，多余的劳动力就会从该产业中游离出来。游离出来的劳动力就会向劳动力需求上升的新兴产业和服务业部门转移。这样，就会使产业结构发生变化。从人类历史发展来看，首先是从农业中游离出的劳动力向工业转移，然后又从工业中游离出来向服务业转移。配第—克拉克定理指出，随着经济的发展，第一产业劳动者比重不断减少，而向第二、三产业转移。

从需求方面来看，技术进步会不断创造出新的生产和生活需求，从而推动满足这些新需求的行业的发展，需求的创新同时也加速了生产过时产品的行业的消亡，技术进步改变了生产和生活需求结构，从而使生产结构发生相应的变化。技术进步主要从以下三个方面改变了需求结构：首先，技术进步引起成本下降，需求随之变化。其次，技术进步使资源消耗强度下降，使可替代资源增加，这样就改变了生产需求结构。最后，技术进步使消费品升级换代，生产的最终目的是消费，消费品结构变化，将对需求结构产生直接影响。在技术进步改变着需求结构的同时，需求结构对技术进步也会产生反作用。需求迫切的产业部门较容易形成技术投资、技术人员等各种技术进步的条件。可以说，需求决定着技术进步的方向。需求结构和技术进步两者互相制约、相互促进，共同推动产业结构的升级。

当然，技术进步是影响产业结构变化的最重要因素，但不是唯一重要的因素，技术进步的作用必须与影响产业结构变化的其他因素综合起来加以考虑，如经济体制、资源条件、与世界市场的联系等。

二、技术进步的类型

依据不同的分类标准，经济学家将技术进步分为不同的类型。

(一)根据技术进步对收入分配影响的不同对技术进步分类

自古典经济学派开始，经济学家对技术进步的研究就侧重于技术进步对收入分配的影响的分析。希克斯(J. Hicks)是从技术进步类型的角度切入了对这个问题的研究。在1932年出版的《工资理论》一书中，他根据技术进步对资本和劳动的影响程度的差异，将技术进步分为劳动节约型、资本节约型和中性型三大类。希克斯的这种划分被认为较好地回答了技术进步对收入分配的影响这个长期争论的问题。

　　希克斯的中性型技术进步，是指在 K/L(资本—劳动比率)一定时，使资本边际生产力对劳动边际生产力比率保持不变的技术进步，或者说技术进步并没有改变资本的边际产量与劳动的边际产量的比率。在图 5-1 中，纵坐标 Y/L 代表每个劳动力的平均产出量，横坐标 K/L 代表每单位劳动平均使用的资本量。OP 为没有发生技术进步时的生产函数曲线，OP' 代表发生技术进步后的生产函数曲线。在这里，OP 和 OP' 假定为生产函数的曲线，都具有资本边际生产力递减的特性，即随着每单位劳动配备资本量的增加，每增加一单位的资本所增加的产量是递减的，因此 OP、OP' 都是呈递减趋势的曲线。

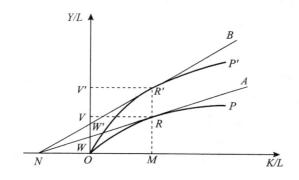

图 5-1　希克斯的中性型技术进步

　　在未出现技术进步时，OP 曲线上的任何一点 R 表示每单位劳动平均使用资本为 OM 时的平均产出量是 MR。过 R 点作 OP 的切线与 OM 的延长线交于 N 点，OW 为工资率(平均每单位劳动的工资)。MR 与 OW 的差 WV 为利润。国民收入分配份额中利润总额与工资总额之比等于 WV/OW。由于切线 NA 的斜率即利润率；$r=OW/ON$，$ON=OW/r=$工资率/利润率，由此可知，可以用 ON 来测量工资率与利润率的比率。

　　当发生技术进步时，单位劳动的平均产出为 OV' 比未发生技术进步时有增长，但含有技术进步的生产函数曲线 OP'，也有工资率/利润率$=ON$ 的性质。在图 5-1 中，NB 是过 R' 点的 OP' 的切线，OW' 为发生技术进步后的工资率，$MR'-OW'=W'V'$，$W'V'$ 为利润，利润率 $r=OW'/ON$，$ON=OW'/r=$工资率/利润率，与未发生技术进步时相同。这个结论说明，技术进步不仅能提高劳动的边际生产力，使工资由 OW 增加到 OW'，而且还能使资本的边际生产力以同等幅度提高，因而同比例地提高利润率，使得工资率和利润率之比保持不变。由此可见，希克斯定义的中性型技术进步的特点是，无论发生技术进步还是未发生技术进步，在新旧生产函数的人均资本($K/L=OM$)相同之点，工资率与利润率之比保持不变。既然单位劳动配备的资本量不变，因此，利润量提高的比例与工资提高的比例相同，换言之，这种技术进步并不改变工资与利润在国民收入中的分配比例。

85

相应地，对于 K/L 相同之点，如果资本边际产量的提高大于劳动边际产量的提高，这意味着资本的分配份额相对提高，这就不是中性型技术进步，而是劳动节约型（Labor-saving）技术进步，这种技术进步是用资本替代劳动。一般来说，为了避免利润率下降和阻止工资上升，企业主偏向于推动劳动节约型技术进步。另一种情况是，对于 K/L 相同之点，技术进步降低了资本的边际产量与劳动的边际产量的比率，即劳动的边际产量增加高于资本的边际产量的增加，提高了劳动在国民收入中的分配份额，那么，这种技术进步就是资本节约型（Capital-saving）的。

（二）根据占用各种资源的相对量的不同对技术进步分类

（1）劳动密集型技术。指占用和消耗劳动较多的技术。这种技术能够容纳较多的劳动力，占用资本较少。劳动力的技术装备程度较低，劳动生产率也较低。

（2）资本密集型技术。指占用和消耗资本较多的技术。其特点是：占用资本较多，周转较慢，投资回收期长，容纳的劳动力较少，但一般具有劳动生产率高、生产成本低、竞争能力强等优点。

（3）技术密集型技术。指机械化、自动化程度较高的技术。这种技术对劳动力的熟练程度和知识水平要求较高，可以完成传统技术和常规技术无法完成的生产活动，取得更多、更新的产品，增强企业的国际竞争力，但通常也要占用和消耗大量资本。由于当代经济中资本投入量的增加总是伴随着技术含量的提高，资本密集型技术和技术密集型技术的界限趋于消失。两者常被统称为资本—技术密集型技术。

（4）知识密集型技术。指高度凝结先进的现代化科学成果的技术。使用这种技术的多为中高级科研技术人员和管理人员，连操作人员也都需要具备较多的科学技术知识与管理知识。这种技术装备复杂、投资费用高，但占用劳动力少、消耗材料少、环境污染少。采用这种技术还可以为国民经济各部门提供新材料、新能源、新工艺、新设备，促进产业结构的调整，加快技术进步。随着现代科学技术的迅猛发展，知识密集型技术越来越成为一个国家获取长期竞争优势最主要的来源，成为社会经济可持续增长的重要推进器。

（三）根据使用效果的不同对技术进步分类

（1）资本节约型技术。这种技术通过较多地使用自然资源和劳动力来达到节约资本投入的目的，简单实用、易于推广，特别适合人均收入低、资本严重缺乏的国家和地区。

（2）节能型技术。指能够减少能源使用量的技术。这种技术对于能源缺乏的国家和地区具有特别重要的意义，对于能源充足的国家它也是长期的技术发展战略方向，因为地球上的自然资源是有限的，许多能源资源属于不可再生资源，必须节省使用。

（3）环保型技术。随着世界各国环境问题的日益突出和人们环保意识的增强，能够降低自然资源耗费、减少环境污染的环保型技术越来越受到人们的欢迎。采用环保型技术已经成为增强产品国际竞争力的重要手段。因此，环保型技术是今后技术发展的主要方向之一。

三、技术进步的过程

熊彼特①在他的创新理论中，把技术进步理解为一个过程，认为这个过程包括技术发明、技术创新和技术扩散这三个相互关联的环节。经济合作与发展组织（OECD）在1988年的《科技政策概要》中也指出，技术进步是一个包括三种既相互重叠，又相互作用的要素的综合过程：第一个要素是发明，即有关新的或改进的技术设想，发明的重要来源是科学研究；第二个要素是创新，即发明首先被商业应用；第三个要素是扩散，它是指创新出现后被许多使用者应用。

随着知识经济时代的到来，技术进步中知识对经济增长和经济发展的贡献越来越突出，而知识特别是关于事实方面的知识（Know-what）和关于自然规律方面的知识（Know-why），不是通过"发明"，而是通过研究发现和获取的。这样，"技术发明"作为技术进步的第一个环节或要素，其内涵显得过于狭窄。据此，可以把技术进步过程理解为研究与开发（R & D）、技术创新与技术扩散三个环节。

（一）研究与开发

根据联合国教科文组织的定义，研究与开发是指为增加知识总量以及运用这些知识去创造新的应用而进行的系统的创造性工作。研究与开发是技术进步的源头活水，没有研究与开发活动，就不可能存在新的技术和知识，自然也就不存在新的技术和知识的商业性应用，即不存在技术创新和技术扩散，因而也就不存在技术进步。理论研究和实证分析都表明，在研究开发与产业成长、经济增长之间，存在着明显的正相关关系。

研究与开发可以进一步分为基础研究、应用研究和实验开发三种类型或三个阶段。基础研究是为获得关于现象和可观察事实的变化发展规律而进行的理论性或实验性研究。基础研究成果具有深刻的认识功能和重要的学术价值，但在当时和可预见的将来可能不具有直接的应用价值或经济价值。然而，一旦发现并实现其潜在的实用价值和经济价值，往往就会产生深刻而全面的技术变革，导致划时代的技术进步。应用研究是为探索科学原理在特定技术领域的应用，发现新的技术原理而进行的研究工作。其主要功能在于对特定技术规律的认识和对技术开发的理论指导。实验开发则是利用从研究过程中取得的新的技术原理和实际经验知识，为生产新的材料、产品和装置或建立新的工艺、系统或提供新的服务而进行的系统性工作。

① 约瑟夫·熊彼特（1883—1950年），出生在奥匈帝国的特里雅斯特（Triesch），1909—1918年在茨泽诺维滋和格拉茨大学任教，1920—1924年在彼德曼银行工作，1925—1932年任波恩大学教授，1932—1950年任哈佛大学教授。他一生勤于学业，建树颇丰，在其理论贡献中对后人启迪、影响最大的是创新理论（Innovation Theory）。这一理论是他在1912年出版的成名作《经济发展理论》中初创，而后在1939年出版的《经济周期》中系统完成的，并通过生前最后一部力作《资本主义、社会主义与民主》（1942年）发挥到了极致。

（二）技术创新

技术创新概念首先是由熊彼特 1912 年在其成名作《经济发展理论》中提出的。熊彼特认为，经济增长"就是指连续发生的经济事实的变动，其意义就是每一单位时间的增多或减少，能够被经济体系所吸收而不会受到干扰"。[①] 它主要是一种数量上的变化，而发展是一个"动态的过程"，"可以定义为执行新的组合"，[②] 也就是创新。这种意义下的创新概念包括五种情况：（1）采用一种新产品——也就是消费者还不熟悉的产品，或一种产品的一种新的特性。（2）采用一种新的生产方法，也就是在有关的制造部门中尚未通过经验检验的方法，这种新方法决不需要建立在科学上新的发现的基础之上。（3）开辟一个新市场，也就是有关国家的某一制造部门以前不曾进入的市场，不管这个市场以前是否存在过。（4）控制或掠取了新的原材料供应来源，不管这种来源是否存在过，还是第一次创造出来。（5）实现任何一种工业的新的组织，比如造成一种垄断地位（例如通过托拉斯化）或打破一种垄断地位。经济发展"就其本质而言，在于对现存劳力及土地的服务以不同方式加以利用"。[③] 同时，熊彼特强调，经济发展是在内部自行发生的变化。

关于经济增长与经济发展的关系，熊彼特认为，经济增长的出现"常常是我们所谓的发展的一个条件。即使它们常常使得我们所谓的发展成为可能，也从不从自己身上来创造这种发展"。[④] 可见，虽然在概念含义的界定方面，熊彼特的观点与现代发展理论家有所不同，但关于经济增长与经济发展关系的说明已非常一致了。

经济发展的主体是企业家。熊彼特指出，"我们把新组合的实现称为'企业'；把职能是实现新组合的人们称为'企业家'"。[⑤] 企业家活动的动力来源于对垄断利润或超额利润的追逐。除利润动机外，经济发展最主要的动力是"企业家精神"。企业家精神是由五个要素构成的：首创性、成功欲、冒险和以苦为乐、精明与敏锐、强烈的事业心。

在熊彼特看来，企业家不是资本家，也不是一个发明家，而是那些对市场前景具有远见卓识，对资源利用高瞻远瞩，能直面风险和失败并具有强烈事业心的人。因为在市场经济条件下，充满了大量的不确定性，而许多潜在的收益和机遇正是蕴藏在这些不确定性中，特别需要敢冒风险、富有远见的企业家。因此熊彼特认为，没有企业家，就没有创新，没有创新就没有发展。强调企业家对经济发展的作用是熊彼特创新理论的一大特色。

同时，熊彼特将"创新"和"发明"这两个概念严格区别开。他认为，"发明"是新技术的发现，而"创新"则是将发明应用到经济活动中去。一种新发明只有当它被应用到经济活动中去，为生产当事人带来利润时，才成为"创新"。因此，熊彼特的"创新"是一个经济概念，而"发明"则是一个技术概念。

在技术进步过程中，技术创新占有十分突出的地位。技术创新依据社会需求把技术发

---

① 熊彼特著：《经济发展理论》，商务印书馆 1990 年版，第 289 页。
② 熊彼特著：《经济发展理论》，商务印书馆 1990 年版，第 71 页。
③ 熊彼特著：《经济发展理论》，商务印书馆 1990 年版，第 71 页。
④ 熊彼特著：《经济发展理论》，商务印书馆 1990 年版，第 71 页。
⑤ 熊彼特著：《经济发展理论》，商务印书馆 1990 年版，第 82~83 页。

明应用于生产，把新知识转化为物质产品，把潜在的生产力转变为现实的生产力，实现了技术知识与经济的结合。在研究与开发阶段，技术与经济仍处于分离状态；在技术扩散阶段，技术与经济的结合业已完成，正是技术创新实现了从技术到经济的质的飞跃。

（三）技术扩散

1. 技术扩散的概念及其重要性

技术扩散指一项新技术的广泛应用和推广。它不仅包括对生产技术的简单获取，而且还强调技术引进方对自身技术能力的构建活动。技术扩散是在技术发明与技术创新后才发生的，并且与技术创新在市场上的推广传播过程有关，而创新则是指那些第一次被引入到商业贸易活动中的新发明。这是技术扩散与技术创新、发明二者之间的根本不同。

从人类历史来看，技术扩散在技术进步过程中起着至关重要的作用。一项技术创新，除非得到广泛的应用和推广，否则它将不以任何物质形式影响经济。舒尔茨指出，没有扩散，创新便不可能有经济影响。从一般意义上来说，技术扩散能促使创新在更大范围内产生经济效益和社会效益，推进一个国家产业技术的进步和产业结构的优化，促进国民经济的发展。

2. 技术扩散的溢出效应

技术扩散的溢出效应就是技术扩散的外部性。技术扩散的溢出效应一般有如下几种表现：①技术领先企业的示范效应和技术落后企业的模仿效应；②人力资本的流动；③联系效应。

模仿是指企业通过逆向工程（Reverse Engineering）等手段，仿制生产创新者的产品。逆向工程，又称反求工程，是指从产品入手，在广泛搜集产品信息的基础上，通过对尽可能多的国外同类产品的解体和破坏性研究，运用各种测试、分析和研究手段，反向探索该类产品的技术原理、结构机制、设计思想、制造方法和原材料特性等，从而达到由原理到制造，由结构到材料全面系统地掌握产品的设计和生产技术的目的。技术模仿在技术扩散过程中发挥着越来越大的作用。有研究表明，韩国的许多化学、水泥、纸张和钢铁生产厂商大多数是通过交钥匙工程，后经逆向工程才得以迅速发展起来的。而日本在第二次世界大战后的发展之初更被称为模仿大国。

人力资本的流动也是技术扩散的溢出效应的主要形式之一。这里的流动有多层含义，既包括人力资本的有形转移，也包括人力资本的无形转移。前者指通过人员的流动而发生的技术溢出，后者指并不需要通过人员的流动，而只需借助于信息的非自愿流动而发生的技术溢出。在现代高科技行业中，人力资本的无形转移所产生的技术扩散作用非常显著。对发展中国家的一些研究表明，跨国企业对技术引进国的最大贡献，并不仅仅体现在所谓的新技术、新产品的开发上，还体现在其对各层次员工的培训上。当受过培训的雇员由跨国公司子公司流向其他企业时，其所掌握的各种技术也随之外流，这大大加速了发达国家的专有经营管理技术向发展中国家的扩散进程。

联系效应是指企业间不通过纯粹的市场交易而发生的技术扩散。学者们一般从外国直接投资（FDI）的角度来考察这种联系效应。其基本观点是：跨国公司通常拥有信息和技术上的优势，当其子公司与当地的供应商或客户发生联系时，当地厂商就有可能从跨国公司子公司先进的产品、工序或市场知识中"免费搭车"，获取溢出的先进技术，从而发生技术扩散的溢出效应。根据溢出效应作用对象的不同，联系效应可以分为前向溢出和后向溢出。前者指发生在跨国公司子公司与其产品的客户、分销商之间的溢出效应，后者指发生在跨国公司子公司与其上游产业的供应商之间的溢出效应。

四、发展中国家的技术选择

发展中国家的经济发展具有赶超的性质。要实现赶超任务，无论是在微观经济活动中，还是在宏观经济运作方面，发展中国家都不可能也没有必要亦步亦趋地探索原生性的技术创新，来推进本国的技术进步。在发展中国家的发展之初，技术选择与技术引进是其实现技术进步的一个主要途径。

（一）技术选择的经济含义

作为一种经济行为，技术选择实际上就是对不同要素投入组合的成本进行比较。如图5-2所示，图中 QQ′为等产量线，该曲线上每一点所代表的劳动和资本的投入组合都可以得到相同的产量，KL 或 K′L′是价格线。等产量线和价格线的切点 C 和 D 是实际上可选择的要素投入组合，射线 Ⅰ 和 Ⅱ 代表仅有的两种技术手段。若不计成本， Ⅰ 与 Ⅱ 两种技术手段是无差异的。但生产要素是稀缺的，其稀缺程度反映在生产要素的价格上。如果劳动要素相对充裕，其价格就会较为便宜，就应该选择技术 Ⅱ，在价格线 K′L′与等产量线 QQ′的切点 D 进行生产；反之，就应该选择技术 Ⅰ，在切点 C 进行生产。

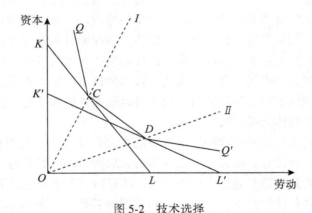

图 5-2　技术选择

技术选择的原则就是最优化的生产决策。在市场机制充分发挥作用的经济中，技术的产生和选择将是一个自然的发展过程，是寻求产量最大、成本最小的必然结果。早期美国和日本都经历过按照要素的相对条件来选择技术的过程。美国自然资源丰富，技术选择自然以资源耗费、劳动节约为特点。日本资本稀缺，劳动力相对充裕，当纺织机械落后于英法时，就通过更多地投入劳动以弥补机器设备的不足。在发展经济学兴起之时，人们普遍认为，发展中国家的劳动力相对充裕，资本严重不足，因此，在经济发展中，它们应趋向于选择劳动密集型的生产技术。然而，大量的经验研究表明，上述趋向并不明显，对于同一产品的生产方法，发展中国家与发达国家之间并无重大差别。发展中国家的经济增长效率低，资本增加是产出增加的主要源泉。

（二）技术选择与就业

如何选择所引进的技术，是发展中国家进行技术引进活动时所面临的另一个重要问题。因为并不是把发达国家的先进技术全部照搬过来，就能获得相应的生产效率的提高和社会的进步。实践表明，片面、盲目地引进国外的所谓先进技术，反而造成了一些发展中国家对西方不适用技术的严重依赖，加剧了其国内两极分化、城乡对立、环境污染、生态危机等一系列社会经济问题的恶化。因此，发展中国家不应简单盲目地模仿、照搬发达国家的先进技术，而是要结合本国的具体国情对所引进技术有所选择。

一些发展经济学家认为，与劳动力充裕、资本匮乏的资源结构相适应，发展中国家应优先选择和引进中间技术。英国经济学家舒马赫（E. F. Schumacher）在1973年出版的《小的是美好的》一书中批评了现代大型化工业生产技术的弊病，提出应当发展小型机械，进行适当规模的生产，推广中间技术。所谓"中间技术"，是指介于初级与高级、原始与现代之间的一种技术。它具有以下特点：①属于劳动密集型技术，适合于小型企业，不占用过多资本，利于就业。②中间技术与粗糙的土技术相比，生产率要高得多；与资本高度密集的现代工业技术相比，又要便宜得多。③中间技术在应用、管理和维修方面的问题都容易解决，能顺利地适应发展中国家的环境。因此，它是一种适合于在贫穷落后的发展中国家普遍推广的技术。舒马赫认为，发展中国家应该不遗余力地发展中间技术，因为这种技术有许多优点。首先，中间技术富于人性和创造性。其次，小规模生产对自然环境的危害也很小。最后，中间技术有助于解决严重的失业问题。中间技术可以在短期内提供大量的就业机会，缓解失业的压力。当然，发展中国家要想缩短与发达国家的经济和技术差距靠中间技术是不行的。中间技术常常造成产品质量低下，并要求工人有较高的技能，生产效率也难以提高。提倡中间技术不利于改变现有的国际经济秩序。

（三）技术选择与比较优势

选择资本密集型技术还是劳动密集型技术，这在技术选择中称为资本的密度问题。有些经济学家认为，发展中国家应该选择资本密度较低、劳动密度较大的生产技术或工艺，也有些经济学家提出了相反的观点，认为在很多场合下，选择资本密集型技术更为合理。例如，赫希曼运用"适用范围"的概念证明，哥伦比亚的飞机运输要比公路更为优越，尽管前者属于资本密集型技术。随着讨论的深入，发展经济学家越来越认识到，资本密度本身并不能成为技术选择的标志，一个国家应该根据自己的需要，因时因地选择或开发适用技术。

1975年，印度经济学家雷迪（Reddy）提出了"适用技术论"。所谓适用技术，就是既能满足技术引进国发展经济的技术需要，又考虑到了引进国的生产要素现状、市场规模、社会文化环境、目前的技术状态以及技术的吸收创新能力等因素，能够使得引进国从中获得最大效益的那类技术。它既可包括适用的先进技术、尖端技术，又可包括适用的中间技术或原始技术。总之，适用技术论强调的不是什么具体的技术，而是技术选择和发展的战略思想。适用技术的选择应满足三重目标要求：①环境目标。适用技术应该能够节约能源，循环使用各种材料，减少环境污染，保护生态环境。②社会目标。适用技术应该最大限度地满足人类的基本需要，提供富有创造性和引人入胜的工作，能与传统文化相交融，促进社会和睦，并赋予群众较大的自主权。③经济目标。适用技术应该广泛提供就业机会，采用地方资源并生产地方消费品，取得较高的经济效益并促进经济平衡发展。适用技术的内涵比中间技术更加丰富、灵活，但二者的基本思想是一致的，都认为发展中国家应选择符合本国实际情况的技术。然而在现实中，发展中国家的政府常常出于赶超先进国家的目的，采取扶持政策，鼓励企业选择资本—技术密集型技术。近几十年发展中国家经济发展的实践证明，这样的企业在自由竞争的市场中是没有自生能力的。政府为了提供政策性扶持，不得不以税收优惠、改变要素价格等方式扭曲经济环境，致使整个经济的运行效率降低。相反，选择适用技术有利于发挥比较优势，使企业更有竞争力，投资的回报率更高，储蓄的意愿也更强，更有利于经济的发展。从技术引进的角度来看，选择适用技术，所要引进的技术和现有的技术比较接近，学习成本较低，技术引进的成本也会较低，技术升级会比较顺利。

【案例 5-1】

发展中国家和地区技术引进的实例

发展中国家和地区应根据本国的实际情况来进行技术引进，力求减少技术引进和推广的制约因素。在这方面，韩国和中国台湾是比较成功的。20世纪70年代中后期以前，韩国和中国台湾基本上都没有制定明确的技术引进政策。由于市场受到的扭曲较小，韩国和中国台湾的工资和利率能够较为准确地反映劳动力和资本的实际成本。在这样的环境下，劳动密集型产业受积极的出口政策的激励而扩大生产，引进的技术也主要是适用于劳动密集型产品的生产的。这类技术受技术输出国的限制较少，引进之后也容易消化和吸收。20世纪70年代，在具备了一定的经济基础之后，韩国开始鼓励资本密集型和技术密集型产业的发展，鼓励本国大企业购买外国专利，进口先进机器设备，并鼓励它们加强技术研究和开发。中国台湾的经济特色是以中小企业为主，为了适应产业升级的需要，它成立了技术研究开发和技术推广机构，为中小企业提供技术服务。中国台湾还采取措施吸引人才回流，这对新兴产业的发展起到了不小的作用。可见，技术引进必须配合本国或本地区的产业发展情况，才能有力地促进技术进步与经济增长。

资料来源：转引自齐良书编著：《发展经济学》，中国发展出版社2002年版，第147~148页。

【思考题】

一、基本概念

中间技术　广义的技术进步　狭义的技术进步　希克斯中性

二、简答题

1. 什么是技术进步？技术进步的表现形式有哪几种？

2. 根据技术进步对收入分配影响的不同，可将技术进步分为哪几类？

3. 简述技术扩散的溢出效应。

三、论述题

试述技术进步是怎样推动产业结构变动的。

主要参考文献和阅读指南

1. 谭崇台主编：《发展经济学》，武汉大学出版社 2001 年版。

2. 张建华著：《创新、激励与经济发展》，华中理工大学出版社 2000 年版。

3. 马春文、张东辉主编：《发展经济学》，高等教育出版社 2005 年版。

4. 吴敬琏著：《中国增长模式抉择》，上海远东出版社 2005 年版。

5. 舒马赫著：《小的是美好的》，商务印书馆 1984 年版。

6. 迈达尔·P. 托达罗、斯蒂芬·C. 史密斯著：《发展经济学》，机械工业出版社 2009 年版。

7. 陶文达主编：《发展经济学》，四川人民出版社 1992 年版。

8. 张培刚主编：《新发展经济学》，河南人民出版社 1992 年版。

9. 约瑟夫·熊彼特：《经济发展理论》，商务印书馆 1990 年版。

第六章　制度与经济发展

20世纪80年代后期，新制度经济学的崛起为发展经济学提供了新的视角。人们日益认识到制度是影响一个国家经济增长和经济发展进程的重要因素。本章从交易和交易成本这些基本概念入手，着重从制度的产生和制度变迁的角度介绍制度与经济发展之间的关系。

一、交易与交易成本

(一)交易概念

"交易"一词在经济学中早已存在，但它只被局限于物品交换的含义。康芒斯(J. R. Commons)在《制度经济学》一书中对交易概念提出了一般性的解释。康芒斯将"交易"概念和经济学中已一般化的"生产"概念相对应。按照他的划分，"生产"活动是人对自然的活动，"交易"活动是人与人之间的活动。"生产"活动和"交易"活动共同构成了人类的全部经济活动。这种"交易"活动被康芒斯视为"制度"的基本单位，即"一次交易，有它的参加者，是制度经济学的最小单位"，[①] 也就是说，"制度"的实际运转是由无数次"交易"构成的。"交易"是康芒斯的制度经济学的基本分析单位。在其《制度经济学》中，康芒斯将"交易"分为三种基本类型：买卖的交易，即平等人之间的交换关系；管理的交易，即上下之间的交换关系；限额的交易，主要指政府对个人的关系。[②] 这三种交易类型覆盖了所有人与人之间的经济活动。康芒斯的伟大贡献在于，将过去人们认为不相干的一些事情，如买卖活动、经理对工人的管理以及国家对居民征税等，通过"交易"这个一般化的概念联系和归纳在一起。不同的经济制度不过是这三种交易类型的不同比例的组合。如，在市场经济体制中，以买卖的交易为主，而在计划经济体制中，以管理的交易为主。把制度运作与交易联系在一起是康芒斯对经济学发展的一个重大贡献。但是康芒斯在对以"交易"为基本单位的制度进行分析时所采用的方法，并不是经济学的方法，而主要是哲学、法学、社会学和心理学的方法。康芒斯并没有将经济学的方法用于分析制度及其运行。近代制度经济学是反正统经济学理论的，他们不可能将经济学的方法用于分析制度问题。把经济学的研究范围拓展到制度领域里并实现这一目标，是从以科斯为首的新制度经济学运动开始的。

---

① 约翰·罗杰斯·康芒斯著：《制度经济学》，商务印书馆1962年版，第73~74页。
② 约翰·罗杰斯·康芒斯著：《制度经济学》，商务印书馆1962年版，第74~75页。

(二)交易成本概念

新制度经济学的核心范畴是交易成本,① 它最早是由罗纳德·科斯提出的。在科斯以前,新古典经济学是假定交易费用为零的(在新古典经济学那里,既没有谁假定交易费用为零,也没有谁系统地论述过交易费用问题)。在新古典经济学中,企业被简化为一个生产函数,企业的职能仅仅是根据这个生产函数把投入品转换成产品或服务。在新古典经济学的理论框架下,对企业为什么会存在,由什么来决定企业的结构和规模边界等问题,无法作出回答。科斯思考了以下问题:既然市场是人们在生产活动中进行合作的最有效的形式,为什么还会有企业存在?在企业中进行分工合作的人为什么不能通过市场交易来实现这样的合作?1937年,科斯发表了一篇经典论文《企业的性质》,通过引入交易成本概念,解决了这一问题。

科斯认为企业和市场是两种不同但又可以互相替代的交易形式。市场交易是由价格机制来实现的,而企业内交易是由行政命令来实现的,即企业内部的行政命令取代了价格机制成为生产活动的协调机制。斯密曾经描述过一个生产扣针的工厂,这个工厂中有18道工序,每道工序都由一个工人来完成。如果市场非常有效,每道工序的工人可以独立生产,再到市场上将半成品卖给进行下一道工序的工人,但为什么工人不这样做而非要结合成一个企业呢?科斯认为,如果将一个产品从上一道工序转化到下一道工序视为一次交易,在企业内部转移和通过市场转移只不过形式不同,采取哪种形式取决于哪种费用较低。科斯发现,寻找交易对象,讨价还价,订立契约,监督契约的执行,解决交易的纠纷等要花费大量的成本。而在一定范围的企业内交易要简单得多:工人之间的固定分工节约了寻找对象的费用,经理对工人的指挥代替了讨价还价,工人与企业之间的长期合同减少了在市场中多次反复签订契约的麻烦,因此人们自然地选择了企业的形式。也就是说,企业的存在节约了交易费用。又比如,在劳动力市场上,工人根据雇主所出工资的高低来决定在哪里受雇,他们的行为受市场劳动力价格的协调。而一个劳动力一旦被企业所"内化",也就是说成为企业的雇员,他在企业中就必须服从行政命令。而企业通过"内化"市场交易可以节省交易成本。如果市场交易成本为零,雇主可以随时到劳动力市场上"购买"所需劳力,而不必长期雇佣一个工人。而实际上,雇主每天到市场上"购买"劳力,必须支付很多的成本,如时间、讨价还价的费用以及因雇不到合适工人而可能给生产活动带来的损失,等等。通过把这一市场交易过程内化到企业中,建立起长期稳定的雇佣关系,就可以节约交易成本。在科斯看来,交易成本的节省是企业产生、存在以及替代市场机制的唯一动力。

如果企业"内化"市场交易就能带来交易成本的节约,那么企业的规模是否会无限扩张呢?这也不可能。这是因为,企业组织和协调生产活动也会产生管理费用。随着企业规

① 交易生利是经济学家的基本信念之一。从亚当·斯密开始,经济学家就在交易生利的基石上构造他们的模型。专业化和劳动分工是《国民财富的性质和原因的研究》的核心。然而,经济学家在构造模型时都对专业化和劳动分工的成本未予理会。分工的收益通过交易得以实现,同样,分工的成本也表现为交易成本。

模扩张，这一费用也会越来越高。当企业规模扩大到某一边界点即企业内交易的边际成本等于市场交易的边际成本的那一点时，就构成了企业的最佳规模，企业的边界也就确定下来了。

什么是交易费用？新制度经济学家对交易费用的定义并无质的差别，只是其侧重点或范围不同而已。科斯认为，交易费用是获得准确的市场信息所需要付出的费用以及谈判和经常性契约的费用；奥利弗·威廉姆森认为，交易费用分为两部分：一是事先的交易费用，即为签订契约、规定交易双方的权利，责任等所花的费用；二是签订契约后，为解决契约本身所存在的问题、从改变条款到退出契约所花费的费用。① 威廉姆森还形象地将交易费用比喻为物理学中的摩擦力。巴泽尔把交易费用定义为与转让、获取和保护产权有关的成本。② 概括而言，交易成本可以定义如下：在信息不完全的条件下，借助物品和劳务的让渡实现权利让渡过程中所产生的费用，其中包括谈判、签订、监督执行和维护交易契约的费用。

(三) 新制度经济学关于人的行为假定

新古典经济学体系是建立在关于经济人行为的两大基本假定之上的。第一个基本假定是经济人追求自身利益最大化。这是自斯密以来的理论传统，即认为单个消费者在一定的预算约束下，选择所应消费的商品或服务的品种数量，使自己所得到的效用最大化；厂商在一定的成本和市场需求的约束下追求利润最大化。经济人追求利益最大化的自利行为所产生的社会收益与个人收益总能在市场机制的作用下保持一致。每一个经济人都具有完全的制度知识，他们完全了解在资源稀缺性和未来不确定性约束下相互竞争的自利行为所必须遵守的规则，并严格按照这些规则展开竞争。第二个基本假定是经济人的行为具有完全理性。它假定经济人在决策求解过程中，总是能够充分利用它所得到的信息，并具有足够的认知能力，能从各种备选方案中选择最佳方案，以获得最大利润或效用。由于人具有完全理性，制度被视为已知的、既定的外生变量而被排斥在外。

新制度经济学家否认了这一"经济人"假定。他们认为，新古典经济学所研究的"经济人"是一种远离现实的理想中的人(是洁白无暇的经济人，把经济人"非人化"了)。例如在许多情况下，人类行为远比传统经济理论中的财富最大化的行为假定更为复杂。非财富最大化动机也常常约束着人们的行为。诺思把诸如利他主义、意识形态和自愿负担约束等其他非财富最大化行为引入个人预期效用函数，使得经济人假设不再只是一种对人类行为的抽象规定，也不再只是有关人类行为"利己"动机的一种规定，从而建立了更加复杂、更接近于现实的人类行为模型。新制度经济学家对人的行为特征进行了修正，从而形成了一种"新经济人"假设。

1. 人类的行为动机是双重的(Double Behavioural Hypotheses)

人类的行为动机是双重的，一方面追求财富最大化；另一方面又追求"非财富"(即非

---

① 引自卢现祥著：《西方新制度经济学》，中国发展出版社 2003 年版，第 5 页。
② Y. 巴泽尔著：《产权的经济分析》，上海三联书店 1997 年版，第 3 页。

物质财富的财富)最大化。制度作为一个重要变量能改变人们为其偏好所付出的代价，改变财富与非财富价值之间的权衡，进而使理想、意识形态等非财富价值在个人选择中占有重要地位。人类历史上制度创新的过程，实际上就是人类这种双重动机均衡的结果。制度在塑造人类这种双重动机方面起着至关重要的作用。①

2. 人的理性是有限的，即有限理性(Bounded Rationality)

赫伯特·西蒙②把"有限理性"界定为"主观上追求理性，但客观上只能有限地做到这一点"。③ 这种有限理性论包含着几个基本的命题：①人脑有限。人对环境的计算能力有限。我们只使用浩瀚的信息海洋中的很少一部分信息去帮助我们思考。太多的信息与太少的信息同样是不理想的。②环境复杂。在非个人交换形式中，由于参加者很多，同一项交易很少重复进行，所以人们面临的是一个复杂的、不确定的世界。交易越多，不确定性就越大，信息也就越不完全；③满意准则。即经济人由于其理性的限制，虽然力图最大化其效用，但他只具备有限地获取和处理信息的能力，对其决策后果缺乏足够的认识，在现实生活中他只能满足于"次优"的结果，而不可能达到"最优"。

在现实世界中，信息不仅具有不完全的特征，还具有不对称的特征。所谓信息不对称是指，交易双方对交易品所拥有的信息数量不对等，例如在汽车交易中，卖方可能要比买方对汽车有价值的特征知道得更多。信息不对称又可分为事先的信息不对称和事后的信息不对称。④ 所以，在有限理性的假定下，制度分析不仅是必要的，而且是至关重要的。因为制度通过设定一系列规则能减少环境的不确定性，提高人们认识环境的能力，协调不完全契约引起的利益冲突。

3. 人的行为具有机会主义倾向(Opportunism)

人的行为具有机会主义倾向是指人具有随机应变、投机取巧、为自己谋取更大利益的

---

① 参见卢现祥著：《西方新制度经济学》，中国发展出版社 2003 年版，第 15~16 页。

② 完全理性的假定与现实明显冲突，因此，主流经济学对"经济人"的批评就主要集中于对完全理性假设的批评上。在这方面，1978 年的诺贝尔经济学奖获得者赫伯特·西蒙的"有限理性论"尤为值得注意。依据西蒙的定义："广义而言，理性指一种行为方式，第一，它适合实现指定目标，第二，它在给定条件下和约束的限度之内。"他将理性分为完全理性、有限理性和直觉理性三大类。参阅曹阳《当代中国农村微观经济组织形式研究》，中国社会科学出版社 2007 年版，第 46~47 页。

③ 赫伯特·西蒙著：《现代决策理论的基石：有限理性说》，北京经济学院出版社 1989 年版，第 3~4 页。

④ 从 20 世纪 60 年代开始，信息作为一个重要因素融入经济分析。信息经济学的研究表明，非对称信息若发生在事前，则产生逆向选择行为；若发生在事后，则产生败德行为。从几十年的发展看，信息经济学有两个重要的研究分支：一是不完全信息条件下的经济分析，关心的是"信息成本"和最优的信息搜寻。二是非对称信息条件下的经济分析，西方学者把非对称信息条件下的市场参与者的经济关系，称为委托人—代理人关系，在众多的委托人—代理人关系中，形成了两类模型：一类是研究事前非对称信息条件下的委托人—代理人关系的"逆向选择"模型，另一类是研究事后非对称信息条件下的委托人—代理人关系的"道德风险"模型。参阅张培刚：《张培刚经济文选》，中国时代经济出版社 2011 年版，第 68~69 页和段文斌等著：《制度经济学》，南开大学出版社 2003 年版，第 260~310 页。

行为倾向。这一概念是威廉姆森首创的。按照威廉姆森的定义，机会主义是指人们一种狡诈的自私自利的行为倾向，例如故意扭曲事实真相，误导、隐瞒、迷惑他人和浑水摸鱼。威廉姆森之所以引入机会主义假定，是因为他不满意于一般意义上的"经济人"把人们设想成"遵纪守法"的假定，认为这一假定回避了现实交易中的种种"犯规"和"越轨"之类的举动。人的机会主义行为倾向具有二重性：一方面它与冒风险、寻找机遇、创新等现象有一定的联系；另一方面又会对他人造成一定的危害。这其中危害又表现为两种情况：

一是明显的形式，即在追求私利的时候，有意或者无意地损害了他人的利益。如化工厂生产时排放的废气污染了环境，附带地损害了他人的利益；有意的就是贪赃枉法，坑蒙拐骗。二是复杂的形式，其中又可以分为事前和事后的形式。事前的形式又称逆向选择，是由事前的信息不对称引起的，指在合同签订阶段的机会主义。如在人寿保险中，不同投保人的健康状况和死亡的概率不同，对此投保人相对于保险公司更为清楚。由于保险公司从一组投保人中识别不出死亡概率谁高谁低，只能规定一个对应于某种平均概率水平的保费。其结果是死亡概率高于平均水平的人倾向于多买保险，低于平均水平的人则倾向于少买。这种情况在保险业务中称为逆向选择。事后不对称则指"道德风险"，是由事后的信息不对称引起的，指合同执行阶段的机会主义。例如，在火灾保险合同中，投保人由于买了保险而变得懈怠，结果使失火的概率增大，保险公司又很难调查清楚火灾是否或在多大程度上是由于投保人的疏忽引发的。这样就会因为投保人的懈怠和疏忽给保险公司的利益带来损失。也就是投保人没有以一种负责任的方式行动，没有采取恰当的缓解风险的行动，因而引起事后的执行问题。[①] 人的机会主义行为倾向是人类社会各种制度产生的一个重要来源，制度可以在一定程度上约束人的机会主义行为倾向。

以上我们从三个方面分析了新制度经济学关于人的行为假定，这种关于人的行为假定的分析更接近于现实。

二、产权理论

产权理论构成了新制度经济学的基本主题之一。这里主要介绍产权的定义与结构、产权的起源与功能。

（一）产权的定义与结构

德姆塞茨认为，"所谓产权，意指使自己或他人受益或受损的权利"，[②] 或者说是界定人们是否有权利利用自己的财产获取利益或损害他人的权益以及他们之间如何进行补偿

---

① 转引自段文斌等著：《制度经济学》，南开大学出版社 2003 年版，第 32 页。

② H. 德姆塞茨：《关于产权的理论》，载《财产权利与制度变迁——产权学派与新制度学派译文集》，上海三联书店 1994 年版，第 97 页。

的规则；阿尔钦则把产权定义为"一个社会所强制实施的选择一种经济品的使用的权利"，①或者说是人们使用资源时所必须遵守的规则。阿尔钦还指出："……在本质上，经济学是对稀缺资源产权的研究……一个社会中的稀缺资源的配置就是对使用资源权利的安排……经济学中的问题或价格如何决定的问题，实质上是产权应如何界定与交换以及应采取怎样的形式的问题。"②

综合这些关于产权的界定，我们可以把产权定义为：在资源稀缺条件下，人们使用资源的权利。这种人与物的关系体现了人与人的关系。不难设想，在只有一个人或资源无限供给的条件下，都不可能出现所谓的产权问题。

在一般意义上，完整的产权总是以复数形式出现的，它不是一种而是一组权利，其中包括：（1）使用权，在法律允许的范围内，以各种方式使用财产，包括在物质形态上改变乃至毁坏财产的权利；（2）受益权，即直接从财产本身或经由契约从别人那里（在财产转让的条件下）获取收益；（3）转让权，通过出租或出售把与财产有关的权利让渡给他人。

可分解性是产权的一个重要性质。产权可以分解为使用权、受益权和转让权，其中每一种权利又可以进行更具体、更细致的分割。例如，一块土地可以耕种，也可以让人在其中通行或在这块土地上架设通信线路。因此，这块土地的使用权可以分解为耕种的权利、通行的权利和架设线路的权利。这些使用权可以由土地所有者本人行使，也可以部分地或全部转让给一个或几个人，转让的时间可长可短，可租可售，这是转让权的分解。当使用权是非永久性让渡时，所有者和使用者（如地主和农民）可分享这块土地的收益，这是受益权的分解。

产权的可分解性增加了资源配置的灵活性和效率。如果产权不可分解，在上述例子中，当非土地所有者在该土地上架设一条通讯线路时，除非购买土地的所有产权，否则只好放弃这一计划。而当他购买了全部产权后，他可能并不将土地用于耕作或通行，这必然导致土地使用的浪费。

产权的可分解性意味着在同一产权结构内并存着多种权利，每一种权利只能在规定的范围内行使，超过这一范围，就要受到其他权利的约束和限制，或者对其他权利造成损害。这种"外部性"问题自然也会发生在不同的产权结构之间。在上面的例子中，假定土地所有者把耕种、通行和架线的权利分别转让给不同的人，耕作者不能阻挡通行者的行走，通行者无权损坏耕作者的庄稼，架线者不能影响他人的耕作和通行；反过来也是一样，耕作者和通行者也不能损坏架设的线路。因此，产权是受到约束和限制的。对某一权利的限制可以来自拥有其他权利的个人，也可能来自政府规定、法律以及社会习俗。

（二）产权的起源

产权的起源就是要解释为什么要设置产权制度这一问题。在可能导致产权出现的诸多

---

① A. 阿尔钦：《产权：一个经典注释》，载《财产权利与制度变迁——产权学派与新制度学派译文集》，上海三联书店 1994 年版，第 166 页。

② A. 阿尔钦：《产权：一个经典注释》，载《财产权利与制度变迁——产权学派与新制度学派译文集》，上海三联书店 1994 年版，第 205 页。

因素中，产权经济学家特别强调了因资源稀缺而发生的相对价格的变化以及人口增长的作用。

H. 德姆塞茨在其 1967 年的一篇经典论文中清楚地道出了产权发展的内在逻辑。他说："当内在化的所得大于内在化的成本时，产权的发展是为了使外部性内在化。内在化的增加一般会导致经济价值的变化，这些变化会引起新技术的发展和新市场的开辟，由此而使得旧产权的协调功能很差……在一个共同体对这方面的偏好给定的情况下……新的私有和国有产权的形成将是对技术和相对价格的回应。"① 德姆塞茨运用他的这一理论观点解释了加拿大东部的印第安猎人在 18 世纪初建立土地私有制的现象。当印第安人捕猎的海狸仅用于满足他们自己的需要时，排他性产权是不存在的。随着海狸皮毛商业贸易的发展，日趋增长的需求导致了捕猎活动的急剧增加。这时，财富最大化就要求进行保护资源的投资，以使资源恢复到其当前价值最大化的水平。然而，除非建立排他性的产权，否则资源的长期最优使用是不可能的。由于意识到了引入排他性产权将使财富增加，人们就有动力从事设立排他性产权的投资。相反，在北美西南部，不存在像海狸那样具有商业价值的动物，而且，生活在平原上的几乎全是到处游走的食草动物，界定产权的收益有限而成本较高，因而，当地印第安人就不像加拿大东部的印第安人那样建立了排他性产权。

诺思、托马斯在《西方世界的兴起》一书中指出，在影响制度和产权的成本与收益的多种参数中，"那种最重要的参数的变化就是人口的增长，它可以导致制度的创新，从而给西方世界的兴起提供一种说明"。② 人口变化与产权形成之间的关系确实有许多课题值得我们研究。在人类社会早期，植物、动物相对充裕时，对这些资源设置产权的成本超过了潜在的收益，于是自然资源被当做公共财产使用。当人口相对于稳定的资源数量不断地增长时，人们之间的竞争趋于激烈，公共产权导致狩猎活动的收益减少，在某个边际上，定居农业活动逐渐变得比狩猎活动更有吸引力，尽管农业在设立与实施产权方面要付出成本。最早的定居农业共同体是以对土地的排他性公有产权为基础的。在共同体内部，禁忌和习俗至少已限制了对资源的滥用。

在上述两个例子中，资源稀缺性的加剧以及相伴随的相对价格的提高，是产权出现的基本原因。不同之处在于造成资源稀缺的原因不同，前者是由于商业贸易活动的增加，新市场的开辟，后者是由于人口相对于资源的过快增长。资源稀缺导致的后果可能是多种多样的，其中有两点最为重要：一是对资源的滥用，使资源不可能得到最优利用；二是人们之间在使用资源上的摩擦和对抗加剧，部分资源被用于暴力攻击和防卫。把资源用于暴力说明产权在事实上已经出现了。防卫意味着设置并维护某种排他性的产权，而攻击则意味着破坏某种产权。这一事实或许可以引申出一个具有一般意义结论：当资源稀缺一旦达到导致人们相互对抗的水平时，产权的出现便不可避免，尽管产权的具体形式可以有很大不同。

在产权初始界定的层次上，产权成本包括两类：排他成本和内部管理成本。排他成本

---

① H. 德姆塞茨：《关于产权的理论》，载《财产权利与制度变迁——产权学派与新制度学派译文集》，上海三联书店 1994 年版，第 100 页。

② 道格拉斯·诺思、罗伯特·托马斯著：《西方世界的兴起》，华夏出版社 1989 年版，第 13 页。

又可分为界定成本和维护成本。界定成本是在实物形态和价值形态上规定产权的边界所付出的成本。它首先与检测、度量实物财产边界的技术手段的发展程度有关。对大多数实物财产，如土地、厂房、机器设备、住宅及其他消费品来说，在实物形态上把握其边界并不存在严重的困难。度量衡的统一和标准化使得实物财产的界定达到了相当精确的水平。但也有一些实物财产的界定成本很高，以至于在某些情况下，界定本身得不偿失甚至根本不可能。

在前面所举的北美西南部印第安人未能建立有效产权制度的例子中，生活在草原上的食草动物易于游动，且游动范围很大，这使得界定成本过高，难以确立产权制度。其他"会走动的财产"也都属于这一类。

还有一些物品，虽然其物理边界很清楚，但无法排他性地使用和转让，或者排他成本很高，这就是所谓公共物品。

货币及其他有价证券的发明和发展使产权界定有了双重含义：实物形态的界定和价值形态的界定。当实物资产转化为金融资产之后，产权的流动性大为增加了，资源配置效率因此也得到了提高。在价值形态上界定产权，其准确性常常是实物形态所无法比拟的。这显然有助于提高交易活动的质量。在价值形态上界定产权的另一个突出优点是大幅度降低了界定费用。货币及其他有价证券都具有高度的可分解性。那些在实物形态上难以分解，从而无法建立排他性产权的财产，一旦转化为价值形态，排他性产权就可以很方便地建立起来。例如一辆汽车，当两个人为其实物形态的所有者时，只能由两个人共同占有，而在价值形态上，两个人可以很方便地各拥有一部分产权。

价值形态上产权界定的低费用还与货币及其他有价证券的生产和使用方式有关。货币作为价值形态产权的度量、使用和转让手段，具有如下优势：货币是大规模生产的，生产成本因此而得到节约；货币在全社会通用，有关货币使用知识的学习成本很低；货币是国家垄断发行的，除非发生严重的通货膨胀，不确定性及相关的费用都很低。

产权界定除了有上述费用问题外，还与社会和法律制度有关。现代社会中，确认和保障产权的最高和最完备的社会契约形式是法律制度。制定、实施有关法律的费用也构成产权界定成本的一部分。

法律制度更多地是用于对产权的保护，不受保护的产权是没有意义的。当然，法律不是保护产权的唯一机制，也不是费用最低的机制。当产权纠纷的损失不足以抵消上法院打官司的费用时，受到损害者就可能寻求某些"私了"的办法。习俗的、道德的、行政的机制常常能以低于法律机制的费用解决纠纷。此外，产权保护费用还包括产权所有者直接自我保护的支出，门锁、防盗门等都是可信手拈来的例子。

与产权的排他成本相对应的是产权的内部管理成本。所谓内部管理成本，是指共同拥有产权的所有者作出决策、采取行动时所耗费的成本。可以考虑两种极端的情况：一种情况是产权归单个人所有，这时决策的行动完全是个人的事情，不需要与他人协调，产权的内部管理成本为零。另一种情况是产权归社会全体成员共同所有，内部管理成本在逻辑上将达到最高。在这两种极端形式之间，存在着许许多多的中间形式。

（三）产权的功能

德姆塞茨认为："产权是一种社会工具，其重要性就在于事实上它们能够帮助一个人形成他与其他人进行交易时的合理预期。"[1]也就是说，产权制度能够帮助人们了解他与其他人发生关系时，可以做什么，不可以做什么，在交易过程中如何受益，如何受损以及他们相互之间如何进行补偿，从而对自己行为可能给自己带来的收益或损失形成一个合理的预期。

下面的一个例子对于我们理解产权的功能甚至产权的起源都是颇有启发的。

"如果某一块地属于村镇公有，而村镇共同体的某一成员突然在这块地里放牧了比其同乡多一倍的牲畜，那么，他给共同体每个成员所造成的损失是微乎其微的（假如村里有100户人家，每一户所受的损失为 F 元），然而他从中获得的利益却非常大（营业额增加了一倍）。人们本来可以召集一次全体会议，告知违章者不应该在牧场上放牧比旁人多一倍的奶牛，但是，这样做实际上并不关系到任何人的切身利益（每户不过损失 $F/99$ 元），而且这样做代价太高（如果会议要开两个小时——这是最低限度的时间，如果每个人都发言谈谈自己对这个问题的看法，那么就要花200个小时，即相当于一个人五周的劳动时间）。为了避免所有这些麻烦，最好是把权利以私有形式分给每个人（建立私人企业），并允许那位与土地有很大利害关系的人（因为他希望把自己的营业额增加一倍）同其他99名成员中的每个人进行协商，以便从每个人那里买到每年放牧奶牛三天半的权利。事实上，为了避免交易费用过高，他只会与一两个私人企业主谈判，进行土地合并或集中的交易（企业发展过程的开始）。"[2]在产权经济学家看来，权利无非是一种社会活动，其目的是确定规章制度，降低社会的交易费用（或社会运转的费用），从而改善资源配置和福利分配，促进经济增长。上述案例涉及产权经济学的一系列问题。

首先，竞争和资源的稀缺性是等价的两件事（即如果资源不稀缺，也就不存在竞争或没有必要去竞争了），而产权和行为约束则是交互作用着的人们的行为在竞争资源的过程中达成某种均衡状态时的行为规范，所以，它们是竞争的结果。但是在没有竞争规则的情况下（如上例村镇的公有土地谁都可随便进去放牧），竞争的结果是资源的过度使用或低效使用。这时如果从事放羊或放牛并不赚钱，那么对公共土地使用的竞争可能并不激烈；反之，对公共土地使用权的争夺将达到"白热化"的程度。从历史上看，产权的演变过程包括，首先是不准外来者享用资源，然后是制定规则限制内部人员开发资源的程度（产权能够限制开发资源的速度）。什么时候什么条件下才制定规则（或界定产权）呢？张五常和巴塞尔先后论证过，经济学意义上的"产权"只是当界定权利的费用与权利带来的好处在边际上达到相等时（也就是均衡时）才有意义。或者说，只有当产权界定的收益大于产权界定的成本时，人们才有动力（或激励机制）去制定规则和界定产权。规则制定的目的是强制人们遵守某些公共准则，从而节省交易费用。

---

① H. 德姆塞茨：《关于产权的理论》，载于《财产权利与制度变迁——产权学派与新制度学派译文集》，上海三联书店1994年版，第97页。

② 转引自黄少安著：《产权经济学导论》，山东人民出版社1995年版，第123~124页。

我国一位哲人很早就说过，有恒产者有恒心。用产权经济学家的话说就是，产权能够解决激励问题。在我们现实生活中，激励人的方法很多，如给他发工资、发奖金、分红、提升等，但是什么能使激励最持久呢？那就是产权。产权激励具有预期性、持久性、稳定性等特点，这是产权激励与其他激励方式的不同点。现在不少人在研究给高级经理人员以股权、期权的问题，这表明，在现代公司里，仅仅给高级经理人员涨工资、发奖金、搞年薪制已经不够了。通过股权、期权等使高级经理人员对公司有"恒"心是现代公司有效运作的核心问题。莱索托在其《资本的秘密》一书中指出，西方国家的正规所有权制度产生了六种效应，使它们的公民能够创造出资本。这六种效应是：所有权效应之一：确定资产中的经济潜能；所有权效应之二：把分散的信息综合融入一个制度；所有权效应之三：建立责任制度；所有权效应之四：使资产能够互换；所有权效应之五：建立人际关系网络；所有权效应之六：保护交易。①

三、制 度 结 构

(一)制度的定义及内涵

按诺思(Douglas North)的定义："制度是一个社会的游戏规则，更正式地说，制度是人设计的，决定人际互动结构的约束。"②

在新制度经济学的研究框架里，制度作为研究对象，有着丰富的内涵。

(1)制度与人的动机、行为有着内在联系。新古典经济学家讲人的动机和行为，但他们假设人是理性地追求效用最大化和利润最大化。新制度经济学家也讲人的动机和行为，但他们认为人理性地追求效用最大化是在一定的制约条件下进行的。这些制约条件就是人们"创造"的一系列规则。如果没有制度的约束，那么人人追求效用最大化，只能是社会经济生活的混乱或者低效率。如违法乱纪、坑蒙拐骗、为了以最小的努力获得最大的利益，制造假、冒、伪、劣等商品危害他人的利益。或者说，制度是源于人，又制于人。

(2)制度是一种"公共品"，但制度作为一种公共品又与其他"公共品"有一定的区别。首先，一般公共品都是有形的，如广播、路灯及城市其他公共设施等。制度作为一种公共品是无形的。它是人的观念的体现以及在既定利益格局下的公共选择，或者表现为法律制度，或者表现为一种习俗。其次，它有一定的排他性(Excludability)。一般公共品不具有排他性，即在一定的范围内人人都可以享用公共品，但作为公共品的制度有的可能具有排他性。如对大多数人有利的制度可能对少数人并不利，因为一些制度是根据少数服从多数的原则制定的。只有一项制度代表着社会大多数人的利益时，大多数人才能接受、认同和遵守制度并由此带来制度的经济绩效。

(3)相对稳定性：这种稳定性减少了交易的不确定性，使得社会各部分的交易成为可能。

---

① 转引自卢现祥著：《西方新制度经济学》，中国发展出版社2003年版，第158页。

② 道格拉斯·诺思著：《制度、制度变迁与经济绩效》，上海三联书店1994年版，第3页。

(4)制度不同于组织。像制度一样，组织也为人与人之间的相互作用提供某种结构，但组织与制度还是有本质的区别。打个比方说，制度是比赛规则，组织是参赛者。在经济分析中，组织是由其缔造者创造出来，实现财富、收入最大化或其他目标的有目的的实体。这些实体包括政治团体(如政党、议会)，经济团体(如厂商、农场、合作社)，社会团体(如教会、俱乐部)和教育团体。

仍然使用体育比赛的例子。如果规则已定，决定比赛胜负的关键因素是参赛者的技巧及其所拥有的比赛知识。知识可以分为两类：可交流的知识和感悟的知识。后者只能部分地通过实践获得，也只能部分地交流。

一个组织的成员获取哪一类知识、技术，学习什么，在很大程度上取决于现有制度约束所提供的激励结构。也就是说，制度框架决定了知识和技术获取的方向，这一方向对于社会的长期发展是一个决定性因素。

(二)制度结构

为了对制度的内涵有较好的理解，我们进一步对制度的构成或制度的结构进行剖析。新制度经济学认为，制度提供的一系列规则由国家规定的正式约束、社会认可的非正式约束和实施机制这三部分构成。

正式约束是人们有意识地创造的一系列规则。正式约束包括政治规则、经济规则和契约。这些规则可以排成一个等级结构，其中最一般性的规则是宪法，然后是各种法律，再往下是法律规则、规章条例，最具体的是个人间的契约。政治规则规定政体的权力等级结构、基本决策结构和决策程序的特征。经济规则界定产权，契约是有关特定交易的协议。

一般情况下，政治规则指导经济规则，也就是说，产权和个人契约都是由政治规则等界定和实施的，但经济利益结构也会影响政治结构。在均衡状态下，一种既定的产权结构将与一组特定的政治规则保持一致，一变俱变。

正式规则仅仅是人类行为约束的一部分，非正式约束数目更多、影响更为广泛，也更加根深蒂固。非正式约束主要包括价值观念、伦理规范、风俗习惯、意识形态等因素。其中，意识形态处于核心地位。

意识形态是一定团体中所有成员共同具有的认识、思想、信仰、价值观等。它是该团体各个成员对周围世界以及团体本身的认知体系，反映了该集团的利益取向和价值取向，为团体的集体行为提供了合理性辩护，同时也对个人行为提供了一套约束。

非正式约束的另一项主要内容是惯例或习惯。惯例或习惯是指人们在长期交往中形成，并通过教育和模仿，从一代人向下一代人传递的行为"定式"。

非正式约束是正式约束的延伸、细化和限制。在实际社会生活中，正式约束和非正式约束共同规范人类行为，为人际交往提供秩序。

实施机制是指确保一个国家的正式规则与非正式规则贯彻落实的一套监督、检查和惩戒制度。检验一个国家制度的实施机制是否有效，主要看违约成本的高低，强有力的实施机制将使违约成本极高，从而使任何违约行为都变得不划算即违约成本大于违约收益。经济学家的分析表明，当某人从事违约的预期效用大于他从事其他活动所带来的效用时，此人便会选择违约。

四、制 度 变 迁

（一）制度变迁的动力

稳定性是制度的特征之一，这种稳定性减少了交易的不确定性，使得社会各部分之间的交易成为可能，我们知道我们在干什么，将向何处去。然而，稳定并不意味着效率。

相对价格的变化是制度变迁的最主要源泉，要素价格比率的变化、信息成本的变化、技术的变化都是相对价格的变化。相对价格的变化可能是外生的，但多数是内生的，是企业家行动的结果。企业家获取技术和知识的过程改变着测量和实施成本，改变着交易的成本和收益，改变着相对价格。

偏好或口味的变化是制度变迁的另一源泉。我们对偏好或口味变化的原因知之甚少。显然相对价格的变化与口味变化有某种联系，相对价格的变化改变人们的行为模式，改变人们对行为标准的判断。例如，20 世纪家庭结构的变化基本上是由工作、闲暇和避孕的相对价格的变化造成的。此外，观念和意识形态的因素对偏好口味的变化也有很大影响。

制度变迁的过程可以粗线条地描述如下：一种相对价格变化使交换（不论是政治交换还是经济交换）中的一方或双方认为改变协议或契约会改善其处境，这时，重新对契约进行谈判的企图就会出现。然而，因为契约位于规则的等级结构之中，不重构较高层次的规则（或破坏某些行为规范），重新谈判也许是不可能的。在这种情况下，试图改变其讨价还价地位的一方或双方可能会投入资源，努力重构较高层次的规则。相对价格或偏好的变化，会逐渐动摇行为规范，导致一种行为规范为另一种行为规范所取代。随着时间的流逝，原有的规则被改变或干脆被人遗忘。类似地，习俗或传统可能会被逐渐侵蚀和替代。

（二）制度变迁的速度

1. 激进式的制度变迁

激进式的制度变迁是以终极预期目标为参照系数，采取迅速而果断的行动，一步到位安排预期制度，"破"与"立"同时进行，也就是在进行新制度安排的同时，否认现存的组织结构和信息存量。这种变迁方式的优点：一是减少了不必要的争论；二是减少了变迁成本向后累积的风险；三是急需的核心制度能够较快安排到位。不利因素有：一是因为一步到位式的制度变迁势必破坏现存的组织结构和信息存量，人们无法形成稳定的预期从而增大了组织成本和信息成本；二是制度变迁具有不可逆性，无法对不适应实际的制度进行必要的修正和调整；三是如果是整体制度变迁，一旦把握不好，就可能会出现政权易位。

激进式的制度变迁（或"休克疗法"）的主要内容是：一是采取严格的货币紧缩政策，严格控制全社会的货币和信贷规模，削减财政补贴，减少财政赤字，以此抑制社会总需求，强制性地消除总供给和总需求之间的缺口，并以此遏制通货膨胀的发展。二是放开价格，取消价格补贴，形成市场供求决定的价格体系。三是实现货币自由兑换，取消对外贸易的限制，建立自由贸易体制。四是取消经济控制，尽快打破某些行业垄断，放弃对私有部门的各种限制。五是尽快实行私有化，改造国有企业，建立以私有制为基础的混合经济。

2. 渐进式的制度变迁

渐进式的制度变迁假定每个人、每个组织的信息和知识存量都是极其有限的，不可能预先设计好终极制度的模型，只能采取需求累增与阶段性突破的方式，逐步推动制度升级并向终极制度靠拢。其特征主要有：其一，渐进式的制度变迁是先试点后推广，即国家先在某一部门或某一地区或某一类企业试点，一旦成功后再在全国推广。但是这种制度变迁又有一个缺陷，由国家给予优惠政策或承担一部分制度变迁成本的试点往往受财力的限制，不可能在全国推广。其二，渐进式的制度变迁是一种倾斜式的制度变迁。为了减少制度变迁的阻力和集中财力进行制度变迁，渐进式的制度变迁会选择倾斜式的制度变迁方式，即选择那些旧体制的影响较小又有建立新体制条件的地区作为制度变迁的突破口。其三，渐进式的制度变迁是一种增量制度变迁、边际制度变迁，也就是在保留、改革旧体制的同时，不断地引入新体制因素。

(三)制度变迁的形式

1. 诱致性制度变迁

诱致性制度变迁是由一个人或一群人在响应新的获利机会时自发倡导、组织和实行的制度变迁形式。[①] 它必须由某种在原有制度下无法获得的潜在利益激励才能产生。其特点是：

(1)变迁主体是一个人或一群人。

(2)盈利性。只有当制度变迁的预期收益大于预期成本时，有关群体才会积极地推动制度变迁。

(3)自发性。它是相关利益主体对新的获利机会的一种自发反映。通过个人之间的合作形成自愿性契约而完成。

(4)渐进性：所谓渐近性指诱致性制度变迁是一种自下而上的、从局部到整体的制度变迁过程。

(5)制度变迁时间较长。其主要表现为：一是因为渐进式的制度变迁决定了制度变迁不可能一步到位，需要一个很长的过程。二是需求诱致性制度变迁表明有需求时就会有制度供给，这种制度供给比较被动，而且需求与供给之间有一个很长的时滞期，这也决定了制度变迁要经过一个很长的时期。三是试错式、边干边学式的制度变迁决定了许多制度的安排要经过多次试用，各种制度要经过反复"博弈"，才可能找到比较正确的制度安排，这也是一个相当耗时间的制度变迁方式。四是自下而上与自上而下相结合的制度变迁方式决定了下层的制度变迁要得到上层的认可需要一段较长的时间。

---

① 林毅夫：《关于制度变迁的经济学理论》，载《财产权利与制度变迁——产权学派与新制度学派译文集》，上海三联书店1994年版，第374页。

2. 强制性制度变迁

强制性制度变迁是由政府通过法律和命令引起的制度变迁。[1] 其特征是：

（1）变迁主体是国家。制度供给是国家的基本功能之一。统治者至少要维持一套规则来减少统治国家的交易费用。这些规则包括统一度量衡，维持社会稳定和安全的一系列规则。统治者的权力、威望和财富，最终取决于国家的财富，因此统治者也会提供一套旨在促进生产和贸易的产权和一套执行合约的程序。制度安排是一种公共品，而公共品一般是由国家"生产"的，按照经济学的分析，政府生产公共品比私人生产公共品更有效，在制度这个公共品上更是如此。许多物品都具有私有和公用特点，每一个消费者都愿强调公用成分，为私人消费寻求公家的补贴。因此，人们会经常希望政府提供多于"恰当"数量的公共品。在制度变迁的过程中，即使某一群体发现了制度不均衡以及外在利润，也尽量要求政府提供相应的制度安排。因此人们要求政府提供制度这个公共品的需求是持续存在的。

（2）弥补制度供给不足。诱致性制度变迁会碰到外部效应和"搭便车"问题，由此使制度安排创新的密度和频率少于作为整体的社会最佳量，即制度供给不足。值得指出的是，在社会经济发展过程中，尽管出现了制度不均衡、外部利润以及制度变迁的预期收益大于预期成本等诸多有利于制度变迁的条件，但此时"搭便车"的现象相当严重，因此初级行动团体可能并不会进行诱致性制度变迁。在这种情况下，强制性的制度变迁就会代替诱致性制度变迁。因为政府可以凭借其强制力、意识形态等优势减少或遏制"搭便车"现象，从而降低制度变迁的成本。

（3）能以最快的速度和最短的时间推进制度变化。其典型的例子是前苏联的经济体制改革。

（4）其效应与社会整体财富最大化可能不一致。对国家而言，制度变迁的效用函数中，除了经济因素外，还有政治因素。如果一项制度变迁虽符合经济合理性原则，但却可能降低其他效用，特别是当可能威胁到统治者的政治稳定时，虽然社会具有进行制度变迁的要求，但国家仍可能会继续维持无效率的制度模式或制度不均衡状态，而不去推行制度变迁。此外，政府政策推行要受到利益集团的左右，从政策的制定到推行都无法避免利益集团的影响。

（四）制度变迁的路径依赖性

路径依赖是指这样一种现象：最有效率的"解"并不总是能够胜出，偶然因素可能对一个过程的早期阶段造成干扰，并改变其进程。经常用来说明这一现象的例子是所谓"愧尔特现象"（QWERTY Phenomenon）。在打字机键盘上，第一排起首的几个字母是 Q-W-E-R-T-Y。人们早已认识到，这种排列顺序不是最有效率的，如果改变这种顺序，打字的速度会大大提高。那么，为什么这种排列方式一直沿用下来了呢？为什么没有企业家生产出

---

[1]　林毅夫：《关于制度变迁的经济学理论》，载《财产权利与制度变迁——产权学派与新制度学派译文集》，上海三联书店 1994 年版，第 374 页。

一种新键盘来取代这种老式键盘呢？实际上，许多更有效率的新键盘早就出现了。1932年，DSK 键盘排列法申请了专利，这种键盘的使用者创造了很多打字速度的世界纪录。而且 40 年代美国海军的一项试验表明，由于 DSK 效率高，受训后的打字员 10 天的工作就可以弥补训练费用，但这个世界却固执地拒绝这种新的发明。

19 世纪 60 年代，QWERTY 的排列方式是有效率的。当时机器的打字杆很容易互相碰撞，采用 QWERTY 排列方式可以控制打字速度，减少打字杆碰撞的频率。后来，打字机很快有了改进，打字杆碰撞的问题已不复存在，但此时，各公司已经购买了 QWERTY 打字机，秘书也都使用这种键盘打字，将这种键盘改换成另一种可能更有效率的键盘反而是无效率的了。

类似于愧尔特现象的例子还有很多。布赖恩·阿瑟(Brian Arthur)曾对这类现象做出了较为一般的概括。假定有两种技术，这两种技术互相竞争，每一种技术又都可以产生收益递增。技术的使用者边用边学，改进着效率。我们无法预先知道哪一种技术更有效率。一旦某种技术取得突破，它便会取得垄断地位。一些小事件也可能使一种技术取得相对优势。事后人们也许会认识到，所放弃的技术更有效率，但那种效率相对较低的技术已经胜出并取得了垄断地位。

阿瑟指出，在技术变迁过程中，有四种自增强机制在起作用：(1)大量的投产成本或固定成本。单位成本随着产量的提高而下降。(2)产品流行起来后，学习效应会改善产品质量或降低产品的成本。(3)与其他采取类似行动的经济单位合作会出现协调效应。(4)适应性预期。某种产品在市场上普遍流行，这使人们相信它会更加流行。

自增强机制作用的结果可能是以下几种状态：(1)多态均衡。可能会出现多种"解"，结果将是不确定的。(2)可能出现无效率。一种技术本来比另一种技术要好，仅仅因为运气不佳而被放弃。(3)锁定。一旦进入某种状态就很难退出。(4)路径依赖，即前期所采用的技术往往决定了后期技术的特点和个性，而后期技术通常是在原有技术上发展而成的。这样，后期技术对前期技术在发展方向上存在依赖关系，这被称为"路径依赖"。

显而易见，这些关于技术变迁的理论也适用于制度变迁。递增收益是决定制度变迁路径的主要因素之一，但只要市场是竞争性的，甚至交易成本接近于零，制度变迁的长期路径就是有效率的。然而，市场是不完全的，信息反馈不完整，交易成本高昂，有关模型既受到不完备的反馈的限定，也受决定路径的意识形态的影响。因此，就可能出现多种路径并存、绩效差的制度普遍存在的情况。

五、制度与经济发展

在传统的经济理论中，经济发展有"两要素"说(劳动力和土地)，即土地是财富之母，劳动是财富之父，"三要素"说(劳动力、土地、资本)，"四要素"说(劳动力、土地、资本、技术)。新制度经济学家认为，这些要素只有通过一定的制度才能组合在一起而发挥作用。经济发展中起主导作用的能动因素是人，而人的"三性"(主动性、积极性、创造性)的发挥，是由制度决定的。制度才是经济发展的深层次原因。有强有力的证据向人们表明：制度对长期经济增长和发展至关重要。

（一）制度是经济增长和经济发展的关键

1. 没有发生技术变化，通过制度创新也能够提高生产率和实现经济增长

随着经济的发展，技术被认为是经济增长的决定因素，那么能否说其他生产要素不变时，尤其是技术相对不变时，生产率就无法提高，经济增长就不能实现呢？例在1600—1850年，世界海洋运输业中没有发生诸如轮船替代帆船这样的重大技术进步，但这期间海洋运输的效率却大大提高了。经济学必须解释这些"异象"才具有生命力。诺思经过对海洋运输成本的多方面的统计分析发现，虽然海洋运输技术没有太大的变化，但是航运制度和市场制度变得更加完善，导致运输成本降低，提高了海洋运输生产率。这说明制度创新也能够提高生产率，影响经济增长。

2. 最早确定制度和所有权体系的国家最先实现现代经济增长

国民生产总值的增长和人均GDP的增长这两种增长可能一致，也可能不一致。例如，近些年中国的国民生产总值总额排在世界前列，而人均国民生产总值却排在了一百多个国家之后。现代经济增长指国民生产总值的绝对量要有增长，按人口平均的国民生产总值的绝对量也要有所增长，即两种增长的统一。在工业社会以前，经济的繁荣导致人口的增长，而人口的增长往往超过经济的发展，并使人均生活水平下降，这符合马尔萨斯的循环规律。那么在何时出现了两种增长现象的统一，即现代经济增长呢？

新制度经济学家发现：两种经济增长的统一最早出现在17世纪的荷兰和英国。当时这两个国家虽然人口持续增长，但生活水平却不断提高，这是史无前例的事情。在欧洲历史上，同时也是人类历史上，两个国家第一次能够持续地使不断增长的人口拥有不断增长的生活水平，终于跳出了马尔萨斯的"陷阱"水平。为什么这两个国家从17世纪开始就能步入现代经济增长的轨道？为什么这两个国家如此幸运地与众不同？诺思的回答是：因为荷兰和英国是当时在确定制度和所有权体系（可以有效发挥个人积极性，保证把资本和精力都用于对社会最有益的活动）方面走在最前面的两个欧洲国家。这两个国家在17世纪顺利完成了从土地公产制向私产制的转化，国强民富从此开始。

3. 有效率的制度是保证资本、劳动力和技术等要素发挥作用的前提

制度是为决定人们的相互关系而人为设定的一些制约。制度为什么能促进经济增长？原因在于制度构造了人们在政治、社会或经济方面发生交换的激励结构，这种激励结构能降低交易费用，从而有利于经济增长，因此诺思认为："有效率的组织是经济增长的关键因素，西方世界兴起的原因在于发展了一种有效率的经济组织"。[①] 然而从历史上看，并不是所有的制度都是促进经济增长的，制度根据是否有利于经济增长，可分为有效率的制度和无效率的制度。如前所述，有效率的制度促进经济增长和发展；反之，无效率的制度

---

① 道格拉斯·诺思、罗伯特·托马斯著：《西方世界的兴起》，华夏出版社1989年版，第5页。

抑制甚至阻碍经济增长和发展。那么，什么样的制度才是有效率的呢?

按照诺思的观点，首先，有效率的制度能够使每个社会成员从事生产性活动的成果得到有效的保护，从而激励他们努力从事合乎社会需要的经济活动，使得每个社会成员的生产投入的私人收益率尽可能地等于其社会收益率。所谓私人收益或成本指参与任何经济活动的个人的盈利或亏损，社会成本收益为影响整个社会的成本收益。每当所有权的专有性不确定或没有付诸实施时，或者有第三方未经同意获得某些收益或付出某些成本时，就会产生个人收益率与社会收益率的差额。所谓"搭便车"是指某些人或某些团体在不付出任何代价(成本)的情况下而从别人或社会获得好处(收益)的行为。大量"搭便车"现象的产生必然导致社会经济生活的低效率。有效率的制度就应最大限度地消除人们"搭便车"的可能性。其次，有效率的制度能够给每个社会成员以发挥自己才能的最充分的自由，降低交易费用，从而使整个社会的生产潜力得到最充分的发挥。如果一项制度在不减少社会收益的同时，使得私人收益超过了私人成本，则个人通常愿意从事能引起经济增长的活动。相反，无效率的制度的特征是不能够使每个社会成员从事生产性活动的成果得到有效的保护，不能使个人收益和社会收益趋于一致，降低了人们从事生产性活动的积极性。

【案例 6-1】

法国与西班牙的君主制与经济衰退

法国在 1453 年取得了百年战争的最终胜利，这进一步巩固了君主专制政权。15 世纪初，阿拉贡的斐迪南德和卡斯提尔的伊莎贝拉联姻完成了西班牙的统一，开始了君主专制主义的统治，在 16 世纪初西班牙进入极盛时期，在欧洲大部分地区称霸。但自 1588 年西班牙的海军被英国打败后，它从此退出强国之列。17 世纪，荷兰成为欧洲第一个突破马尔萨斯抑制的地区，北方七省出现了人均收入的持久增长;同期在英国，随着工商业的发展，政治法律制度发生了一系列根本的变化，为 18 世纪的产业革命和随之而来的迅速的经济增长打下了基础。法国和西班牙维持了 100 年左右的繁荣衰落了，而后起的荷兰和英国却后来居上并且维持了长久的领先地位。对此，人们多认为是技术变革和资产阶级革命的结果，而诺思和托马斯从制度差异的角度进行了分析，认为这是四个国家的所有权结构差异造成的。法国和西班牙的衰落是因为它们没有创建一套提高经济效率的所有权制度，而荷兰和英国却发展了有效的经济组织。①在法国和西班牙，君主制逐渐夺取了代议制机构的权力，发展了一套税收制度和标准，这套税收制度提高了地方性和地区性的垄断，抑制了创新和要素的流动性，导致生产性经济活动在法国相对下降和西班牙的绝对下降;②荷兰在这期间更新了所有权体系，较明确地确认了排他性的个体所有权受到社会的承认和法律的保护。诺思从搜寻费用、谈判费用和实施费用角度考察了荷兰的交易费用情况，发现荷兰的商品市场和资本市场都是有效率的。永久性的大交易所降低了搜寻费用，标准的交易方式降低了谈判费用，法院和政府公证人使使用权实施费用降低，同时提高了实施合同的效率。此外，有利于资本所有权的制度也被创新出来。这些都保证了荷兰成为第一个达到真正意义上的持久经济增长的国家，其繁荣和较高的人均收入持续了几个世纪。③18世纪的产业革命发生在英国是由于当时英国的所有权结构远远比以前或其他地方更有利于发明的产生和发明成果的大规模推广。

【案例 6-2】

李约瑟之谜：工业革命为什么没有发源于中国

在技术变迁与制度变迁的关系上，存在着两种对立的观点：一种观点是制度变迁依赖于技术变迁，即技术决定论；另一种观点则认为技术变迁依赖于制度变迁，即制度决定论。

许多历史学家都承认，截至14世纪，中国已经取得了巨大的技术和经济进步，它已到达通向爆发全面科学和工业革命的大门。可是，尽管中国早期在科学、技术和制度方面处于领先地位，但中国却并没有再往前迈进了。因而，当17世纪后西方的技术进步加快之后，中国却远远落后了。1840年鸦片战争后，中国就一直被光荣的历史回忆和现实落后的屈辱所困扰。李约瑟博士将这样一个矛盾归纳为具有挑战性的两难问题：第一，为什么中国历史上一直远远领先于其他文明？第二，为什么中国现在不再领先于外部世界？

如何破解"李约瑟之谜"？

李约瑟的答案是：中国是"官僚体制"，此一制度的存在主要是为了维护灌溉体系的需要；而欧洲是"贵族式封建体制"，这种制度非常有利于商人阶层的产生，当贵族衰落之后，资本主义和现代科学便诞生了。中国的官僚体制最初非常适宜于科学的成长，然而它却阻碍了重商主义价值观的形成，所以它没有能力把工匠们的技艺与学者们发明的数学和逻辑推理方法结合在一起。因此，在现代自然科学的发展过程中，中国就开始落后了。

林毅夫认为，中国没有成功地从前现代时期的科学跃升到现代科学，这或许与中国的社会政治制度有一些关系。然而，问题的根源并不是由于中国的制度抑制了知识分子的创造力；实际的原因在于，中国的激励结构使知识分子无心从事科学事业，尤其是做可控实验或对有关的自然的假说进行数学化这类事情。林毅夫具体地强调了，既不是儒家伦理、政治意识形态的统一，也不是科举制度本身抑制了中国的天才们发起一场科学革命，真正起阻碍作用的是科举考试的课程设置和其激励结构。刘海峰在1995年第8期《探索与争鸣》中撰文认为，中国历史上的科举制度对世界文明作出了重大贡献，是堪与物质领域中的四大发明相媲美的贡献。从对世界文明的影响来说，科举制可称为"中国的第五大发明"。

中国人最喜欢提及古代的四大发明，但英国人对中国人的发明最为佩服的要算科举制度。18世纪下半叶，英属印度殖民地的英国殖民官僚贪污腐败，劣迹累累，英国政府决意敦风厉俗。有谋士进谏学习中国的科举考试选拔官吏制度，英国政府遂派团考察。当英国人看到中国的官吏通过考试达到有序任用、照章升擢，不禁肃然起敬。英国人讨得科举制度这一"文明利器"回国后，开始创立自己的一套日后闻名天下的 Civil Service(文官体制),在英国本土及日不落帝国属地广泛推行。

最后,为解开"李约瑟之谜",林毅夫提出了一个假说:在前现代时期,大多数技术发明基本上源自于工匠和农夫的经验,科学发现则是由少数天生敏锐的天才在观察自然时自发作出的。到了近代,技术发明主要是在科学知识的指导下通过实验获得的;科学发现则主要是通过以数学化的假说来描述自然现象以及可控实验方法而得到的。当然,这样的工作只有受过特殊训练的科学家才能完成。在前现代时期的科学发现和技术发明模式中,一个社会中人口愈多,经验丰富的工匠和农夫就愈多,社会拥有的天才人物就愈多,因而社会的科学技术就愈先进。所以说,中国在前现代由于人口众多,故在这些方面占有比较优势。中国在现代时期落后于西方世界,这是因为中国的技术发明仍然靠经验,而欧洲在 17 世纪科学革命的时候就已经把技术发明转移到主要依靠科学和实验上来了。中国没有成功地爆发科学革命的原因,大概在于科举制度,它使知识分子无心于投资现代科学研究所必需的人力资本,因而,从原始科学跃升为现代科学的概率就大大减低了。

上述解释从不同侧面揭示了"李约瑟之谜"。现在我们首先要搞清楚的是,什么是工业革命(或产业革命)?以往人们总把产业革命作为资本主义经济增长的原因。诺思经过大量的考证后指出:"产业革命不是经济增长的原因,它不过是一种新现象,即经济增长现象的一种表现形式,一个能说明问题的迹象。经济增长的起源可以远远追溯到前几个世纪所有权结构的缓慢确立过程,该结构为更好地分配社会财富的社会活动创造了条件。"工业革命肯定不能离开技术革命,没有科学技术的重大突破,工业革命是不可能发生的,这是毫无疑问的。但是科学技术的发展与产业化并不是同一回事,一些古代科技比较发达的文明古国(如中国等)并没有走上工业化的道路,这就不能用技术之类的因素来解释了。诺思和托马斯在《西方世界的兴起》一书中将西方经济增长的主要原因归结于在人口对稀缺资源赋予的压力增加时,那些支配产权规则的制度发生了变迁。

前面我们提到,有人认为,18 世纪末英国发生工业革命的所有主要条件在 14 世纪的中国几乎都存在了。但是这个判断可能忽略了最主要的条件,那就是中国当时没有建立起一套有效地保护创新、调动人的积极性的产权制度。中国自夏商周以来,就是一个国(官)营主导型经济社会,在中国奴隶社会一直是国有土地制,秦汉以后至明清年间的封建时代,土地国有制也是主导的形式。与此相应,官营手工业在奴隶、封建时代也主宰着当时的工商业社会,在鸦片战争以后至 1949 年新中国成立前,近代商品经济在外来影响下开始发展,但主导的也是官办或官商合办、官督民办形式,也就是官僚资本。西方在公元前 8 世纪至公元前 6 世纪,古代斯巴达也盛行过奴隶制国有经济,但雅典国家则较早出现了非国有的民间经济,德拉古成文法和梭伦改革,主要目的就是维持私有财产制度。到马其顿国王统治希腊各城邦时期,私有财产不可侵犯已成为基本律令。

工业革命是与有效的产权制度联系在一起的。工业革命只不过是经济增长现象的表现形式。为什么现代意义上的增长首先发生在荷兰和英国呢?在诺思看来,在这两个国家,持久的经济增长都起因于一种适宜所有权演进的环境,这种环境促进了从继承权、完全无限制的土地所有制、自由劳动力、保护私有财产、专利法和其他对知识财产所有制的鼓励措施，直到一套旨在减少产品和资本市场缺陷的制度安排的出现。产权不是万能的，但是任何国家的人们在从事经济活动和进行技术创新时都离不开有效的产权制度。到 1700 年，英格兰制度框架为增长提供了宜人的环境：产业管制衰减和行会权力下降促进了劳动力流动和经济活动的创新；合股公司、存款银行、保险公司降低了资本市场交易成本，鼓励了资本流动；更重要的是，议会的最高权威和纳入共同法中的财产权利，把政治权力赋予那些渴望开拓新机会的人，并且为保护和鼓励生产性活动的立法体系提供了基本框架。值得一提的是，为什么工业革命首先发生在 18 世纪末的英国？除了上述因素以外，还有一个很重要的因素，那就是英国还率先建立了鼓励创新和技术发明的专利制度。1624 年诞生的《独占法》是英国的第一部专利法。决定新技术和纯科学知识的发展速度的因素是什么？是专利制度和知识产权制度。在人类历史上，我们可以看到新技术不断地被开发出来，但步伐缓慢，时有间断。其中主要的原因在于对于发展新技术的激励仅仅是偶然的。通常地，创新可以被别人无代价地模仿，而发明创造者得不到任何报酬。人类对知识产权保护的程度还远远不及对实物产权保护的程度。有效的知识产权制度应该使技术发明创新者的私人收益率不断地接近社会收益率。公民的知识产权意识，专利制度、版权、商标制度的不断完善等，这些都是建立有效知识产权制度的基本条件。科教兴国的发展战略固然重要，但是建立一个能持续激励人们创新的知识产权制度更重要。如诺思所说，就像我们在现代世界所见，改进技术的持续努力只有通过提高私人收益率才会出现。总之，技术进步率的提高既源于市场规模的扩大，又出自发明者能获取他们发明收益的较大份额的可能性。

由上述分析，我们可对"李约瑟之谜"作一"补充"回答：在前现代时期，如林毅夫所说，技术发明是人口的函数，人口越多，能工巧匠也就相应增加，而且这个时候的发明大多数是自发的、零星的、非盈利的。这时候除了父传子、师傅传徒弟这种"保密"措施以外（这种"保密"可算做专利制度和知识产权保护制度的萌芽），人类还没有专利制度和知识产权制度。进入现代时期后，技术发明和科学发展的进程发生了几大变化：一是发明方式的变化，即由经验型转向了试验型，实际上是组织形式的变化（试验室制度是技术史上的一个重大制度变迁）；二是发明与市场、盈利、风险、成本等因素联结在一起了，它还与产业化联系在一起。在西方理论界有关于知识的两个假设：第一个假设是科学知识就其本性而言是"不排他的"（norivalry），但就其产权而言可以是"部分排他的"（partially excludable），对于知识产权的保护使知识具有某种产权的可排他性，这是问题的关键。完全竞争的私人企业在规模收益递增阶段，是不会激励在学习和获取知识上的投资的。第二个假设是知识的"溢出效应"，虽然专利权保护发明人的利润，但不能防止其他科研人员利用同一项知识去完成下一项知识的生产，知识的使用是非排他的，于是产生了知识的社会效益。发明创新已成为一种职业。所有这些变化都要求有较完善的产权（包括知识产权）制度，使发明者的私人收益率不断接近社会收益率。英国在进行工业革命以前已建立了包括专利制度在内的有效的所有权体系。中国在 14 世纪之所以没有发生工业革命，关键就在于没有建立有效的、刺激人们创新的并把风险降到最低限度的产权体系(包括私有产权、专利制度以及知识产权保护制度)。

资料来源:卢现祥主编:《新制度经济学》,武汉大学出版社 2004 年版,第 255~259 页。

【思考题】

一、基本概念

制度　正式约束　非正式约束　斯密定理　杨格定理　产权

二、简答题

1. 举例说明制度在经济发展中的重要作用。

2. 简述新制度经济学关于人的行为假定。

3. 为什么需要国家推进强制性制度变迁?

三、论述题

试述产权的起源。

主要参考文献和阅读指南

1. 亚当·斯密著:《国民财富的性质和原因的研究》,商务印书馆 1972 年版。

2. 卢现祥著:《西方新制度经济学》,中国发展出版社 2003 年版。

3. 周其仁著:《产权与制度变迁》,社会科学文献出版社 2002 年版。

4. 道格拉斯·诺思,罗伯特·托马斯著:《西方世界的兴起》,华夏出版社 1989 年版。

5. 道格拉斯·诺思著:《制度、制度变迁与经济绩效》,上海三联书店 1994 年版。

6. 林毅夫著:《制度、技术与中国农业发展》,上海三联书店 1992 年版。

7. 吴敬琏著:《制度重于技术》,中国发展出版社 2004 年版。

8. 毕世杰主编:《发展经济学》,高等教育出版社 1999 年版。

9. 刘学良等:《制度变迁视角下的区域经济发展》,《现代城市研究》2008 年第 3 期。

第七章　政府与经济发展

第二次世界大战结束以来，广大发展中国家的经济发展水平发生了很大变化，也出现了很大差距。有的已经接近发达国家，有的实现了长足进步，也有的仍然处于贫困之中。这种不平衡的发展过程可以从多种角度来解释，而政府的作用是一种具有说服力的角度。由于市场机制本身固有的缺陷，不论是发展中国家还是发达国家的政府，都要运用各种政策工具对宏观经济进行调节。发展中国家由于市场机制不健全，要实现较快的经济发展，更需要政府积极参与并发挥有效作用。然而，政府如何处理好与市场的关系，如何恰当地发挥其经济职能，一直是发展中国家经济发展过程中面临的难题。本章将简要地分析和探讨这些问题。

一、政府干预经济的原因

纵观人类经济发展的历史，在各种资源配置方式中，市场机制无疑是最有效率的。然而事实也证明，市场并不是万能的。市场机制本身所固有的缺陷和发展中国家不健全的市场体系，构成了政府干预经济的主要原因。

(一) 市场失灵

市场失灵(Market Failure)一般指市场带来的效率损失，也就是某些资源配置工作如果通过其他机制来完成，比通过市场机制完成的成本低。市场带来效率缺失的情况可以归纳为以下四种：

(1)规模报酬递增。理想中的市场是完全竞争的，厂商数目众多，市场易于进入，厂商之间竞争激烈。没有哪家厂商能对市场施以明显的影响，各厂商只有通过努力降低成本才能不被淘汰。在完全竞争的市场中，社会资源得到最优配置，市场是有效率的。但是，真正完全竞争的市场在现实中很少存在。除了人为的垄断力量以外，在经济活动中存在规模报酬递增的地方，市场会自然地导致垄断。从静态的角度看，垄断条件下的市场是无效率的，因为垄断厂商按照利润最大化的原则制定生产决策，这将使产量少于该行业在完全竞争状态下的总产量，而价格高于该行业在完全竞争状态下的价格，从而使消费者福利受到损害。从动态的角度看，由于缺乏竞争，垄断企业也会缺乏创新的动力，这显然不利于经济发展。因此，为了保持市场的竞争性，需要政府对一些行业进行规制。

(2)外部效应。当某些经济单位(个人或厂商)的行为对其他经济单位产生了或好或坏的影响，而前者却不能因此得到收益或不必为此付出成本时，我们就说经济中存在着外部效应。外部效应意味着经济单位的行为与其收益或成本之间发生了脱节，也就是市场机制没能很好地发挥作用，这将导致有利于社会的行为过少，不利于社会的行为过多。因此，需要政府进行干预。例如，某些工业活动产生的有害的化学物质和噪音，降低了周围居民的生活质量。市场机制不能使厂商为此付出代价，这就是负的外部效应。这时有害的化学物质和噪音的"供应量"对社会来说是过多了，所以需要政府对噪音和污染进行管制，迫使厂商为这种不利于社会的行为承担代价。又比如企业的研究和开发活动，能够提高全社会的知识存量和技术水平，对整个社会都有益。而市场机制不能使这些收益都被从事研究和开发活动的企业获得，这就是正的外部效应。这时研究和开发活动的"供应量"就会少于社会的需要量。所以政府应对这些活动给予补贴和鼓励。

（3）公共品。公共品与一般商品的区别有三：一是非竞争性，即某人对公共品的消费不会减少他人对该物品的消费，例如道路；二是非排他性，即公共品一旦被提供出来，生产者就无法排斥那些不愿付费的个人，或者排斥成本太高，例如电视节目；三是不可拒绝性，即个人无法拒绝使用公共品，即使不愿意使用也不行，例如国防。由于公共品具有这些性质，公共品市场是不存在的，需要政府来提供或加以干预。现实生活中纯粹的公共品比较少见，许多物品混合了公共品和私人产品的特征。

（4）信息不对称。信息不对称是指交易各方所拥有的信息不同。信息不对称会导致逆向选择和道德风险，从而造成效率损失。

在上述情形下，市场是低效率的，或者市场根本不存在。这时就需要设计一些新的制度安排，或者由政府来代替市场行使职能。

（二）发展中国家的市场缺陷

市场失灵表明了市场本身的局限，这解释了为什么一切市场经济都需要政府干预。但发展中国家与发达国家的情况有区别。发展中国家除了市场失灵以外，市场成长不足（Market Inadequacy）是更重要的问题。所谓市场成长不足是指：在许多发展中国家，价格制度发育水平很低，市场力量过于弱小，不足以发挥对资源配置的基础性作用，以完成加速发展所需要的转变。具体地说，发展中国家的市场成长不足可以概括为以下几个方面。

（1）市场体系不健全。市场体系由产品市场和要素市场两大类市场组成，要素市场又包括劳动力市场、资本市场、土地市场、技术和信息市场。在一个健全的市场体系中，各类市场在一定的秩序和规则基础上构成一个有机的整体。发展中国家市场种类不全，各类市场发育程度参差不齐，总体来说商品市场发育水平相对较高，要素市场严重滞后。劳动力市场分散，功能不健全，不能有效地调节发展中国家大量剩余劳动力的转移；金融市场、技术和信息市场发育迟缓；土地市场在一些发展中国家根本不存在，自然资源（主要是矿产资源）以远低于其实际价值的价格被盲目地开发利用。

（2）市场分割。一个统一的市场是进行充分竞争和有效配置资源的前提条件，而在发展中国家，各类市场都存在分割现象，这是经济分割的直接表现。由于城乡差别、交通阻塞以及政府政策方面的原因，发展中国家的市场呈现出二元结构特征。国内经济的货币化程度不平衡，在有些落后地区特别是农村，大量的经济活动还不是通过市场来完成的。由于市场分割，各市场主体所面临的生产要素和产品价格常常是不同的，市场信号不能正确显示资源的稀缺程度，加之市场信息渠道不畅，导致资源配置效率低下。

(3)市场主体欠发育。主要表现在个人和企业对市场价格信号反应迟钝，价格变化对供给和需求的影响不明显。这主要有两方面原因：一是资源流动不畅。造成这种现象的原因有多种，比较重要的首推传统经济制度和文化的影响。长期生活于自给自足或半自给自足的经济环境中，发展中国家的人民和企业缺乏在市场中活动的经验，深入人心的传统文化往往与市场逻辑相悖，市场成长因此受到阻碍。二是政府的保护政策。发展中国家为了实现工业化对某些产业实行保护性政策，使受保护产业不受国内国外竞争压力的影响。长此以往，企业失去对市场的应变能力，产品缺乏竞争力，当保护性政策撤去以后，甚至连如何生存也成为问题。

发展中国家市场成长不足的根本原因在于分立产权的缺位。市场运行要以分立的、有保障的产权为其制度前提。要实现市场成长，产权还必须是"正规化"（Formalised）的，以普遍接受的、超个人的、法律法规的形式表现出来。现代经济增长的出现正是广泛存在的正规产权使大规模的、低成本的交换成为可能，使专业化水平和生产率水平不断提高的结果。在这种意义上，或许可以认为，发展中国家缺少的不是市场，而是产权。

二、政府干预经济的形式

政府干预经济，或者是对市场的调节，或者是对市场的替代。前者通过各种政策来实现，后者通过中央计划来实现。不同的干预方式，发生作用的时效和对经济发展的影响程度也不同。财政政策和货币政策等需求管理型政策着眼于短期内的宏观调节。产业政策属于供给管理型政策，主要用于调整一国长期的产业结构。政府经营和管制则对特定产业有着较长期的影响。发展计划则是政府对经济的直接规划和管理，既可以作用于宏观层次，也可以作用于微观层次。

（一）财政政策和货币政策

财政政策包括政府的税收政策和支出政策。货币政策包括货币供应政策、信贷政策和利率政策。财政政策与货币政策常常被连在一起讨论，是因为财政政策与货币供应量和市场利息率直接相关。例如，实行预算赤字的结果会增加货币的供应量，除非全部赤字通过向私人部门借贷弥补，而在这种情况下，市场利息率会趋于升高。因此，财政政策和货币政策通常配套使用。例如在采取限制货币供应增长的货币政策时，政府一般总要采取紧缩性财政政策，力图通过削减政府开支和增加税收来限制预算赤字。

财政政策是政府干预经济运行和实现收入分配目标的主要手段，具有作用直接、见效快的特点，是发展中国家政府干预经济的主要工具。财政政策的具体措施包括改变税收结构、改变税率、增加或削减资本性支出（即公共投资）等。从总体上看，发展中国家的税收和支出水平低于发达国家。这说明经济发展水平越高，政府在经济中的作用越大。

货币政策通过调节货币供应量或利率水平来影响经济活动的规模。货币政策的具体措施包括改变法定准备率、改变中央银行再贴现率、公开市场业务、放松或收缩信贷等。由于发展中国家经济的货币化程度低，金融体系不发达，经济中存在种种瓶颈现象，货币政策的作用受到了很大限制。

与发达国家不同，发展中国家的关键问题是扩大生产能力，增加必需品的供给。为此，发展中国家政府应力求运用财政政策和货币政策实现两个目标：一是限制公共和私人消费，为公共投资筹集足够的资金；二是刺激私人企业把更多的收入用于社会所需要的投资项目。

公共消费是指政府的经常性支出，即政府的非生产性支出，包括政府雇员的工资和津贴、非生产性购买、军事开支、利息支付以及各种补贴、年金和救济金等。政府的生产性支出又称资本性支出，指政府直接进行的投资活动和向私人部门的投资拨款。经常性支出与资本性支出之间是互为消长的关系。一般认为，发展中国家政府应尽量减少经常性支出，但这实际上是很难做到的。有的学者认为，发展中国家总体说来倾向于把过多的稀缺资金用于常常是毫无益处的军事支出，降低国防开支可以增加经济发展资金，而不会对其安全有什么影响。

私人消费可以由财政政策和货币政策加以调节，其中财政政策起着主要作用。税收政策影响私人可支配收入的数量和购买力，从而直接影响私人消费。税收可分为直接税和间接税。直接税直接征自个人和企业的收入，包括所得税和财产税；间接税是对商品或服务交易的课税，主要是消费税和关税。直接税可减少私人可支配收入的数量，间接税通过提高被课税的商品和劳务的价格，可以降低私人可支配收入的购买力。总的来说，政府征收间接税比征收直接税容易一些，最容易征收的就是关税，因此进口税是发展中国家最主要的税源。

除了筹集资金进行公共投资以外，政府还可以对私人投资的数量和结构施加影响。很多发展中国家运用税收减让手段来引导投资，以促进基础工业、出口工业或经济落后地区的发展，并吸引外国资本流入。税收减让的常见方式有：第一，提供减免税期，即允许企业在规定的时期内少交或免交公司所得税。第二，退税，即向符合一定条件的企业退还部分税款。如出口退税就是把出口货物在国内生产、流通环节缴纳的税款退还给出口企业。第三，税收扣除，即允许企业从所得税负中减去最初投资的一部分。财政补贴也可以用来促进投资，如向农业发展和制造业产品的出口提供补贴。此外还有信贷政策，如建立发展银行或公共信贷机构，为特定产业的发展提供低成本的资金。

财政政策的另一个目标是减轻收入分配不平等程度。税收政策和支出政策都能对收入分配起到调节作用。就税收政策而言，调节收入分配的主要方法是实行累进税制，即税率随收入增加而提高的课税制度。个人所得税是累进税中最重要的形式，但在发展中国家，由于税务管理上的缺陷，个人所得税占国民收入和税收总额的比例较低，累进税制的作用不如发达国家明显。就支出政策而言，调节收入分配的主要方法是转移支付和财政补贴。转移支付是指养老金、贫困救济金、失业救济金等非报酬性的支付，能够直接提高低收入者的收入水平；财政补贴则通过降低基本生活所必需的商品和劳务（如食品、卫生、教育等）的价格，来改善低收入者的处境。

（二）产业政策

产业政策是指政府通过干预产业部门之间或某一特定部门内部产业组织中的资源配置，弥补市场机制的缺陷和不足，加速产业结构高级化，提高国民经济长期福利水平的经济对策。它提出和规划了各产业发展的重点和方向，明确倡导发展什么产业，限制什么产业，并为推动产业结构合理化和高级化制定了一整套政策措施。

19世纪后期德国的迅速崛起，是政府以产业政策促进经济发展的成功典型。当时德国实行产业政策的理论依据主要是"幼稚工业论"。国内新兴的制造业面对国际上强大的竞争对手，需要政府的保护。这实际上是由于制造业规模收益递增而导致的垄断，属于市场失灵，特殊之处在于垄断的威胁来自国外。

第二次世界大战后的日本是另一个实施产业政策取得显著成功的国家。除了"幼稚工业论"以外，日本还根据当时本国相对落后的经济状况提出了另外两条理论依据。其一是结构性冲击和退出障碍。随着经济的发展，产业结构必然发生变动。市场机制不能保证资源从衰退产业中顺利退出，重新配置到有前途的产业中去。如果没有政府政策对传统产业结构调整行为给予援助，大量资源就会滞留在衰退产业中，不仅不能使资源有效配置，还会由于长期亏损和失业等原因引起一系列社会和政治问题。其二是产业结构的演变规律和可模仿性。发达国家在长期的经济发展过程中积累了不少经验可供后来者借鉴，这使发展中国家具备了某种"后发优势"，可以通过产业政策来加快发展速度。

产业政策大体上可划分为两类。

（1）有关产业资源配置的政策。其中包括：一是关于产业的一般基础设施，如工业用地、产业用的公路、港口、工业用水和供电等的政策；二是影响国家产业结构的政策，这类政策或者用来培育发展某种具有战略意义的产业，或者用来干预或推动资源从衰落产业向更有前途的产业转移。

（2）有关产业组织的政策。其中包括：一是与各领域的内部组织有关的政策，如产业改组、密集化、缩小开工率、对生产和投资进行调整等；二是属于横向产业组织的中小企业政策。

产业政策所使用的政策手段可大致分为直接限制政策、间接诱导政策和信息导向政策。直接限制政策包括行政审批制度、经营许可制度、配额制、政府垄断经营等。间接诱导政策则是运用税收、补贴、公共贷款等财政和货币工具以及贸易限制和公共投资等手段，来改变某种产业的投资环境，从而诱导私人资本流入或流出该产业。信息导向政策是指传递产业之间或企业之间的信息和提供信息传递场所的各种政策。上述各种政策手段中，直接限制政策对市场运行的干预力度最强，信息导向政策的力度最弱。一国政府在某一特定时点上实行的产业政策，可以是各种政策手段的组合，其力度的强弱是可选择的。从一段较长时期来看，一国的产业政策应随着经济发展阶段的不同和国内外经济环境的变化而及时作出调整。

（三）政府经营和管制

规模收益递增的行业会自然形成垄断，这是市场的缺陷之一。防止垄断厂商滥用垄断地位损害消费者利益，减少社会福利的净损失，是政府的责任。解决之道通常有二：一是国有化，即由政府直接经营；二是管制，即由私人经营，政府对这些行业确定服务数量和质量标准，同时由政府管制价格。

在发展中国家，基础设施服务作为自然垄断行业，基本上都是由政府拥有、经营和资助的，但普遍存在着维护不足、投资配置不当、服务质量差和技术水平低等问题。人们越来越认识到，由政府直接经营自然垄断行业会不可避免地导致低效率。一个主要原因是，经营自然垄断行业的国营企业面临着一个两难困境：是以盈利最大化为目的，还是以服务最大化为目的？如果选择前者，会导致垄断利润侵占消费者剩余，造成社会福利的净损失；如果选择后者，国营企业会处于亏损状态，政府不得不对其进行财政补贴；如果选择两者的折中，把企业的价格定在不亏不盈的水平上，看似解决了问题，但这样可能导致企业缺乏动力去降低成本、提高效益，实际上也是潜在地滥用了垄断地位。而且，国营企业常有的管理上官僚化的毛病也会降低自然垄断企业的效益水平。

所以，发达国家的政府往往把自然垄断行业留在私人企业手中，或者引入市场化的经营机制，政府对这些企业进行管制。然而，政府管制在现实中常常会带来副作用，如管制权力滥用、寻租、腐败等，降低了经济效率。

20世纪70年代以来，美国出现了一个放松管制甚至解除管制的改革运动，通过在自然垄断行业引入竞争、设计新的激励机制，生产率获得了飞速的增长。20世纪80年代以后，许多发展中国家也开始了基础设施服务的市场化，引入了多种经营方式。

（1）国有私营。具体做法是，政府把国有基础设施的全面经营和维护的租赁合同或特许权交给私营企业，让私营企业经营基础设施。作为所有者的政府和作为经营者的公司签订一项协议，确立相互之间的权利和责任。私人经营者通常要根据特许承担经营的所有商业性风险，并分担投资风险。

（2）原来自然垄断的行业，现在随着技术创新已经具备了建立竞争机制的可能性，如电信业。私有私营在可以展开竞争的情况下是很有效率的，根本不需要政府介入其中。但如果基础设施系统已全部或部分地实现了私有化，并且不存在跨部门的竞争，这时政府就需要制定规章制度，使私营企业的行为符合公共利益，防止其滥用垄断地位。

（3）社区拥有并经营。适用于灌溉水渠以及地方排水系统等小型基础设施的维护，是中央和省级基础服务设施的补充。社区经营成功的条件是社区使用者必须参与决策，参与小型基础设施的成本和收益分配。由于基层社区往往缺乏技术人员以及资金，因此政府也有必要提供技术援助、技术培训，并对服务人员提供补贴。

（四）发展计划

所谓发展计划，就是为了实现一组预定的发展目标、协调长期经济决策、影响和指导乃至控制一个国家的基本经济变量的增长水平所做的经济规划，这些基本经济变量包括收入、消费、就业、投资、储蓄、出口、进口等。在发达国家，资源配置问题基本上由市场机制解决，政府只是对市场加以调节。但在发展中国家，政府被认为应该或可以部分地替代市场机制来配置资源，于是政府制订发展计划的做法十分普遍。发展计划既可以是综合性质的，也可以是局部性质的。综合性计划所确定的目标包括国民经济的各个方面；而部分计划仅仅包括国民经济的一部分，如工业、农业、公共部门和对外经济部门等。发展计划的期限可长可短，可以是1~2年的短期计划，也可以是10~15年甚至20年的长期或远景计划。计划程序本身则可以描述为政府先选择要实现的社会目标，然后确定各种各样的具体目标，最后组织起对发展计划进行贯彻、协调、监督的机构。常用的计划方法主要有以下三种。

1. 总量增长模型（Aggregate Growth Model）

在宏观发展计划的制订中应用这种方法，首先要确定目标变量与工具变量之间的结构关系。目标变量通常是经济增长率，工具变量则是政府能够加以干预的经济变量，如储蓄和投资水平等。其次要根据各种约束条件确定工具变量，并为实现既定的目标制定政策。例如，最常见的总量增长模型是哈罗德–多马模型，它表明在一定的资本—产出比下，经济增长率与投资水平成正比。在这里，经济增长率是目标变量，投资水平是工具变量。投资水平又受国内储蓄倾向、税收政策、通货膨胀、国外援助、外债等多种因素的约束。发展计划的任务是，为了实现一定的经济增长率而确定一个可接受的投资水平，政府可以通过实行一系列经济政策来达到这一投资水平，同时又满足各种约束条件，如通货膨胀率不能太高，外债不能超过一定规模等。

利用总量增长模型来制订发展计划，必须重视计划的现实性和灵活性。发展中国家的计划制订者容易倾向于选择那些基于需要和抱负而不是基于可得资源的指标，其必然结果是计划脱离现实，目标无法实现。计划制订者有责任尽可能全面而精确地指明约束条件。实现计划的手段应该是有弹性的，计划时限也必须是灵活的，能及时适应经济环境的变化和各种突发事件。对计划实施情况的检查以及据此对计划作出修改是必要的，但是，对计划的修改必须谨慎，以免损害私人投资者的信心。

2. 投入产出模型（Input-output Model）

这是列昂惕夫于 20 世纪 30 年代开始研究，60 年代发展成熟的一种经济分析方法。使用这种方法有三个步骤：第一，编制投入产出表。这是一个记录经济中各部门之间购买和销售情况的矩阵。表中每一行描述对一个部门或者说一种产品产出的需求，这一行中的每个数值表示各生产部门对该产品的需求量以及对该产品的最终需求量；每一列描述对一个部门或一种产品的投入，这一列中的每个数值表示各生产部门对该部门的投入以及该部门使用的各种生产要素的量。一个部门的总产出应等于对这个部门的总投入。第二，根据投入产出表计算投入产出系数矩阵，其中每个数值都是一个投入产出系数，表示一个部门要生产一单位产出需从另一部门购买的投入的数量。投入产出系数矩阵表明了某一时点上经济中各种活动的相互依存关系，是显示各部门之间前向联系和后向联系的有力工具。第三，求投入产出模型的通解。当已知一国对各种产品的最终需求时，通过矩阵运算，就可以求出各部门的产量。

投入产出模型可用于产业发展规划。例如给定将来某年一个确定的国民收入，或给定经济增长率，运用投入产出模型便可求出对各种产品的需求量，据此可制订产业发展规划。也可以用投入产出模型对经济和产业发展进行模拟，即在一定的假设下预测将发生什么。例如要实行一系列进口替代政策，就可以用投入产出模型模拟其对最终需求、劳动需求、国际收支和各部门产出等的影响。

3. 社会项目评估（Social Project Appraisal）

又称"成本—收益分析"，是针对公共基础设施建设、公共企业、公共信贷等具体项目进行分析的一种方法。这种方法与财务评估的基本思路相同，但不同之处在于，社会项目评估是从整个社会角度来评估单个项目。具体说来，社会项目评估包括以下几个方面的内容。

一是求出项目所投入和产出的各种产品和要素的实际社会价值。由于外界对市场的干扰和市场自身的缺陷，各种产品和要素的市场价格有可能偏离它们的实际社会价值。例如，政府的税收、补贴以及其他各种干预会扭曲产品的市场价格；生产过程中的外部效应（正的或负的）不能在产品价格中得到体现；要素的价格也有可能不反映它们真正的社会成本。因此，必须找到一种反映实际社会价值的价格，即针对产品而言的"经济价格"和针对生产要素而言的"影子价格"。各种要素，包括外汇的"影子价格"可以用线性规划法求得，或者用经济理论方法，逐项分析现实中的市场与理想市场的偏离类型和偏离程度，据此对市场价格进行调整而求得。产品的"经济价格"则可以用"世界价格"代替，世界价格等于国内市场价格除以外汇的影子价格。特别地，如果一个项目的投入或产出与进口或出口有关，那么该项目的投入价值或产出价值就应该是产品的进口价格或出口价格。

二是估算项目带来的间接经济效应和社会效应。一个项目除了直接收益和直接成本以外，还会对经济产生间接影响，如通过联系效应影响其他部门的供给和需求。这种间接经济效应可以用乘数法来估计。一个项目还会通过多种途径导致社会福利的变化，如改变生态环境、破坏已有的人文景观或形成新的景观、形成公共娱乐设施等。社会项目评估中对这些社会效应有不同的估算方法。此外，项目的实施会给不同收入水平的人群带来不同的收益，这种收入分配效应也会改变社会福利水平。为了体现对收入分配状况的关注，在评估时要确定一定的"分配权数"，穷人的收入乘以较大的权数，富人的收益乘以较小的权数，然后再加总，得到项目的社会收益。

三是把项目的成本和收益折合成现值。因为不同时期的成本和收益无法直接比较，必须找到一个合适的贴现率把它们折合成现值。在财务评估中，通常使用利息率作为贴现率。而在社会项目评估中，需要寻找一个"社会贴现率"，根据不同的标准，社会贴现率可以选择消费利息率，公共投资率或私人资本收益率。

以上三种计划方法是相互联系的：总量增长模型提出了主要的战略目标，投入产出模型可以保证部门间的协调一致，而社会项目评估则能保证每个部门的项目有效可行。这三种方法的衔接程度，将决定大范围计划执行的成效。

三、政府干预经济的缺陷

市场的缺陷使政府对经济的干预似乎成为必然，但是，政府干预同样存在着缺陷，甚至可能导致更严重的问题。归纳起来，政府干预的缺陷主要有两类。

(一)无心之失

首先,虽然市场有种种不足,但它毕竟是把成本和收益联系在一起的最有效的方式。政府干预总会或多或少地扰乱价格机制,使成本和收益相脱离,从而降低资源配置的效率。绝大多数公营部门的经济效率都十分低下,资源浪费现象惊人,原因就在于此。

其次,市场能使每个经济单位的意愿得到平等的体现,政府干预却是少数人的意志自上而下地支配整个社会,最终有可能使大多数人的偏好得不到满足。

最后,政府干预还会因为缺乏足够的信息、资源、规划能力、管理能力等,实现不了预期的政策目标,或者产生副作用,付出事先无法预料的巨大代价。总之,政府有可能"好心办不成好事",甚至"好心办了坏事"。

(二)有意之过

传统的经济学理论把政府视为一个抽象的存在,认为政府是全民利益的当然代表,其目标是社会福利最大化,因而政府即使办了坏事也必定是出于好心。但事实上政府也是由具体的人组成的,也具有常人的特质、癖好和弱点。除非在极为不平常的情况下,这些人将倾向于采取狭隘的本位主义(自己的社会等级、社会地位、种族的、宗教的、人种的、地域的等)而不是持一种全国性的观点。他们像社会上其他人一样,也追求自身利益的最大化。他们的自身利益可能与全民利益一致,也可能不一致,在现实中后者更加普遍。政府干预经济,意味着政府成员手中掌握着凌驾于市场之上的权力。如果没有严密的制度约束,个人私利必然压倒社会良心,造成政府干预经济的失败。近年来经济学中引人注目的寻租理论就是研究这类问题的。

1. 经济租与寻租

如果从社会效益的角度看,人类追求自身经济利益的行为大致可分为两大类:一类是生产性地增进社会福利的活动,如人们从事的生产活动、研究与开发活动以及在正常市场条件下的公平交易,等等,我们称之为寻利(Profit-seeking)活动;另一类是非生产性的、有损于社会福利的活动,它们非但不能增进社会财富,还白白地消耗了社会经济资源。例如,个人或利益集团为了谋取自身经济利益而对政府决策或政府官员施加影响,这往往涉及钱权交易。我们把这种非生产性的追求经济利益的活动,称为"寻租"(Rent — seeking)活动,或直接非生产性寻利(Directly Unproductive Profit — seeking,DUP)活动。

所谓租(Rent),亦称经济租(Economic Rent),原指一种生产要素的所有者获得的收入中,超过这种要素的机会成本的剩余。如果某个产业中要素收入高于其他产业的要素收入,这个产业中就存在着该要素的经济租。在自由竞争条件下,租的存在必然吸引该要素由其他产业流入有租存在的产业,因此,在要素流动不受阻碍的情况下,任何要素在任何产业中的经济租都不可能长久稳定地存在。

寻租活动就是那种维护既得利益或是对既得利益进行再分配的非生产性活动。在现代社会中,寻租行为往往采用阻碍生产要素在不同产业之间自由流动的办法来维护或攫取既得利益。例如,当一个企业家开拓了一个市场后,他可能寻求政府的干预来阻止其他企业加入竞争，以维护其独家垄断地位，确保所创造的租不致扩散。又如，一些企业明知另一些企业拥有比它们更先进的管理和技术，不是下工夫去向后者学习，而是想方设法诱使政府采取保护政策，阻止那些先进企业加入竞争，以维护自身的既得利益。

这几种寻租活动的共同特点是：第一，它们造成了经济资源配置的扭曲，阻止了更有效的生产方式的实施；第二，它们本身白白耗费了社会的经济资源，使本来可以用于生产性活动的资源浪费在这些于社会无益的活动上；第三，这些活动还会导致其他层次的寻租活动或"避租"活动。例如，如果政府官员在这些活动中享受了特殊利益，政府官员的行为就会受到扭曲，因为这些特殊利益的存在会引发一轮追求行政权力的浪费性寻租竞争。同时，利益受到威胁的企业会采取行动"避租"，与之抗衡，从而耗费更多的社会经济资源。

2. 经济租的来源和寻租的特点

当政府借助于法律手段和行政权威，强制性地直接干预经济活动时，经济租以及追逐租的现象就会应运而生。在混合经济中，租的来源有三种情况：

第一，政府"无意创租"。也就是说，政府为弥补市场的不足而干预经济生活时产生的租。政府干预的方式方法不当，造成了协调失灵，使该租无法消散，这可以说是好心办了坏事，是一种主观与客观相脱离的表现。

第二，政府"被动创租"。这种情况发生在不健全的民主政体下。由于受利益集团的左右，这种体制中的政府成了某些利益集团谋取私利的工具。当政府通过并实施一些能给特殊利益集团带来巨额租的法案时，客观上就在被动地为这些利益集团服务。

第三，政府"主动创租"。在市场经济的不发达、不成熟阶段，政府官员利用行政干预的办法来增加某些行业或企业的利润，人为地制造租，诱使寻租企业向他们进贡（准赞助），作为获取这种垄断租的条件。同时，政府官员还会故意提出某项会使一些企业利益受损的政策或规定，迫使企业割舍一部分既得利益给他们（准摊派、抽租），以求其高抬贵手，这实质上是一种变相的权钱交易。

在市场发育程度较低、行政干预广泛存在的市场经济发展初期，如西欧 18 世纪重商主义时代和当代的某些发展中国家，寻租活动最容易蔓延。某些发展中国家贪污腐败行为盛行和工商界不法活动猖獗的原因就在于：政府运用行政权力对企业和个人的经济活动多方面地进行干预和钳制，同时，这种行政特权掌握在政府官员手中，他们具有很大的自由裁量权。这种设置特权体制的活动，我们可称之为创租。创租不仅破坏了平等的竞争规则，而且还产生了一个腐败蔓延的恶性循环圈和一批靠寻租活动发财致富的官僚富豪集团。当这种权贵资本在一个国家居于统治地位时，就造成了许多寻租机会。大量社会财富被少数人侵吞，造成贫富过分悬殊，社会的安定也因此无法得到保障。

寻租活动的实质，就是寻租者利用各种合法或非法的手段取得占有租的垄断权。寻租活动又可在三个层面上分别展开：第一层面的寻租活动，是指通过向政府行政官员进行游说、疏通、"走后门"、行贿等手段，促成政府对经济的行政干预，从而产生租并获取该租的活动；第二层面的寻租活动，是指由于第一层面的寻租活动给政府官员带来了好处，使他们看到了权力的含金量，从而吸引人们耗费精力和钱财去争夺政府行政官员职位的活动；第三层面的寻租活动，是指当政府采取措施将暗租转化为政府的财政收入，而这些租带来的收入尚未以某种无差别的方式通过预算分配时，各个社会利益集团为了这笔财政收入的分配有利于自己而展开竞争。

总之，政府干预存在缺陷的根源在于政府本身的局限，正如市场失灵的根源在于市场本身的局限一样。因此，政府干预的缺陷也被称作"政府失灵"。

四、转变政府职能，提高政府能力

20 世纪 80 年代以来，随着新古典主义的复兴，越来越多的经济学家认为，经济发展还是应该依靠市场，政府的作用在于提供适于经济发展的制度环境和基础设施。与发达国家相比，发展中国家的政府与市场的职能边界划分得还不够清晰，政府行为也还不够规范。发展中国家政府怎样才能发挥应有的职能，更好地为经济发展服务，是发展经济学今后研究的重点领域之一。

（一）对政府作用的重新认识

在 20 世纪 50 年代，发展经济学也曾强调政府的作用，但那时的一般观点是，政府这只"看得见的手"比市场这只"看不见的手"在配置资源和引领经济发展上更为高明，因此，对经济发展具有至关重要意义的物质资本积累理应更依赖政府而不是市场来完成。但是对政府干预的过分强调破坏了发展中国家的市场机制，损害了经济发展的活力。例如，自20 世纪 80 年代以来，大多数福利国家出现了财政危机和福利病，在东亚经济"奇迹"中发挥积极作用的政府与东亚金融危机的关系似乎甚密。人们逐渐认识到，政府干预和市场机制在经济发展中各有不可替代的作用，也都有可能在一定条件下"失灵"。只是，在市场失灵的地方，政府并不一定比市场做得更好，而且在多数情况下，"政府失灵"的后果比"市场失灵"更加严重。政府应当从对经济的直接计划和控制转向通过市场发挥作用的政策。

因此，我们在确立发展中国家政府的经济职能时必须遵循一条基本原则：政府的作用是补充市场而不是代替市场。依据这一基本原则，鉴于发达工业化国家和新型工业化国家的经验教训以及发展中国家自身的特点，我们认为，发展中国家政府的经济职能主要包括以下几个方面：

1. 对人力资本投资

提高人民的教育和健康水平对经济发展来说是至关重要的。一个国家有效利用市场的能力取决于其国民能力。如果人们缺乏知识或者身体欠佳，即便市场机会出现在眼前，他们也无法抓住和利用。许多发展中国家，特别是一些贫困国家，缺乏依靠市场向人们提供足够的教育、健康保健、营养和家庭援助计划的能力，因而，政府在人力资本的投资方面应发挥主要作用。

2. 使微观经济充满竞争

国内和国际的竞争可以不断地刺激创新、技术的传播和资源的有效利用。在许多发展中国家，工业许可证的体系、对进入或退出某些行业的限制、关于破产和就业的不适当的法律规定、不成熟的产权以及价格控制等，都将削弱竞争，阻碍技术的进步和生产率的提高。因此，政府的经济职能应重在培育和扶持竞争体制，主要工作包括：制定一套确保竞争的规则体系，明确界定并始终保护法律和财产权利。另外，对基础设施（如灌溉系统和公路）的公共投资也是非常重要的，何况这些投资本身的回报率也是很高的。

3. 促进对外开放

对外贸易曾被一些发展经济学家看做是经济增长的发动机。的确，经济上的对外开放对于鼓励国内的生产者采用新技术以降低成本和开发新产品是非常重要的，国际竞争对于提高国内经济的效率起了决定性的作用。通过消除国际贸易的壁垒，一个国家自己所拥有的人口数量不再是达到更大经济规模的制约条件。例如，在 20 世纪 80 年代末期，新加坡大约只有 270 万人口，每年出口的制造品的价值大约为 350 亿美元，几乎是拥有大约 14700 万人口的巴西的 2 倍，或者是拥有大约 8500 万人口的墨西哥的 3 倍。因此，发展中国家的政府，在充分考虑本国具体情况的前提下，应努力减少非贸易壁垒并降低关税，以扩大对外开放的程度。

4. 保持宏观经济的稳定

对政府来说，它应该提供的一个最重要的公共物品就是一个稳定的宏观经济环境。一些国家（包括阿根廷、玻利维亚、加纳、菲律宾和土耳其）的经验表明，宏观经济的稳定是增强私人部门信心以刺激持续的经济增长的一个基本条件。为了保持宏观经济稳定，发展中国家的政府在控制政府支出和抑制通货膨胀方面应有更大的作为。

5. 保护环境

近几十年来，一些发展中国家在发展经济方面取得了巨大的成就，如创造了所谓的"亚洲奇迹"，然而，这种"奇迹"的取得大多数是以环境的日益恶化为代价的。而保护环境是关系到人类生存和造福子孙后代的大事，唯有政府才能担当如此大任。而一些发展中国家的政府，如同在 20 世纪五六十年代对人口问题"麻木不仁"，以致出现重大的战略失误那样，现在，他们对于生态环境问题同样缺乏清醒的、足够的认识，至今没有采取有力的措施来治理和防止生态环境被污染和破坏，只是一味地追求工业化，因此可能又将造成另一个重大的战略性失误和将来的一大遗憾，给国家和子孙后代带来不可挽回的灾难性损失。因此，为了防患于未然，发展中国家的政府应对环境问题予以高度的重视，绝不能一味地追求经济的高速增长而忽略了对环境的保护，应吸取工业发达国家那种"先发展经济，后治理环境"的教训，在保持一定的经济增长速度的同时，努力保护和改善环境，实现可持续的发展。

（二）提高发展中国家的政府能力

减少政府对经济的直接干预，使其对市场起补充作用，与提高政府能力并不矛盾。政府能力是指政府以最小的社会代价采取集体行动的能力。政府能力可以分解为两个层次：

一是政府的效能,即实现既定目标的效率;二是政府的自我约束力,即政治家和公务员是否按照公众利益行事。只有具备了高能力的政府,才能在一定的资源条件下,正确选择干预经济的范围、方式和程度,制定和实施有效的政策,并把"政府失灵"减少到最低限度。

从现实情况看,发展中国家的政府效能有待提高。世界银行的经济学家们认为,发展中国家的政府机构普遍存在行为不规范、用人不当、预算约束力弱、法治实施能力差等问题。为了从根本上解决这些问题,需要注重以下三项关键性基础建设。

(1)增强制定和协调政策的能力。要实现一定的发展目标,必须将其转化成具体的政策,并使各个部门的政策相互协调。这就要求建立有利于信息畅通、纪律严明和决策者对决策后果负责的机制。一个高效能的决策机制既能赋予决策者一定的灵活性,同时又允许利益相关者在决策过程中提出建议和实行监督。

(2)建立有效的服务提供系统。关键是在灵活机动和循规蹈矩之间进行正确的权衡。对于可以利用的竞争方式和容易明确划分业务范围的经济活动来说,采取市场机制和承包的方式常常可以大大改善服务的提供。但是许多其他的服务只能由政府部门提供,往往没有替代的渠道。在这些领域,加强听取市民的意见和客户的反馈可以形成对改善服务业绩的压力,然而最终还是取决于公务人员的恪尽职守和照章办事。

(3)提高政府工作人员的主动精神和办事能力。勤奋能干的工作人员为政府部门注入了活力,而漫不经心的工作人员则令其死气沉沉。可以通过一系列措施来提高公务人员的工作积极性,包括以个人才干为尺度的招聘和晋升制度,令人满意的工资和对集体精神的强调。

政府自我约束力差是发展中国家存在的突出问题,政府干预的随意性太强,腐败现象猖獗。这是因为,政府权力具有普遍性和强制性的特点,如果没有一种机制来制衡政府权力,就为政府官员损公肥私提供了机会。因此,治本之策是建立一种正规的权力制约与平衡机制,具体说来就是将权力作横向和纵向的分割,让各种权力彼此牵制。权力可在立法、司法和行政三者之间进行横向划分,在中央和地方之间进行纵向划分。不过,权力过于分散也会降低办事效率,需要在两者之间进行权衡。同时,建立有效的权力制约与平衡机制不可能一蹴而就,在一些腐败问题特别严重的国家,还需要多管齐下治理腐败:通过减少政府对经济的直接干预,如外贸控制、经营许可等,减少政府官员从事腐败的机会;通过强化监督机制,如建立反腐败委员会、鼓励检举等,增加腐败者被揭露的可能性;通过强化惩罚机制,提高腐败的代价。

【专栏 7-1】

转变经济增长方式最终取决于政府自身改革的成效

目前我国政府在履行自己的职能时存在着"越位、错位和不到位"的偏差,各级政府管了许多不该管又管不好的事,而不少应该由政府管理的事却没有管或没有管好。针对这种情况,当前在完善我国社会主义市场经济体制的过程中,关键中的关键,乃是转变政府职能,建设法治下的有限政府和有效政府。

1. 限制政府权力,建设有限政府

避免政府越位问题的核心，在于限制政府权力，建设有限政府。市场经济中的政府是权力和职能有限的政府，这与计划经济或命令经济中的那种全能的大政府显然不同。在市场经济中，政府不应干预市场交易活动和企业的微观决策，不在地区、部门、企业间依据政府自身的偏好配置资源，市场机制才能在资源配置中发挥基础性作用。

从20世纪90年代后期以来的结构调整经验可以清楚地看出，各级政府偏离市场化改革的方向，成为经济结构的主要调节者，是过度投资、产业结构恶化的最主要的原因。对经济资源的行政支配权不但会造成经济效率的损失，还会造成政治上的破坏。从现在的贪污受贿和盗窃公共财产的腐败案件中可以看到，各级官员掌握过大的资源配置权力所造成的损害。

因此，为了提高经济效率，转变增长方式，必须根据社会主义市场经济的要求，限制各级政府配置资源和直接干预企业与个人微观决策的权力。必须实现邓小平反复强调过的"党政分开、政企分开"的改革，避免政府"越位"，把政府不该管的事交给市场、企业、商会和其他社群组织。矫正土地、资金等生产要素价格的扭曲，关键在于实现价格市场化，把定价权还给市场，要素价格由它们本身的稀缺度而不是由行政官员决定，市场机制才能够在资源配置中起基础性作用。这是实现经济增长方式转变的必要条件。

自2004年7月开始实施的《中华人民共和国行政许可法》，是规范政府行为，限制政府过大的权力，实现政府依法治市和推进民主政治建设的重要立法。它体现了个人自治优先、市场优先、自律机制优先、事后机制优先等基本的法治原则，规定凡是公民、法人或其他组织能够自主决定的、市场竞争机制能够有效调节的、行业组织或者中介机构能够自律管理的、行政机关采用事后监督等其他管理方式能够解决的，都可以不设行政许可。而且，《中华人民共和国行政许可法》对有权设立行政许可的权力机关作了严格的限定，规定只有各级人民代表大会和国务院等机关才有权通过法定程序设立行政许可。这一法律的有效实施，对于建设有限和有效的政府意义重大；但是，做到这一点，需要多方面的认真配合，而且不可避免地存在阻力。因此，社会各方必须通力合作，排除障碍，使之得到完满的实现。

2. 履行政府应有职能，建设有效政府

政府坚决把自己不该管的事交给企业、社群组织和市场去处理，并不等于政府放弃自己应有的职能，实行"无为而治"或者无所事事。现代市场经济体制的运转需要政府低成本地履行以下几方面的职责：(1)提供法治环境；(2)通过总量手段保持宏观经济的稳定；(3)为低收入群体提供基本的社会保障和维护社会公平；(4)在市场失灵的条件下酌情使用经济和行政手段加以弥补。

首先，政府的首要职能是为社会经济活动提供法治环境。

市场需要有鼓励公平竞争和自由创造的正式制度的支持。虽然在这类制度还没有完全建立的条件下，不完备的替代机制(如关系网络和纠纷解决、融资以及合同保障的非正式机制)可能在一定范围内发挥作用，但保护财产权利和促进竞争的法律和司法体系依然是长期经济发展的一个基本要素。

经济学深入地分析过为什么市场制度发展依赖合同实施方式和法治体系。在市场经济发展初期所谓"熟人市场"的人格化交易中,保证合同执行的双边和多边声誉与惩罚机制通常是有效的。但是,随着市场规模的扩大,许多交易体现出"生人"之间非人格化交易的特征。在这种场合,双边和多边声誉与惩罚机制难以有效地发挥作用。这样,建立一个独立公正的司法体系来保证合同实施的需要便显得极为迫切。

以服务业为例,尽管由于服务产品本身具有许多难以"证实"的特征而无法签订比较完备的合同,但是我们仍然可以认为,一个有效的司法体系将明显有助于服务业合同的实施和交易的实现。同样的,只有在这一制度框架下,企业才会变得不能不将技术改进作为重要的竞争武器加以运用。这时,业界的逐利活动才会被引导到技术和市场创新的方向上去,从而产生成千上万、大大小小的创新性技术;而缺乏这一条件,业界的逐利活动反而会与行政权力结合起来,将能力耗费在形形色色的寻租活动中,腐蚀整个经济的效率,削弱长期发展能力。所以,建立在法治基础上的现代市场经济制度,乃是转变增长模式和实现持续增长的基本前提;而现代市场的运作以保护财产权利和平等竞争的法律和司法体系的存在为前提。提供这样的前提,正是政府应尽的责任。

但在现实经济改革过程中,我们却看到大量的负面证据,表明政府在保护财产权利和公平竞争的规则方面,还做得相当不够。企业创业和创新的活动受到了形形色色的文件和规章制度的管制束缚,很多部门更不遵循法治关于程序公正的要求,甚至完全撇开了法治的要求,用不为公众知晓的"内部文件"、具有很大的不确定性的"政策规定"乃至"首长批示"来"规范和管理市场",甚至以此来牟取私利。除了效力层次很低的法规,还有太多的法律条款阻碍了人们进入生产性的经济领域,使企业家转入"灰色"地带,产生了种种不规则的交易,使腐败滋蔓开来,大大提高了我国社会经济生活中的交易成本。与此同时,通过种种手段已经在市场中占据强势地位的业主则受到了政府的进一步支持,这对其他企业也是极不公平的。

正如法学家指出的,"竞争的第一规则是它必须是平等的竞争。无平等则无竞争。竞争的第二规则是它必须是自由的竞争。无自由则无竞争。竞争的第三规则是利益至上、权利至上的竞争。无权利则无竞争。竞争的第四规则是它必须是公平的竞争。无公平则无竞争。"以平等、自由、权利和公平为基本价值理念的正式制度安排,是竞争性市场机制有效运转的基础性条件。减少不利于竞争的障碍,鼓励市场进入,促进生产要素在行业内和行业之间、地区之间的流动,支持创业和市场竞争过程中的创新活动,都需要进一步在法律和司法体系上保护财产权利和平等竞争。

当然,要做到这一点并不容易。一方面,在不完善的市场制度下凭借权力致富的既得利益者往往力求通过直接干预和操纵市场规则,排除竞争者,来保持和扩大自己的既得利益和特权地位。他们力图阻碍进一步市场化的进程,强调政府加强直接管制和干预,通过弱化竞争来维护自己的强势地位。另一方面,因市场竞争规则不公平而受损的弱势群体,在前一种势力的蒙蔽和错误舆论的误导下,往往会转向反对强化市场竞争的一端,要求加强政府的干预和控制,压制市场竞争,甚至希望回到苏联式命令经济的老路上去。这两方面的合力如果成功地弱化了竞争性市场制度的有效性,就必然会干扰通过效率改进实现经济增长模式转变的进程。

国务院正在贯彻执行 2004 年制定的《全面推进依法行政纲要》，这是一个落实党中央关于完善社会主义经济体制决定的纲领性文件，是一个以建立法治政府为目标的十年政府改革路径图。党政领导对于推进改革必然会遇到的障碍和阻力必须有充分的思想准备，并且要下定决心为大众的利益进行改革攻坚，以坚定的政治意志和高度的政治责任感按照中共中央和国务院的部署坚定不移地推进以政府改革为核心的全面制度建设，建立起符合我国宪法原则的法律体系和公正的执法环境。

其次，通过总量手段保持宏观经济的稳定。

市场机制的有效运转，一方面要求各种商品的买卖价格真实地反映供求状况，另一方面要求价格总水平保持稳定。只有这样，各种商品的相对价格才能反映它们的相对稀缺程度。然而宏观经济学告诉我们，社会总需求大大超过可能的总供给，就会出现"过热"，社会可支配的资源数量无法支撑过高的增长速度；如社会总需求大大小于可能的总供给，就会出现"过冷"，社会可支配的资源数量没有得到充分利用。无论"过热"还是"过冷"，都不利于经济增长。因此，政府有责任通过财政政策和货币政策等宏观经济政策手段对社会需求总量进行调控，以保持宏观经济的稳定。

但在我国实践中，习惯于计划经济中行政命令手段的官员在从事宏观经济管理时，经常混淆宏观总量概念与微观结构概念之间的区别，动用项目审批等微观干预手段来解决宏观经济问题。其实，采取微观干预手段去应对宏观经济问题不但成本高昂，而且容易产生寻租环境，孳生腐败。

再次，建立健全覆盖城乡居民的社会保障体系。

建立健全覆盖全部城乡居民的、多层次的社会保障制度，为社会的稳定发展编织一张能够吸收社会震荡的安全网，是政府的一项基本职责。自 1993 年十四届三中全会对构建新社会保险制度的基本原则作出规定以来，12 年已经过去，但建立这一体系仍然困难重重。不仅社会保障体系覆盖范围有限，即使已经覆盖的领域，也存在资金不足和效率不高的问题。目前全国社会保障基金余额只有区区 1623 亿元，存在着非常严重的欠账，如果不予补足，不但会使新社会保障体系的运转举步维艰，弄得不好，还会危及我国的财政安全和经济安全，更不用说扩大社会保障体系的覆盖范围了。由现收现付向社会统筹和个人账户相结合的社会保障体系过渡需要解决的一个重要问题，是向为我国国有企业的资本积累作出过巨大贡献，并且已经用"低工资制"形式缴纳过社会保障基金的国有企业老职工提供补偿的问题。这一问题，我国经济学家已经提出了很长时间，但始终没有根本性的进展。如果不能在这方面取得突破，很多社会问题都难以解决。

最后，在市场失灵的情况下有选择地运用政府力量弥补市场的不足。例如：对某些具有外部性的物品(如高污染产品、高社会效益产品)的生产进行调节，执行反垄断、反不公平竞争立法，等等。

经济学家通过产品是否具有非竞争性(Non-rivalry，指一个人的消费并不减少它对其他使用者的供应)和非排他性(Non-excludability，指使用者不能或难以被排斥在对该物品的消费之外)，将产品区分为四类：一是同时具有非竞争性和非排他性的物品，即纯公共物品(Public Goods)，如国防、基础教育体系、基础研究、生态环境等，就属于这种类型，通常需要由政府提供；二是指同时具有竞争性和排他性的物品，即纯私人物品(Private Goods)，这些物品种类繁多，应由市场来提供；三是排他性比较弱，但是使用边际成本比较高的物品，经济学家称之为有"拥挤现象"的物品，需要通过使用者付费的原则提供；四是使用边际成本比较低，但排他性较强的物品，如防疫、防灾，通常需要由政府提供。

公共物品概念最主要的公共政策含义是，政府应当在提供这类物品上发挥基础性作用，否则就会出现供给不足的问题。由于企业提供公共物品的社会利益超过了私人利益，无法从公共物品的提供中获得足够的回报，它们提供的公共物品不足以达到社会最优水平。除非政府利用税收、补贴以及其他形式的干预手段去鼓励私人投资，否则，公共物品的供应将很少。因此，大多数公共物品不能完全由企业提供，而是需要由政府直接提供或补贴生产。

资料来源：吴敬琏著：《中国增长模式抉择》，上海远东出版社 2005 年版，第 184~192 页。

【思考题】

一、基本概念

经济租　寻租　市场失灵　产业政策

二、简答题

1. 什么叫市场成长不足？发展中国家市场不足有何表现？

2. 什么叫发展计划？它可分为哪几种基本类型？

3. 寻租对经济会产生何种影响？产生寻租的原因是什么？

三、论述题

试述如何提高发展中国家政府部门的能力。

主要参考文献和阅读指南

1. 齐良书编著：《发展经济学》，中国发展出版社 2002 年版。

2. 张培刚、张建华主编：《发展经济学》，北京大学出版社 2009 年版。

3. 青木昌彦著：《政府在东亚经济发展中的作用》，中国经济出版社 1998 年版。

4. 约瑟夫·熊彼特著：《经济发展理论》，商务印书馆 1990 年版。

5. 陈广汉著：《增长与分配》，武汉大学出版社 1995 年版。

6. 徐滇庆、李瑞著：《政府与经济发展》，中国经济出版社 1996 年版。

7. 罗燕明著：《中国制度变迁和政府职能转变的轨迹研究》，河南人民出版社 1992 年版。

8. 伍振军等：《交易费用、政府行为和模式比较：中国土地承包经营权流转实证研究》，《农业经济研究》2009 年第 1 期。

9. 迟福林：《"十二五"我国发展方式转变的趋势与重点》，《上海大学学报》2010 年第 6 期。

第八章　环境与经济发展

环境对经济发展具有独特的作用，但如果利用不当便会产生资源耗竭、生态环境破坏等环境问题。20 世纪是人类物质文明高度发达的时期，也是地球生态环境和自然资源遭到最严重破坏的时期。进入 20 世纪 70 年代后，人们开始反思过去的发展道路，重新认识发展的含义，并提出了"增长极限论"和"可持续发展论"。本章将依次讨论这些问题。

一、自然资源、环境与环境问题

(一) 自然资源的分类及特点

自然资源是指土地、大气、水、矿产、多样性的生物种类等非人造的资源。根据联合国环境规划署的定义，自然资源是指在一定的时间、地点条件下能够产生经济价值，以提高人类当前和未来福利水平的自然环境因素和条件。① 自然资源，根据其生成机理和条件、稳定性、蕴藏量等标准，可以分为无限的自然资源和有限的自然资源两类。

无限的自然资源是指那些相对于人类社会发展而言比较恒定的自然资源，包括太阳能、风力、潮汐能、核能、水力、全球的水资源、大气等。这类资源是由宇宙因素、星球间的作用力在地球的形成和运动中产生的，其数量丰富、稳定，几乎不受人类活动的影响，也不会因为大量使用而枯竭。但其中某些资源，如大气、水等，会由于人类利用不当使其质量受损。有限的自然资源，即可耗竭性的资源，是指那些在地球演化过程的不同阶段形成的资源，其中有些因为蕴藏量固定，长期使用将会枯竭，如石油、天然气、煤炭等化石燃料；有的只是在利用不当时才会枯竭，若利用得当还可以更新，如生物资源。因此，这类资源又可分为可再生性自然资源和不可再生性自然资源两类。可再生性自然资源主要指生物资源和某些动态的非生物资源，如森林、草原、农作物、野生动植物、海洋生物、土壤、区域水资源及人力资源。不可再生性资源即没有再生能力的自然资源，其中有一些可以借助再循环而重新回收利用，称为可回收但不可更新的自然资源，如金属矿物和除能源矿物以外的非金属矿物。还有一些则是一次性消耗、不能回收利用的资源，称为不可回收、不可更新的自然资源，主要是指煤、石油、天然气等能源矿物。

自然资源可以满足人们的生产需要，有些可直接用于生活消费。虽然最终还是为人类服务，但是如果当代人仅仅为了自身的需要而过度开发甚至破坏自然资源，那么发展将由于资源短缺而难以为继，这就是用后代人的幸福换取当代人的享受。

---

① 张培刚、张建华主编：《发展经济学》，北京大学出版社 2009 年版，第 156 页。

（二）环境及环境问题

环境是人类生存发展的根基。环境本身可定义为"以人为核心的周围一切物质世界，即围绕人群空间的自然和物质要素的总和"。① 环境可区分为自然环境和人造环境。人类以外的自然界里一切有生命和无生命的事物，如空气、阳光、森林、土地、矿藏、河流、山川、海洋等，构成人类的自然环境。人类自身创造和培育的建筑物、道路、城镇、乡村、车船、庄稼、牲畜、公园等形成了人造环境。环境是人类生活消费，从事生产和工作的场所。环境向人类提供了生活和生产的物质条件，也吸纳了人类生活和生产的消极后果——所排出的废弃物质。

在工业革命以前，人类用手工劳动进行生产，人口和社会生产力都处于一种非常缓慢的增长状态，经济和社会的发展对环境的影响相对较小，因此环境和发展基本上是和谐的。随着工业化进程的加快，特别是在第二次世界大战以后，现代生产力的巨大发展使经济活动对环境作用的程度和强度日益扩大。人们在处理发展与资源、环境的关系时，又往往片面强调发展而忽视生态环境问题，使发展与环境的互馈关系趋于恶化，环境问题已成为目前威胁人类社会经济发展的严重问题。所谓"环境问题"，其实质是经济发展与环境保护间的矛盾问题，是人和环境间相互依赖、相互融合的关系失调。因此，环境问题可以被定义为：由于人类对自然资源的利用速度超过了其自然恢复速度，从而危及人类生存。主要的环境问题有"三废"污染、噪音污染、水资源枯竭、土地沙漠化、温室效应、核污染、大气臭氧层被破坏、非洲撒哈拉以南地区的生态灾难、生物多样性的丧失等。

（三）发展中国家环境问题的诸现象

环境问题与经济发展密切相关，不同的经济发展状况下表现出不同的环境问题。对于发展中国家而言，其环境问题具有特殊性，主要表现在两类不同性质的环境问题并存。一类是由于工业化和城市化引起的环境污染，其中主要是空气污染和水污染；另一类是由于人口增加和粮食需求增大而引起的森林砍伐、水土流失、土地掠夺性使用，进而破坏了发展中国家的生态环境。前者主要发生在发展中国家的城市中，而后者则集中反映在广大的农村地区。

1. 工业化、城市化引起的环境污染

在发展中国家的经济发展初期，许多国家的经济发展战略都是仿效发达国家的工业化模式，在摆脱贫穷落后状态的愿望的强力刺激下，大规模地新建各种工业。在工业化推进的过程中，政府作为工业布局指导者和工业企业行为监督管理者，并未对工业企业对环境造成的影响给予重视，因此许多对环境污染影响较大的制造工业和化学工业建立起来了，甚至一些在发达国家里因严重危害环境而被关闭的工业也被转移到了发展中国家。伴随着工业部门扩张，各种企业在生产过程中排出的大量有害物质，如工业废水、有害气体、工业垃圾等，严重地污染了空气、河流、湖泊。

与工业化相伴随而来的是越来越扩大的城市化趋势。由于在工业化推进过程中，工业

---

① 转引自何炼成主编：《中国发展经济学概论》，高等教育出版社 2001 年版，第 301 页。

布局缺乏长远的科学规划，也未将环境因素考虑进去，因此大部分工业，包括污染环境严重的冶炼及重化学工业被设立在一些中心城市里。随着工业企业扩张，越来越多的农村劳动力向城市流动，城市人口急剧膨胀。而且在非洲和中南美洲的一些国家，由于土地兼并和农村贫困等原因，更多的农村人口涌向城市，造成了城市的畸形膨胀。据统计，100万以上人口的大型城市中有2/3是在发展中国家。由于缺乏诸如垃圾污水处理系统这样的基础设施，急剧膨胀的城市远远超出了自身承载的能力，引发了一系列严重环境问题。正是上述的工业化和过度膨胀的城市化，造成了发展中国家的城市里最主要的两大污染，即空气污染和水质污染。

关于发展中国家的空气污染情况，世界银行在《1998—1999年世界发展报告》中曾这样描述：在发展中国家工业繁荣的背后出现了一个可怕的阴影，就是机动车、大烟囱和高炉导致了致命的空气污染。所有这些污染源和其他一些污染源排放出来的飘浮在空中的微小颗粒进入人们的肺部深处，导致严重的、有时甚至是致命的呼吸系统疾病。在整个发展中国家，这样的污染夺走了成千上万人的生命，严重地影响了数百万人的健康。呼吸系统疾病造成了高达数亿个工作日的损失，与此相关的经济损失达数十亿美元。

与空气污染同样严重的是发展中国家的水污染。水污染的一个重要原因就是大量的未经处理的或稍加处理的工业废水和城市污水直接排入河流、湖泊。据《1992—1993年世界资源报告》提供的数据，在发展中国家，95%的污水未经处理就排入地表水。许多发展中国家的城市甚至没有排污系统，更不用说污水处理设施了。在印度，70%的地表水受到了污染。在马来西亚，170座棕榈油加工厂和375座橡胶厂所排出的污水不加处理就直接排入了河流。在东非，工业污水使大部分河流和湖泊受到严重污染，以至于坦桑尼亚、赞比亚、肯尼亚、布隆迪、苏丹等国的内陆渔业遭到了威胁。在中国，随着工业扩张和城市人口急剧增加，水质污染已经相当严重。

2. 人口增长与粮食需求压力引发的生态环境恶化

由于卫生条件改善、营养水平提高以及居住环境好转等原因，许多发展中国家都经历了高速的人口增长。人口增长意味着对粮食需求的增加。为了向越来越多的人口提供足够的粮食，人们不得不通过砍伐森林来开垦新耕地，或是在干旱和半干旱地区、在坡地、在其他一些生态系统脆弱的地区开垦新耕地，通过掠夺式的粗放经营方式使用土地。众所周知，地力的恢复主要靠长时间的休耕期。然而随着人口增长的压力加大，休耕期不得不缩短，从而引起地力下降、水土流失等一系列问题。土地生产能力下降又迫使人们去开垦新耕地，或对原本已经贫瘠的土地进一步掠夺性使用，最终造成了人口增长与生态环境破坏之间的恶性循环。这一问题在发展中国家是相当普遍的。

引起世界广泛关注的热带雨林被破坏，其中一个重要原因就是人口压力迫使人们开垦新土地。由于缺乏足够的土地来养活新增人口，人们被迫进入热带雨林，开荒垦田，依靠掠夺性农耕和放牧来维持生活。新开垦土地在最初的1~2年还可以收获粮食，到第3年，土地养分耗尽，无法再继续耕种和放牧，于是又去开垦其他的森林。联合国环境规划署和联合国粮农组织的共同调查结果表明，在非洲每年有130万公顷热带雨林正在消失，在亚洲是180万公顷，在中南美洲是420万公顷。

严重的土壤流失是发展中国家生态环境遭到破坏的又一典型现象。在印度、非洲等干燥地区尤为突出。扩大耕地的需求使人们不得不在坡地上进行耕种，而在失掉植被的坡地上，暴雨往往把表层土冲刷掉，露出贫瘠的底层土和岩石。休耕期缩短也是土壤流失的重要原因。休耕使土壤中的养分和水分得以恢复，是保持地力的重要手段，然而增产的要求迫使人们缩短休耕时间，其结果是本来土层就很薄的热带和干燥地带的土壤进一步失掉有机物和水分，变得更加干燥疏松，一旦遇到暴雨则土壤大量流失。

森林被毁坏、水土流失、土质被破坏最终将导致土地沙漠化。正是由于人口增加压力下的过度垦殖，发展中国家的土地沙漠化在不断地扩大，已严重威胁到人类社会的生存问题。联合国环境规划署推测，全世界每年有 600 万公顷的土地发生沙漠化，其中主要集中在非洲、亚洲等发展中国家。人口—资源环境—贫困恶性循环见图 8-1。

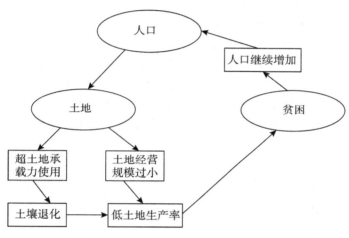

图 8-1　人口—资源环境—贫困恶性循环

（四）环境倒 U 形曲线

经验研究表明：在经济发展过程中，环境问题存在先恶化后改善的现象。如果以环境污染的指标为纵坐标，以表征经济发展水平的指标如人均收入为横坐标，就会得到一条倒 U 形曲线（见图 8-2）。此曲线类似于收入分配理论中的库兹涅茨曲线，所以也称为环境库兹涅茨曲线。具体说来，在经济发展的初始阶段，由于经济活动水平低且规模小，环境问题不突出。随着工业化为主的经济发展的推进，人口膨胀和经济活动规模扩大，资源的消耗超过了资源再生，从而引起严重的环境问题。而在经济发展的更高阶段，经济结构由低水平的制造业转向节能的高技术产业和服务业，收入水平提高使人们追求环境优美的高质量生活，经济发展中积累的财富也有助于环境治理，因此环境逐渐改善。这些因素包括：富裕了的消费者对环境质量提出了更高的要求；技术进步使企业得以减少污染物的排放；政府也将在公众的压力下实施更严格的环境标准。

环境质量和经济发展的这种关系在理论上说得通，那么现实中是否成立呢？许多学者对此进行了研究。验证这一假说的困难首先在于，由于环境所包含的内容很广，用单一的

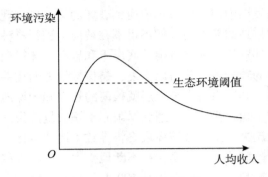

图 8-2　环境倒 U 形曲线

指标来衡量环境被破坏的程度十分困难。因此，实证研究只能致力于揭示环境质量的某一方面与经济增长之间的关系。研究结果表明，环境质量的不同方面与经济发展之间可能存在三种关系：一些环境问题会随收入水平的提高而呈现不断好转的趋势，如得不到清洁饮用水和卫生设备的人数总是越来越少。一些环境问题与收入水平呈倒 U 形关系，如城市灰尘和二氧化硫。还有一些环境问题一直在随收入水平的提高而恶化，至今也没有出现好转的迹象，如温室效应。可见，环境质量与经济发展水平之间的关系十分复杂，不是一条简单的倒 U 形曲线所能概括的。环境倒 U 形曲线的实例见图 8-3。

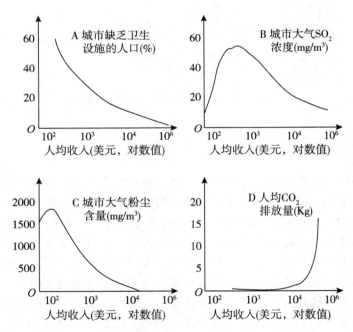

图 8-3　环境倒 U 形曲线的实例

注：CO_2 排放量只包括化石能源排放量。

资料来源：World Bank，Word Development Report 1992，Oxford University Press，1991。

转引自陈宗胜主编：《发展经济学》，复旦大学出版社 2000 年版，第 294 页。

二、环境问题产生的原因及对策

（一）外部不经济性与市场失灵

在现代经济学中，经济外部性是广泛用于解释经济活动和环境问题的相关性的重要理论，它是由早期的经济学家马歇尔提出来的，后由福利经济学家庇古（Arthur Pigou）加以发展和充实。所谓经济外部性是指个人或企业在其经济活动中给其他人带来意外的收获，或造成不良的影响，而当事人并不能由此获益或承担责任。正如庇古在其福利经济学著作中所说，经济外部性的存在，是因为当 A 对 B 提供劳务时，往往使其他人获得利益或受到损害，可是 A 并未从受益者那里取得报酬，也不必向受损者支付任何补偿。

经济外部性又分为积极的和消极的。积极的通常被称为外部经济性，即个人和企业的经济活动给周围其他人造成良好的影响，而当事人并不能由此取得额外的收益。比如政府对某块原本荒凉的土地进行投资，建造道路、电、煤气、学校、医院等各种社会设施，使其变为环境良好的居住区。政府的这种行为也给周围其他拥有土地的人带来了意外的收益，他们的土地因此得到升值，不需任何努力就能从出卖土地中得到额外的利益，而政府并不能从中获得任何好处。

经济外部性的消极的一面被称为外部不经济性，即个人和企业的经济活动给周围其他人造成不良的影响，而当事人并不为此付出任何代价，也不提供任何补偿费。比如一家在河流上游建立的造纸厂或化工厂，在其日常生产中排放了大量废水和有害物质，使河流的水质受到严重污染，从而给下游的人们带来种种损害，在下游的居民因水污染而患上各种疾病，周围的农民也因灌溉水质污染的水而不能获得正常的产量，而造成这种损害的企业却往往不承担任何责任。

在现代社会经济活动中，外部不经济性是广泛存在的，大量的工业企业带来的环境污染就是一种典型的外部不经济的表现。由于环境污染引起各种疾病，人们因健康受损害而丧失了工作能力，减少了工资收入，还不得不为此付出大量的医疗费用；同样，环境污染也致使各种生物资源减少，农产品产量下降，造成直接经济损失。为了消除环境污染带来的不良影响，政府、受害企业以及个人还得支出大量资金用于治理环境。所有这些损失和费用都由受害者承担，是造成环境污染的企业强加于他人头上的，加害者并不承担这些费用。因此这些费用被称为外部费用或外部成本。

在以价格为中心的市场经济体制中，外部不经济现象或者说外部成本的存在，本身也说明了资源没有得到合理的配置。企业是以追求利润最大化为目标的，对其产品定价是按照其私人边际成本与边际收益相等的原则。在没有外部不经济，即企业没有对周围环境造成污染的情况下，这种价格不仅对企业自身是合理的，而且对于整个社会的资源配置也同样是最有效的。然而一旦存在环境污染，而企业又不承担由此造成的外部成本，由经济中所有个人承担的社会边际成本就将大于由单个企业所承担的私人边际成本，企业按私人边际成本所形成的价格来生产的产量，也将大于按社会边际成本定价时的生产量。对于单个企业来说，它获得了最大收益，然而对全社会来说却是生产量过大，是一种资源浪费，资源没有得到合理的配置。在现代经济学中，这种现象被归结为市场失灵。

为什么会出现市场失灵的现象？或者说为什么企业在其经济活动中不考虑对环境造成的损害这样的外部不经济问题？这主要是市场机制与环境资源利用的不协调所造成的，在市场经济条件下环境资源不可能得到合理的利用，对此可以具体分析如下。

市场机制要正常、有效地发挥作用，就需要在市场中参与交易的物品和服务具有明确的产权，它包括所有权、使用权和处置权。换言之，明确的产权关系是所有市场经济的前提条件。产权必须是在法律上明确定义的，不然就会引起产权上的纠纷，任何物品或资源如果产权关系含糊不清的话，都会出现不合理使用甚至被破坏的问题。产权还必须是专一的，多个人对某一物品或资源拥有所属关系，同样也会妨碍该物品或资源的正常使用和管理。从这些市场经济运行的基本要求来看，环境资源很难进入市场，也不可能在市场经济中得到合理的利用和管理，因为对于各种环境资源要设定明确的产权是很困难的。像海洋、河流、湖泊以及地下水这样的环境资源，长期以来都是一种公共资源，要将这些资源划归为某个利益集团所有，显然是很难让人接受的；而像空气这样的环境资源，要确定它的产权，从生态学上来看，几乎是不可能的。另外，在一些发展中国家，就是像土地、草地和森林这样的资源也具有公共性质，没有明确的所属。由于缺乏明确的产权关系，人们对这些资源的使用就会是无节制的，无所顾忌的，最终导致环境被破坏；也正是由于缺乏明确的产权，即使某个企业排出的废水废气污染了水源和空气，也不会有人向企业提出赔偿损失。作为追求自身利益最大化的企业，尽管它的生产活动造成了环境污染这样的外部成本，但在没有约束和监督的情况下，企业是不会将这种外部成本纳入自己的成本体系的。

市场机制要公平合理地发挥作用，还需要在市场中参加交易的经济主体之间具有相对平等的经济能力，从而能够按照自身的意志进行自由交涉。如果交易各主体中仅有部分具有较强的交涉能力，就有可能出现一部分主体得益，而其他主体的利益受到损害的结果。从这种意义上来说，即使对于一些环境资源设定了明确的产权，往往也会因为交易主体之间的交涉能力的差异，使用环境资源的经济主体和受到环境污染影响的经济主体之间不可能按照自发的交易确定某种环境资源的使用标准和承担的费用。更具体地说，河流、湖泊和其他一些环境资源的利用者（或者说是环境污染者）都是大企业，企业与周围居民之间的交涉能力有很大的差异，企业总是拥有较大的交涉能力。而且企业对环境造成的污染程度具有很难计测的不确定因素，没有专业知识的普通居民也不易掌握足够的关于环境污染的信息，并且有些污染所造成的不良影响具有时滞性，就像核污染对人体的影响那样，是在多少年以后才显露出来的。环境污染的这些特点，对于造成环境污染的大企业来说，在其与周围居民的讨价还价的交涉中是有利的。

以上都是对于成熟的市场经济而言的市场失灵的原因，然而我们必须指出，发展中国家的经济社会是多样性的，有些国家已经建立了成熟完善的市场经济体系，而有些国家还仍然处在自然经济向市场经济过渡之中（或者计划的命令式经济向市场经济过渡），市场和价格尚未支配一切经济活动。对于后者而言，市场失灵往往表现为市场发育不健全，许多环境资源尚无市场可言，即使有着某种初级市场存在，也会由于传统习惯、信息不通畅以及政府对经济活动的强制性干预等原因，资源的价格不能正常地反映生产成本。在这种情况下，价格不仅不能接近包括外部成本在内的社会边际成本，而且经常低于私人边际成本。

过低的价格必然会引起资源的滥用和环境破坏。比如在一些发展中国家，农药的价格只占成本的 20%~80%，由低价格引起的过度使用农药又导致大量人畜农药中毒和水资源污染等环境问题。灌溉水资源也同农药一样存在价格偏低的现象，因价格低廉而产生的过度灌溉导致了水灾、土壤盐碱化这样的环境退化问题。

(二)环境治理的对策

越来越多的事实表明，环境污染和生态环境恶化严重地影响了经济发展的水平，如果不给予环境问题以足够的认识并采取相应的措施的话，经济发展的目标是不可能实现的。正因为如此，许多发展中国家开始积极探索各种治理环境的对策。下面介绍的各种环境治理的方法和政策思路，对于发展中国家今后的环境政策的制定是有意义的。

1. 政府干预下的环境政策

市场失灵是政府对环境资源进行管理的主要理由。政府对环境资源进行管理的政策手段主要有直接管制、征税、补贴和发放排污权四种。直接管制作为政策手段之一，是指由政府环境部门制定统一的污染物排放最高限度的排污标准，并由政府强制实施。排污标准和惩罚是连在一起的，超过排污标准的企业和个人将受到政府环境部门的罚款。在目前，直接管制是世界上较为广泛使用的政策手段。但是需要明确的是，直接管制经常导致效率缺乏。因为：第一，为了确定最优的排污标准，政府必须花费很大代价来搜集各种信息，同样为了实施这些标准，政府还必须制定大量的规章制度；第二，政府只能制定统一的排污标准，而不能考虑每个企业在减少污染上的成本差异，这就导致了企业只想如何达到排污标准，妨碍了污染成本低的企业进一步降低排污量和寻找进一步减少污染的方法。

征税和补贴都是一种基于市场刺激的手段，目的是弥补私人成本和社会成本之间的差距。征税是一种惩罚，而补贴是一种鼓励，从结果上看，前者具有逐步促使企业退出环境污染型产业的效果，而后者则有利于企业进入环境污染型产业。与前述的政府直接管制手段相比，税收是一种动态的政策手段。直接管制只针对超过排污标准的企业，对于排污标准以下的企业则没有任何惩罚，而征收污染税是按照污染减少越多则所支付的税越少的方式，这就有利于激励治污成本低的企业更加积极地治理污染。但是征税也有一些局限性，因为确定最优征税标准需要较为详细的企业成本信息，而做到这一点很不容易，企业也不愿主动配合。排污权制度是指政府环境部门制定总的排污量上限，按照该上限对各种企业发放排污许可证，允许其污染到标准所规定的水平。

排污许可证可以在企业之间交换和买卖，这就促使减少污染成本高的企业去市场购买排污许可证，同时给予减少污染成本低的企业排污许可证。由于环境部门发放的许可证是在环境质量标准许可范围内，因此企业之间的许可证买卖不会影响到环境质量总体标准。而污染企业之间的许可证互相调配则可以使达到环境质量标准的费用最小化。排污许可证的这一优点使得许多经济学家对它大加推崇，但是它也有一些难以克服的困难，比如排污权的总量应设定在什么样的水平，排污许可证如何在企业之间公平合理地分配等。

2. 产权界定对环境保护的作用

关于如何消除像环境污染这样的外部不经济性问题的对策，目前有一种较为盛行的观点，就是通过明确的产权界定方式来达到消除外部不经济性的目的，同时它还能使资源利用的经济效率最大化。这一观点是现代产权理论的代表人物科斯（Ronald Coase）提出来的，得到了理论界的广泛关注和重视，无论对于发达国家还是发展中国家的环境政策的制定都产生了较大的影响。

产权解决方式的重要特点就是强调设定明确的产权，通过产权拥有方与另一方的协商或者讨价还价来解决环境污染问题，其中，政府不需要对经济活动进行直接干预，政府所应做的仅仅是重新确定各种资源的产权所属，有了明确的产权关系之后，市场机制就会发挥作用，从而消除各种外部影响，使资源利用达到效益最大化。为了正确认识产权界定方式对解决环境问题的作用，下面以一个化工厂向河水中排放污水的具体事例来进行说明。在这个事例中，假设在河中游泳具有一年2万美元的经济价值，使用河流的产权分配给周围的居民们，那么周围的居民们在得到工厂的2万美元的补偿的条件下可以放弃河流的使用权，化工厂也就可以污染河流。又假如防止有害物质污染河水的设备费用是1.5万美元，那么化工厂会选择引进该设备，这对化工厂来说是有效的。如果该设备费用是2.5万美元的话，那么工厂会选择支付给居民们2万美元的赔偿而继续污染河流。无论哪一种选择，工厂和周围居民都会满足，在不损害对方利益的同时又可以使自身的利益最大化。相反，如果将使用河流的产权分配给化工厂，效果同前面是一样的。假如防止河流污染的设备费用是1.5万美元，拥有河流产权的工厂会声称，如果周围居民支付1.5万美元的设备费用的话，工厂可以停止污染。居民们考虑到在河中游泳的经济价值是2万美元，会选择支付1.5万美元而让工厂停止污染。如果设备费用是2.5万美元的话，那么居民就会放弃在此游泳，而工厂会继续污染该河流。

上面的事例表明，无论如何进行产权分配，通过工厂和周围居民之间的协商和交涉，最终结果都是资源配置的效率达到最大化。明确的产权关系不会影响资源配置的效率，而只会影响收入分配关系，如果产权被分配给居民，则是工厂向居民支付费用，而如果产权分配给了工厂，那么就是居民向工厂支付费用。然而必须指出的是，通过产权界定方式解决环境污染这样的外部不经济性问题，在实际运用中存在一些局限性。

第一，部分产权难以明确界定。许多自然资源如山林、农地、牲畜等产权容易界定，而还有一些资源的产权则不易界定，比如生物多样性、臭氧层、大气、公海等，是属于人类的共有资源，不可能将这些资源分配给某一些人。

第二，由于双方协商和讨价还价中交易成本太高，即使能做到产权明晰，也难以达成共同满意的结果。例如，在火力发电厂产生空气污染的情况下，即使明确产权关系，规定发电厂必须出钱购买空气资源的使用权，但是发电厂周围受影响的个人和企业成千上万，各人受害程度不一，要求各异，加上受害程度很难计量等因素，也会使得发电厂与各受害者之间的交易所花费的成本非常高，以至于整个交易可能无利可图。

综上所述，产权界定方式，对于解决环境问题提供了一个有意义的思路，明晰的产权确实能起到保护环境的作用，但是由于存在种种局限性，它难以成为一种广泛的政策手段。

三、增长极限论

(一)理论内容

1968 年，正当发达国家陶醉于第二次世界大战后经济的快速增长和随之而来的"高消费"的"黄金时代"时，来自西方不同国家的约 30 位企业家和学者在罗马召开会议，共同探讨了关系全人类发展前途的人口、资源和环境等一系列问题，并对原有经济发展模式提出了质疑。会后组建了一个"持续委员会"，以便与观点相同的人保持联系，并以"罗马俱乐部"作为委员会及其联络网的名称。罗马俱乐部是一个非正式的国际协会，其宗旨是要促进人们对全球系统各部分——经济的、自然的、政治的、社会的组成部分的认识，促使人们制定新政策并采取行动。

1970 年，美国麻省理工学院杰依·福雷斯特尔(罗马俱乐部成员)教授出版了《世界动态学》一书。书中总结了他对发起用计算机的方法来分析全球性系统的首批模式所作的贡献。[1] 同年，罗马俱乐部委托麻省理工学院的另一位教授丹尼斯·麦多斯从事对人类长远发展面临的资源供给问题的研究。麦多斯于 1972 年发表了他们的研究成果《增长的极限——罗马俱乐部关于人类困境的报告》(*The Limit to Growth*: *a report for the club of Rome's project on the predicament of mankind*)。在该报告中提出了著名的"增长极限论"。

1. 经济增长因素及变化特点

麦多斯把人口增长、粮食供应、资本投资、环境污染和资源消耗看作是影响经济增长的五个主要因素。这五大因素之间是相互作用的，如人口增长拉动离粮食生产增长，粮食生产离不开农业发展，农业生产率的提高离不开工业的发展，而农业和工业的发展需要更多的资本，资本存量的增长和经济发展必然会消耗更多的资源，同时形成更多的污染等，而且它们都是以指数形式增长的。[2]

麦多斯指出，世界人口的急剧膨胀是人类面临的第一个严重威胁。按当时世界人口每年 2.1%的增长率计算，每 33 年世界人口会增加一倍，与人口增长密切相关的是工业产量的增长。一方面，人口的增长从需求和劳动供给两方面推动着工业生产的增长。另一方面工业生产的增长又是人类生活必需品的基本来源，它最终又制约着人口的增长。工业生产的增长，由于技术进步的推动，有着日益加速的趋势，这导致了资源的加速开发和超量应

---

[1] ［意］奥雷利奥·佩西著：《人的素质》，辽宁大学出版社 1988 年版，第 90 页。

[2] 指数增长的最好表现形式是倍增时间。倍增时间就是某些因素增长一倍所需时间。如对于一个以固定比率增长的人口，倍增时间可以近似地用 70 除以增长率来求得。如果人口每年按 1%的比率增长，人口大约在 70 年中翻一番，如果每年以 2%的比率增长，人口大约在 35 年中翻一番；如果人口每年按 3%的比率增长，人口增长一倍就只需要 23 年。显然一个变量的增长率愈高，其倍增时间就愈短。参见马尔科姆·吉利斯、德怀特·帕金斯等著：《发展经济学》，中国人民大学出版社 1998 年版，第 182、207 页。

用，使许多不可再生的资源日趋枯竭。例如粮食生产，首先会遇到的是土地资源问题，全世界可耕地已有一半被开垦，而另一半的开垦则要付出昂贵的代价。麦多斯指出，即使人们不考虑经济上是否合算，将所有的可耕地都充分利用，如果人口增长率和人均土地需要量不变，从 1970 年起，40 年之内就会出现可耕地严重不足的局面。即使土地的生长率增长 4 倍，这种危机也只不过推迟到 21 世纪中叶出现。仅从土地资源的有限性来考察，人口和经济增长的突然终止都是不可避免的。其他资源的消耗也是一样，例如铬的储藏量按已知的可开采储量计算，全世界只有 77500 万吨，按当时（20 世纪 70 年代）的消耗量足够维持 420 年。但铬的消耗随着经济增长每年平均以 2.6% 的增长率增长。这样，世界现有铬的储量就只够开采 95 年。假定尚未发现的储量为现有储量的 5 倍，也只不过将其耗竭的年限由 95 年延长到 154 年，铬的开采量最终总会下降到零。所有的不可再生性资源都会面临同样的结局。据麦多斯等人的计算，其中大多数会在 100 年内被耗竭。不可再生资源的耗竭是经济增长最终会停止的基本原因。

经济增长和资源大规模开发的另一个严重后果是污染的日趋严重和人类生态环境的恶化。由于自然生态系统吸收和消除污染的机制远远赶不上污染发展的速度，而且，多数污染一旦被人们认识到，往往就已经发展到很严重的程度。即使人们可以在事后加以控制，但多数污染会在被控制住之前经历一个恶化的时期，此外，人类对有关污染的知识仍是相当有限的，对一些潜在的危害及其对人类生存环境的长期影响，几乎是一无所知。仅就现有的知识看，人类从经济增长中得到的眼前利益远非其在生态环境上失去的长远利益可比。

2. 世界模型

麦多斯等人将前述五大因素之间的因果关系尽可能地数量化，并利用有关的全球性资料建立了一个"世界模型"。然后用计算机帮助计算，并使模型所显示的 20 世纪 70 年代以前的结果与实际情况尽可能地一致，以保证该世界模型的可靠性。最后，再利用这个"世界模型"①对未来做出预测。世界模型得出的结论是："如果世界现有的人口、工业化、污染、粮食生产、资源消耗方面以现在的趋势继续下去，世界将在未来 100 年的某个时间达到增长的极限。最可能的结果将是人口和工业生产能力不可控制地突然下降，在公元 2100 年来到之前，整个经济已停止增长。"②

3. 技术进步不能避免增长的极限

人们通常认为，技术进步在经济增长过程中起着越来越大的作用，它一方面可以提高现有资源的利用率，减少资源的浪费，另一方面又使人类不断发现新的资源，使人类不断地摆脱现有资源储量的束缚。但是，麦多斯等人则认为，技术进步不能只用一两个指标或

---

① 所谓"世界模型"，一是指其资料的世界性和其演绎的问题的世界性；二是指其所涉及的问题和资料的长期性和动态性。参见魏埙等编著：《现代西方经济学教程》，南开大学出版社 1992 年版，第 337 页。

② 麦多斯等著：《增长的极限》，吉林人民出版社 1997 年版，第 17、109 页。

几个指标来概括，类似上述的笼统说法也不能对技术进步的实际影响作出任何符合实际的预测。对待技术进步唯一可靠的方法是将每项或每一重要方面的可能的技术进步加入世界模型，来考察它可能对世界经济增长趋势的影响。例如，假定核技术的进步使人类可利用的能量储量增加了一倍，同时回收技术的进步又使单位产品的能耗降低了1/4。这些数字并不是完全任意假定的，它们必须建立在对现有这方面技术发展水平充分了解的基础上。只有了解现有的各项技术水平才能对其可能的发展及可能产生的后果作出不至于完全脱离实际可能性的估计和假定。在上述可利用能源储量因核技术进步增加一倍，单位产品的能耗因回收技术进步下降1/4的假定下，经济增长也不能避免最终出现的极限。至少，在二氧化碳和二氧化硫污染减少的同时，核污染会上升，同时全球性的热污染和农业污染则不会因此而停止增加。只要经济继续增长，这类污染就仍会以大大超过生态环境所能吸收的速度而日趋严重，控制污染的标准会提高，成本会以递增的速度提高，例如，制糖业消除其所排出污染物的95%所花的成本比消除污染物的30%的成本高出60倍。而事实上，随着经济不断增长，即使限制污染标准不断提高，也根本不可能使污染降低到大自然可自行消除的程度。这样，经济增长迟早要被污染的极限所阻碍，从而会停止下来。如果强制使污染的标准提高到生态环境可自行消除的程度，经济增长也会因成本大幅度提高，导致投入赶不上损耗而最终停止下来。

麦多斯等人将可能出现的各主要方面的技术进步（包括农业、能源、节育技术等）纳入其世界模型后得出结论：如果世界人口增长和经济增长仍旧持续下去，土地资源的严重不足和粮食产量的严重不足就不可避免，资源的最终枯竭和污染的日趋严重也不可避免。所以，单纯靠技术进步不足以避免增长的极限。即使"尝试对技术产生的利益予以最乐观的估计，也不能防止人口和工业的最终下降，而且世界体系在2100年以前必然崩溃"。[①]

4. 从经济增长走向全球平衡

麦多斯等人认为，单纯靠技术进步不能避免增长的极限；单纯靠出生率与死亡率相等，从而实现人口的零增长（即保持世界人口不变）也不能避免增长的极限。

麦多斯等人将人口的零增长假定纳入其世界模型，而经济增长假定依旧如故。这样，人均产量或实际收入虽然会大幅度提高，但资源的枯竭依旧不可避免，工业最终仍会面临崩溃，增长的极限仍旧会出现。可见，关键在于放弃传统的经济增长方式。而要放弃经济增长的传统方式就必须改变追求更多物质生活的价值观。

麦多斯等人在其世界模型显示的各种结果的基础上提出了一种可以避免最终经济崩溃的经济发展模型。这一经济发展模型有两个基本的前提：一是人口必须保持不变；二是资本存量保持不变，从而使传统的以资本增加为基础的经济增长不再发生。而这又必须以人们价值观的转变为前提。这样再加上技术进步的因素，就可以使世界进入一种平衡发展的稳定状态。他们假定，如果从1975年起，使人口出生率等于该年预计的死亡率，实现人口的零增长；使投资率等于折旧率，实现资本存量零增长；并且靠技术进步将资源消耗降低到1970年的1/4，将污染也减少到1970年的1/4；重视第三产业的发展和农业生产率

---

① 麦多斯等著：《增长的极限》，吉林人民出版社1997年版，第109页。

的提高，那么就可以得到一个人均产值和人均收入相当高的长期稳定的世界经济系统。这时，资源的消耗会非常慢，以致可以实现全球的均衡状态。

麦多斯等人认为，从传统的经济增长方式走向全球性平衡发展的"世界平衡"系统必须及早着手，否则就有可能错过避免最终出现崩溃的机会。因为人类降低出生率直到其与死亡率相等需要一定的时间，而且在二者相等以后，还需稳定一段时间，使旧的资本增长方式停下来则需要有一段产业结构调整，甚至人们价值观念调整和政治调整的时间。在这期间传统的经济增长方式仍会持续。如果人类着手摆脱旧的增长方式太晚，就可能在尚未实现"世界平衡"系统之前出现经济崩溃。人类一天没转向世界平衡系统，就会向增长的极限接近一步。

（二）对增长极限论的评价

由于"增长极限论"涉及人类的未来，而"世界模型"的结论又如此悲观和耸人听闻，所以《增长的极限——罗马俱乐部关于人类困境的报告》一出版就引起了激烈的争论。一方面，"增长极限论"首次唤起人们对粗放型增长模式的反思，是对片面强调物质财富增长的传统发展观的挑战，使人们日益重视经济增长造成的种种不良社会后果，从而促使各国政府采取一些必要措施加以纠正，甚至重新考虑经济增长的目的，对经济发展做出更全面、更具长远观点的政策调整；另一方面，"增长极限论"也引起了来自各方面的批评。除去对其世界模型及其使用资料较具体的一些批评以外，最多的批评之一是该理论低估了技术进步的作用。技术进步并非像麦多斯描述的那样无能，在技术进步的过程中会不断出现新能源和新材料，其中有些如太阳能、风能、地热资源以及天体引力造成的潮汐能量等同传统的能源相比无论在来源上和储量上都有着质的区别。科技的发展已经将人类引向太空，它已向人们显示出人类摆脱地球传统资源束缚的可能性。此外，现有的经济增长也不是照旧有模式进行的，世界的经济增长已经显示出朝着低污染、低能耗和高技术的方向发展。传统的经济增长本身也在发生着一些重大变化。内涵式经济增长成为经济增长的主流，人们更重视的是投资的质量而不是其数量。而且，人类社会纠正经济增长中各种失误的能力也被"世界模型"在相当程度上低估了。20 世纪 80 年代以来，各主要资本主义国家的生态环境都得到了较大的改善，许多全球性保护生态环境的条约和措施正在发挥着作用。尽管绝大多数经济学家对麦多斯提出的人类面临的五种严重趋势都很重视，但持同样悲观态度的人却很少。

自从罗马俱乐部的报告提出"增长极限论"以后，越来越多的人开始认真思考全球范围内的长期发展问题。人们认识到，当今世界发达国家的生产和生活模式是无法也不能推广的。在这个模式下，少数人消耗大部分资源，而大多数人则实际上被剥夺了发展的机会。如果全球人口都按这种模式生产和生活，人类社会将在很短的时间内耗尽一切不可更新的资源，同时使污染达到前所未有的程度，人类也将迅速走向死亡。根据这样的认识，人们开始重视发展的持续性，希望能找到一条持续发展的道路。

1980 年，世界自然保护联盟发表了《世界自然保护战略》，首先提出了可持续发展的概念。1987 年，联合国世界环境与发展委员会向联合国提交了一份题为《我们共同的未来》的报告，报告中设计了一个"可持续发展"的模式。1992 年，在里约热内卢召开的联合国环境与发展大会通过了《里约热内卢环境与发展宣言》和《全球 21 世纪议程》等重要文件。会议号召成员国制定本国的"可持续发展"战略和政策，并加强合作，把"可持续发展"由理论和概念推向行动。

四、可持续发展理论

（一）可持续发展的定义

可持续发展（Sustainable Development）是一个内涵非常丰富的概念，迄今尚未形成一致的定义。学者们从不同角度所下的定义，从不同侧面反映了可持续发展的内涵。从环境角度看，可持续发展是"保护和加强环境系统的生产和更新能力"；从生态角度看，可持续发展是"寻求一种最佳的生态系统，以支持生态的完整性和人类愿望的实现，使人类的生存环境得以持续"；从社会角度看，可持续发展是"人口增长趋于平衡，经济稳定，政治安定，社会秩序井然的一种社会发展"；或者"在环境允许的范围内，现在和将来给社会上所有的人提供充足的生活保障"；从科技角度看，可持续发展是"转向更清洁、更有效的技术，尽可能接近零排放或密闭工艺方法，尽可能减少能源和其他自然资源的消耗"；从经济角度看，可持续发展是"建立在成本效益比较和审慎的经济分析基础上的发展政策和环境政策，加强环境保护，从而导致福利的增加和可持续水平的提高"。

目前被广为接受的可持续发展的定义，是联合国世界环境与发展委员会 1987 年在《我们共同的未来》一书中予以界定，经过发展中国家与发达国家的一系列对话和辩论，于 1989 年联合国环境署第 15 届理事会期间达成共识的：可持续发展系指"满足当前需要而又不削弱子孙后代满足其需要之能力的发展"。这一定义涵盖了丰富的内容，它表明可持续发展的本质是"满足需求"，同时又为处于不同发展阶段的国家留下了阐释空间。发达国家的物质财富和科技水平已经能够使人们过上满足基本需求的好生活，因而其可持续发展的主要任务是增进分配公平和改变生产、消费方式，甚至可以像西方一些激进人士所主张的那样限制经济增长。而绝大多数发展中国家尚未完成工业化，收入水平低，有大量人口生活在绝对贫困线以下，从总体上看，其创造财富的能力距满足全体居民基本需求的目标还有很大距离。因此，发展中国家可持续发展的主要任务是在减少贫困和保护生态环境的同时促进经济发展。可以说，发达国家可持续发展的重点在"持续"，而发展中国家的重点在"发展"。

（二）可持续发展的基本原则

1. 公平性原则（Fairness）

可持续发展所追求的公平性原则，包括三层意思：一是当代人的公平即同代人之间的横向公平性。可持续发展要满足全体人民的基本需求和给全体人民机会以满足他们要求较好生活的愿望。当今世界的现实是一部分人富足，而另一部分人特别是世界上 1/5 的人口处于贫困状态。这种贫富悬殊、两极分化的世界，不可能实现可持续发展。因此，要给世

145

界以公平的分配和公平的发展权，要把消除贫困作为可持续发展进程特别优先的问题来考虑。二是代际公平，即当代人与后代人之间资源的纵向公平分配。由于所有的资源都掌握在活着的那一代人的手中，它对以后几代人的资源配置起着支配作用。当代人要认识到人类赖以生存的自然资源是有限的，不能因为自己的发展与需求而损害人类世世代代满足需求的条件——自然资源与环境，要给世世代代以公平利用自然资源的权利。三是公平分配有限资源。目前，占全球人口26%的发达国家消耗的能源占全球的80%。发达国家这种不合理占用资源的状况限制了发展中国家利用地球资源实现经济增长的机会。联合国环境与发展大会通过的《里约热内卢环境与发展宣言》已经把这一公平原则上升为国家的主权原则："各国拥有按照其本国的环境与发展政策开发本国自然资源的主权，并负有确保在其管辖范围内或其控制下的活动不致损害其他国家或各国管辖范围以外地区的环境的责任"。

2. 可持续性原则(Sustainability)

可持续性是指生态系统受到某种干扰时能保持其生产率的能力。资源与环境是人类生存与发展的基础和条件，离开了资源与环境就没有了人类的生存与发展。资源的合理利用和生态系统持续性的保持是人类持续发展的首要条件。可持续发展要求人们根据生物圈的承载能力，调整自己的生活方式，在生态系统能够承受的范围内确定自己的消耗标准，合理开发利用自然资源，使资源和环境能持久地被人类享用。可持续性原则的核心是人类的经济和社会发展不能超越资源与环境的承载能力。

3. 共同性原则(Common)

鉴于世界各国历史、文化和发展水平的差异，可持续发展的具体目标、政策和实施步骤不可能是唯一的。但是，人类只有一个地球，地球是一个整体，地区性的问题往往会转化为全球性问题，这就要求地方的决策行为，应该有助于实现全球整体的协调。可持续发展作为全球发展的总目标，所体现的公平性和可持续性原则是共同的。《里约热内卢环境与发展宣言》指出："致力于达成既尊重所有各方的利益，又保护全球环境与发展体系的国际协定，认识到我们的家园——地球的整体性和相互依存性。"可见，从广义上说，可持续发展的战略就是要促进人类及人类与自然之间的和谐。

在实现可持续发展战略过程中存在着许多障碍，首先，人类的经济行为都是在一定约束条件下寻求自身利益的最大化。但可持续发展的战略目标并不是经济人利益函数中的目标变量，经济人面临的约束条件制约着人们做出可持续发展的选择。也就是说，尽管可持续发展符合人类的共同利益，但却不是个人行动的最佳选择。其次，可持续发展战略着眼于未来，它要求的实际上是长期状态下的资源优化配置。然而，现实生活中，经济人考虑的往往是看得见的短期利益。最后，可持续发展是一种整体发展战略，它要求全球范围内的人们协同行动，但由于种种原因，实际上这种全球甚至全国范围内的协同行动都很难达到。

要克服这三个障碍，必须从两个途径入手：一是设法改变约束条件，或者通过教育等手段提高人的素质以改变人的目标变量，使得人的行为与可持续发展的要求相适应；二是在既定约束条件下考虑如何实现长期的和整体的利益，与当前决策者的个人利益最大化行为有机结合。这两个方面都要求充分发挥价格和非价格机制的作用。

（三）可持续发展的测度

可持续发展指标和指标体系是可持续发展从理论到实践的重要纽带。国内外正对此进行深入的研究。这里我们介绍两种评价方法：环境经济学的方法和世界银行的方法。

1. 环境经济学的方法

此方法采用统一的价值量作为度量一国环境资源与人造资本的共同尺度。其核心是将自然资源存量或人类活动造成的自然损耗和环境损失，通过评估测算的方法，同人造资本的经济价值量进行综合计量，采用经济学的效益—费用分析的基本方法确定资源的配置，并以此为标准评价人类活动的实际效果。

传统的经济增长模型中只有两种要素：物质资本和劳动，后来又加进了人力资本。机器设备、建筑物、基础设施等物质资本，人的劳动以及劳动力的经验和技能，都是收入增长所不可或缺的。但环境的重要性没有得到反映。当环境状况恶化时，前面三种要素的效能会下降，甚至根本无法发挥作用。于是，为了在经济分析中引入环境因素，经济学家提出了自然资本的概念。

自然资本是指一国现存自然资源和环境的经济价值。和其他资本一样，自然资本也能提供商品和服务，其存量可以通过可再生资源的自然增长和人类的投资活动而增加，如发现新的自然资源，或使原先受损的环境得到恢复。[1]

如何估算自然资本的价值呢？这个问题比较复杂。物质资本和人力资本都属于后天资本，全部是通过投资形成的，因此可以认为其价值等于投资额。例如，一台机器的价值等于它的各个零部件的价格加上安装费，一位工程师的人力资本的价值等于他所受的全部教育和培训的成本之和。但自然资本的价值显然不能用这种方法估算。

一种变通的办法是通过自然资本所带来的净收益来估算自然资本的价值。例如估算一片森林的价值，可先用每年的砍伐量乘以木材的市场价格，求出年毛收益；再从中减去砍伐成本，得到年净收益；然后把砍伐期内每年的净收益折算成现值再加总，就是这片森林的经济价值。类似的方法可以直接应用到渔场、矿藏和土壤肥力的估价。但是这种方法仅限于可交易的自然资源。对于不可交易的自然资源和环境，如干净的空气、水、生物多样性等，只能以失去它们所导致的损失来近似估价，例如环境的价值按治理污染的成本来估价。

引入自然资本概念对于纠正过去那种狭隘的发展观具有重要意义。现在仍然通行的国民经济核算指标是 GNP 或 GDP，它们不能反映经济增长对环境的影响，容易高估经济规模和增长速度，对依赖于开发矿产资源、土地资源、水产资源和森林资源获得重要收入的发展中国家来说尤其如此。这是因为环境没有价格，在国民经济核算体系中体现不出来。引入自然资本概念就可以解决这个问题。目前许多国家在研究绿色 GDP 核算方法。所谓

---

[1]　齐良书编著：《发展经济学》，中国发展出版社 2002 年版，第 117 页。

绿色 GDP，就是从 GDP 中扣除自然资本的消耗而得到的经过环境调整的国内生产总值。绿色 GDP 能体现经济发展质量。如果经过环境调整的资本形成净额下降，就表明增长不具有可持续性，应该相应地调整经济发展政策。

2. 世界银行的方法

世界银行的经济学家还进一步将可持续性划分为对人均资本保有程度要求不同的三个层次，即弱可持续性、适中可持续性和强可持续性。弱可持续性只要求资本总量不减少而不考虑资本的结构，这实际上意味着假定各种资本之间存在完全可替代性，如对自然资源利用的收益进行投资，使之转换为物质资本；适中可持续性除了要求资本总量不减少外还要求资本的构成合理，即各种资本都不能低于拟定限度，它肯定了各种资本之间的部分可替代关系。强可持续性不允许各种资本之间的替代，要求各种资本都不能减少，如对于自然资本而言，消耗石油所得到的收益必须全部用于可持续的能源生产。

【案例 8-1】

中国可持续发展 20 年回顾与展望

自 1992 年联合国环发大会以来，中国立足基本国情，积极应对国内外环境的复杂变化和重大挑战，将以人为本、全面协调可持续的科学发展观确立为国家发展的根本指导思想，全面实施可持续发展战略，取得了积极的进展。同时，中国作为一个发展中国家，在可持续发展领域还面临着许多新的挑战。

一、中国可持续发展的主要进展和基本经验

经济发展、社会进步和资源环境保护是可持续发展的三大支柱。20 年来，中国国民经济持续、快速、健康发展，综合国力明显增强，人民物质生活水平和生活质量有了较大幅度改善，教育、卫生、就业、社会保障等事业发展取得了显著成效，资源综合利用水平明显提高，主要污染物排放量有所下降，生态恶化的趋势得到初步遏制。中国在促进经济社会发展与资源环境相协调上取得了积极成效。

（一）经济发展方式转变进程加快

20 年来，中国经济始终保持平稳较快发展，经济实力大幅增强，已成为全球第二大经济体、第一大出口国和对全球经济增长贡献最大的国家。与此同时，我们坚持走新型工业化道路，着力提高经济发展质量，推动经济结构战略性调整，经济发展方式明显优化。

1. 经济发展的"三驾马车"更趋协调

通过大力构建扩大内需的长效机制，促进了我国经济由过分依靠投资、出口拉动向投资、出口、消费协调拉动方向转变。内需对经济增长的贡献率不断提高，投资、出口、消费三大需求协调增长的态势初步形成。

2. 三次产业结构不断优化

三次产业比例由 1992 年的 21.8%、43.45%、34.8%调整为 2010 年的 10.1%、46.8%、43.1%。农业现代化进程加决，综合生产能力不断增强。我们用占世界不足

10%的耕地和人均仅有世界水平28%的水资源，养活了占世界1/5的人口。不断优化工业结构和布局，坚决淘汰落后产能，大力发展循环经济和低碳技术，支持产业技术改造、兼并重组和创新发展，推动战略性新兴产业快速成长，工业效率和竞争力明显提高。第三产业规模不断扩大，开放程度不断提高，2010年服务业实现增加值17.4万亿元，对国民经济的拉动作用明显增强。

3. 统筹区域和城乡发展步伐加快

区域发展差距扩大的势头得到有效遏制，2007年以来，西部、中部、东北地区的增长速度相继超过东部地区，区域发展的协调性进一步增强。城镇化加速推进，2011年我国城镇化率达到51.27%，比1990年将近翻了一番，农民收入增长幅度连续两年超过城镇居民，标志着经济社会结构发生了深刻变化。

4. 扶贫开发事业取得明显成效

10年来，贫困人口从9422万人减少到2688万人，贫困发生率由10.2%下降到2.8%，是最早实现联合国千年发展目标中"贫困人口比例减半"的国家。

(二)生态环境保护成绩突出

20年来，我国不断加大资源节约和保护、生态建设和环境保护力度，能源消费强度大幅度降低，重要资源的保护与管理得到加强，环境质量有所改善。第一，资源可持续利用能力明显提升。万元GDP能耗从1990年的5.32吨标准煤下降到2010年的0.81吨标准煤，万元GDP用水量从1993年的1920立方米下降到2010年的190.6立方米；大力发展可再生能源，目前已成为世界上水电、风电装机容量和太阳能热水器集热面积最大的国家。第二，环境保护取得积极进展。加强重点地区污染防治和综合治理，部分地区环境质量有所改善。2011年，二氧化硫、化学需氧量排放总量比2005年分别下降了16%和14%。高度重视气候变化应对工作，依据自身国情做出了自主减排郑重承诺，为推动建立公平合理的应对气候变化国际制度作出了重要贡献。第三，生态质量有所改善。森林资源持续快速增长，森林覆盖率由1990年的12.98%上升到2010年的20.36%。荒漠化、沙化土地分别由20世纪末年均扩展10400平方公里和3436平方公里，扭转为年均净减少2491平方公里和1717平方公里。中国可持续发展取得的成就，得益于中国政府坚持以科学发展观为统领，坚定不移地实施可持续发展战略，把自上而下的战略部署与自下而上的探索紧密结合，初步探索出了一条有中国特色的可持续发展道路。

1. 坚持理论创新，不断丰富和发展可持续发展的理念

中国政府于1994年在世界上率先发布了中国的可持续发展战略行动计划即《中国21世纪议程》，1996年中国将可持续发展上升为国家战略并全面推进实施。进入新世纪以来，中国将科学发展观确定为经济社会发展的主要指导方针，并先后提出了资源节约型和环境友好型社会、创新型国家、生态文明等先进理念并不断付诸实践。

2. 坚持制度创新，把政府引导与发挥市场机制的调节作用相结合

不断创新政府管理模式，从规划引导、政策措施、制度安排、组织保障等方面加大统筹力度，设立了资源环境和节能减排方面的约束性指标和工作责任体系，狠抓工作落实；同时，非常注重发挥市场在资源配置中的基础性作用，通过不断完善市场经

济体制，激发企业发展循环经济、进行清洁生产、节约资源和保护生态环境的主动性与创造性。

3. 坚持试点先行，不断探索可持续发展模式新路径

1992 年以来，中国先后组织开展了可持续发展实验区建设、循环经济实验示范、"两型社会"综合配套改革试验区、生态示范区、现代农业示范区、低碳示范省市等试点示范活动，各具特色的新型可持续发展模式不断涌现。

二、深入推进中国可持续发展面临的机遇与挑战

当前，世情国情正在发生深刻变化，我国经济社会发展呈现新的阶段性特征。深入推进我国的可持续发展，既面临难得的历史机遇，也面对诸多压力和挑战。

(一)机遇和有利条件

从国际看，经济全球化深入发展，世界经济政治格局出现新变化，科技创新孕育新突破，国际环境总体有利于我国的可持续发展；从国内看，市场需求潜力巨大，资金供给充足，科技和教育整体水平提升，劳动力素质改善，基础设施日益完善，政府宏观调控和应对复杂局面能力明显提高，深入推进中国的可持续发展有了坚实的物质基础和体制机制保障。

1. 全球范围内绿色产业革命兴起

2008 年金融危机以来，在全球范围内，低碳环保、新能源和可再生能源、新材料、信息网络等技术加速兴起。这些技术的推广应用正引发全球产业结构新的调整重组，推动以绿色为特征的产业转型升级。我国作为一个全方位对外开放的发展中国家，国际上的科技和产业创新趋势，有利于我国借鉴和引进绿色发展经验与低碳技术，进一步发展战略性新兴产业，加快经济发展方式转变。

2. 工业化、城镇化快速发展

推进工业化、城镇化，既是中国当前和今后一个时期的重大战略任务，也是重大机遇。随着现代化进程的推进，基础设施、城市建设、重大装备、科技研发、生产服务等方面的潜在需求巨大，必将带动投资需求持续增长和就业比重上升。我国城乡居民消费结构仍处于不断升级过程中，随着人民收入水平的提高，国内汽车、家用电器、住房等生活消费需求步入快车道，居民消费市场加速扩大。尚未释放的巨大需求潜力为中国经济的持续健康发展提供了广阔的空间。

3. 可持续发展得到社会各界广泛认同

在中国政府的正确引导下，科学发展观深入人心，企业、非政府组织、媒体和公众积极参与可持续发展，节约资源、保护环境、绿色消费等理念得到了社会的广泛认同，公众对环境质量的要求明显提高，不仅为可持续发展奠定了广泛的社会基础，而且成为推进可持续发展的巨大动力。

(二)挑战和压力

从国际看，世界经济复苏进程艰难曲折，气候变化、能源资源安全等全球性问题更加突出，各种形式的保护主义抬头，国际经济环境的复杂性和不确定性明显增加；从国内看，保持经济平稳较快发展的任务仍十分艰巨，发展中不平衡、不协调、不可持续的问题突出。

1. 资源环境对发展的约束增强

中国的自然地理环境复杂多样，干旱、半干旱地区占国土面积的52%。受自然因素以及不合理开发方式的影响，90%的可利用天然草原存在不同程度的退化，环境总体恶化的趋势尚未根本改变。中国人均淡水、耕地、森林资源占有量分别为世界平均水平的28%、40%和25%，石油、铁矿石、铜等重要矿产资源的人均可采储量分别为世界人均水平的7.7%、17%和17%，石油、矿石对外依存度等均已超过50%。同时，我国正处于工业化和城镇化加速发展阶段，发达国家在一两百年工业化进程中出现的资源环境等问题在我国现阶段集中体现。

2. 面临发展和转型的双重压力

从总体来看，中国人口多、底子薄、生产力不发达的基本国情没有根本改变，发展中国家的根本属性没有改变，中国仍处于并将长期处于社会主义初级阶段，这决定了中国必须加快发展。与此同时，资源环境的硬约束逐步凸显，中国面临着转变经济发展方式的巨大压力，这决定了中国必须转型发展。如何在确保实现发展目标的前提下切实推进发展方式转变，是当前及今后一定时期中国面临的一个重大挑战。

3. 发展中的结构性问题突出

我国产业结构不合理，内需与外需、投资与消费结构不平衡，区域、城乡发展不协调的问题还没有根本解决，推进经济结构调整任重道远。区域间基本公共服务水平发展差距较大，农村生产生活条件和公共服务水平远远落后于城市，保障和改善民生的任务十分艰巨。

三、深入推进中国可持续发展的思路和对策

当前和今后一个时期，是中国全面建设小康社会的关键时期，也是深入推进可持续发展的关键时期。要坚持以科学发展为主题，以加快转变经济发展方式为主线，以保障和改善民生为根本出发点和落脚点，以改革开放、科技创新为动力，全面推进经济绿色发展，社会全面进步、人与自然和谐相处。力争到2020年，在优化结构、提高效益、降低消耗、保护环境的基础上，实现人均GDP比2000年翻两番；人民生活得到显著改善，社会就业更加充分，绝对贫困现象基本消除，生态文明建设取得重大进展，资源能源开发利用更趋合理，生态环境质量显著改善，可持续发展能力持续提升，努力形成经济社会与人口资源环境协调发展的新局面。

1. 把转变经济发展方式作为实现可持续发展的重大举措

着力调整需求结构、产业结构和要素投入结构，进一步优化区域结构和城乡结构，推动经济增长向依靠消费、投资、出口协调拉动以及第一、第二、第三产业协同带动转变；深入实施科教兴国战略和人才强国战略，推动发展向主要依靠科技进步、劳动者素质提高、管理创新转变；加快推进生产方式和消费模式绿色化进程，促进经济社会发展与人口资源环境相协调。

2. 把保障和改善民生作为实现可持续发展的核心要求

坚持计划生育基本国策，在控制人口总量的基础上，着力提高人口素质，优化人口结构，促进人口的持续均衡发展。要将促进就业作为政府工作的主要目标和任务加以落实。要加快发展各项社会事业，完善保障和改善民生的各项制度，提高保障水

平，推进基本公共服务在区域间、城乡间的均等化，使发展成果惠及全体人民。

3. 把加快欠发达地区发展作为实现可持续发展的重点任务

把集中连片特殊困难地区作为扶贫攻坚的主战场，通过专项扶贫、行业扶贫、社会扶贫，加大投入和工作力度，提高贫困人口的基本素质和能力，确保贫困人口收入增长速度高于全国平均水平。进一步采取财税支持、投资倾斜、产业扶持、土地使用等特殊政策，积极培育主导产业，增强发展能力，全面推进扶贫开发进程。

可持续发展是人类社会的共同责任，中国是可持续发展的坚定支持者和实践者。中国将在科学发展观的指引下，以更大的决心、下更大的力气、采取更加有效的措施深入推进可持续发展进程，为全球可持续发展做出新的更大的贡献。

资料来源：杜鹰：《中国可持续发展 20 年回顾与展望》，《中国科学院院刊》2012 年第 3 期。

【思考题】

一、基本概念

环境问题　可持续发展　外部不经济性

二、简答题

1. 发展中国家的人口增长和环境问题是怎样互相影响的？

2. 简述"增长极理论"和可持续发展理论的主要内容。

3. 什么是环境库兹涅茨曲线？试解释其形成的原因。

三、论述题

试述中国如何将可持续发展战略具体化。

主要参考文献和阅读指南

1. 谭崇台主编：《发展经济学概论》，武汉大学出版社 2001 年版。

2. 张培刚、张建华主编：《发展经济学》，北京大学出版社 2009 年版。

3. The World Commission on Environment and Development, *Our Common Future*, Oxford University Press, 1987.

4. 麦多斯等著：《增长的极限》，吉林人民出版社 1997 年版，第 17、109 页。

5. Kuznets, Simon, Economic Growth and Income Inequality, *American Economic Review*, March 1955.

6. 陈宗胜主编：《发展经济学》，复旦大学出版社 2000 年版。

7. 陈井安等：《人才红利效应与中国经济持续增长》，《经济学动态》2012 年第 5 期。

结　构　编

第九章　农业与经济发展

农业是经济发展的基础和起点。发展中国家大多以农业为主,而且越是落后的国家,其农业的比重越大。对于发展中国家来说,农业不仅提供人们所需要的最基本的消费品,而且是其他部门发展的必要条件,是实现工业化的基础和前提。本章在分析农业在经济发展中的作用及发展中国家农业的基本状况的基础上,论述农业的技术变革问题,并阐述发展中国家农业进步的制度和政策。

一、农业在经济发展中的地位和作用

所谓农业的地位,是指其与其他经济活动诸部门的相对重要性。农业的地位和其他诸部门一样,显然是动态变动的,① 也就是说,农业在经济发展中的地位,可以从两个方面体现出来:一方面是农业在整个国民经济中的比重是动态变化的;另一方面是农业在国民经济中具有基础性地位。

随着工业化和经济发展水平的提高,现代工业部门在国民经济部门中的份额逐渐增加,农业的相对地位下降,即其总产值和就业在国民经济部门中所占的份额日益减少,但这并不意味着农业在国民经济的重要性有所减少。这种份额的下降是以农业生产率的提高和农业总产值的绝对增加为前提的。只要人类的粮食仍以动植物为主,农业将依然持续地是供应粮食的主要源泉。农业无论在什么时候作为国民经济的基础性地位都是不会动摇的。对于广大发展中国家而言,农业的重要性更是突出。

农业对经济发展的具体作用和贡献,可以划分为四个方面,这也就是经济学界通常所说的"农业四大贡献"。主要体现为农业的产品贡献、市场贡献、要素贡献和外汇贡献。②

(一)产品贡献

非农业部门的扩大以农业发展为前提,农业不仅要为非农业部门的就业人员提供食物,而且还要为某些制造业,如纺织,提供原材料。前者可称为农业部门的粮食贡献,后者可称为原料贡献,合称为农业的产品贡献。

---

① 张培刚著:《农业与工业化》,华中科技大学出版社 2002 年版,第 146 页。

② 最早由张培刚先生在 20 世纪 40 年代中叶提出。后来的许多学者基本上也是围绕这四个方面来展开论述的。参阅张培刚著:《农业与工业化》,华中科技大学出版社 2002 年版,第 21~63 页。

1. 原料贡献

在发展中国家，许多工业部门都把农产品作为主要原料。没有农业部门提供的原料，这些工业部门就不能发展起来。在经济发展水平较低的发展中国家，以农产品为原料的工业生产一般在整个工业生产中占有相当大的比重。当然，随着经济的发展，以农产品为原料的工业生产比重会逐渐趋于下降。但是，应当看到，在进入工业化之前，以农产品为原料的工业在整个工业中仍然占有相当重要的地位。越是经济不发达的国家，以农产品为原料的工业的地位就越是重要；反之，对于经济发达的国家来说，以农产品为原料的工业的地位不是很重要。当然，从动态的角度来看，随着经济的发展，以农产品为原料的工业所占比重有下降的趋势。

2. 粮食贡献

如果说不是所有的发展经济学家都重视农业部门的原料贡献的话，那么，几乎所有关心经济发展的发展经济学家都强调粮食在经济发展中的关键作用。这是由于，在许多发展中国家由于以下几个原因，对粮食的需求是巨大的。

第一，发展中国家粮食的边际消费倾向远远高于发达国家，结果是随着经济的发展、人均收入的提高，在一段时期内对粮食的需求将会迅速增加。这就是说，发展中国家的粮食需求弹性要远远高于发达国家。据估计，发展中国家粮食需求弹性达 0.8 以上，而发达国家只有 0.15 左右。[①]

第二，与发达国家相比，发展中国家人口的增长率要高得多。在发达国家，人口的增长已经处于低死亡率、低出生率阶段，而发展中国家则处于低死亡率、高出生率阶段，因而人口增长迅速，从而导致了发展中国家对粮食需求的增长。目前一些发展中国家近亿的人口处在饥饿和死亡的边缘，其中一个很重要的原因就是粮食的生产赶不上人口的增长。

第三，在经济结构的转换过程中，农业部门的剩余劳动力逐渐转移到城市非农业部门中，这些新工人离开农业部门时，必须自带口粮。城市人口的大量增加要求粮食供给增加。

由于上述几个原因，发展中国家在经济发展过程中，对粮食的需求是巨大的。这要求发展中国家的粮食产量保持持续增长，以满足日益增长的需求，否则会发生粮食短缺。一方面政府不得不动用大量的外汇进口粮食以满足国内需求从而加大了外汇缺口；另一方面，粮食短缺可能会诱发通货膨胀，从而引起公众的不满和社会的动荡，最终影响经济发展的速度。

(二) 市场贡献

农业部门的产品贡献来源于农产品剩余的供给，而农业部门的市场贡献则来源于其对非农业部门的产品需求。农业生产所需的投入一部分来自本部门自己的供给，如种子、肥料农具等；另一部分则来自非农业部门的产品，如化肥、地膜、农业机械等。此外，农业

---

① 彭刚、黄卫平主编：《发展经济学》，中国人民大学出版社 2007 年版，第 329 页。

人口所需的生活消费品一部分来自本部门的产出，如粮食、蔬菜等；另一部分则来自工业部门，如服装、日用工业品、家电等。农业部门对非农业部门生产资料和消费品的需求的增加，扩大了非农业部门的销售市场，促进了非农业部门的增长和繁荣。从这个意义上说，农业部门为非农业部门作出了市场贡献。

在发展中国家，大多数人口生活在农村地区。虽然农业人口的人均收入低于城市居民，但从总量上说，在一定时期，农业部门的货币总收入并不比非农业部门少。因此，广大的农村地区是一个非常重要的工业品销售市场。在发展中国家，由于农民的收入水平比城市居民更低，因而农民的消费倾向比城市居民高。这样，在一定数量的货币收入条件下，农民对工业消费品的购买就要比城市居民多。此外，从动态角度来说，农民货币收入的增加比城市居民的同量增加，更有利于消费品市场的扩大和消费品工业的发展。

农业部门对工业部门生产的农业生产资料的需求也是一个重要的工业品市场。农业部门与制造农业生产资料的部门之间的联系被称为后向联系，这种联系随着农业的发展而越来越密切。这是由于农业生产率的提高和农业生产的增长越来越依赖现代工业投入品的增加。因而，农业的发展也促进了农业生产资料工业部门的扩张。

（三）要素贡献

农业的要素贡献主要体现在土地、劳动力和资本这三方面。

就土地贡献而言，城市的发展必须依靠从农业中流出的土地。农业在为非农产业发展提供土地时，必须以提高农业土地生产率为前提，使农业在土地面积减少的情况下，也能生产出同样多甚至是更多的农产品。提高土地生产率可以借助集约生产的方式，通过向农业投入更多技术、资本或劳动来实现。但由于农业具有高风险、长周期的特点以及历史和人为原因造成的农产品价格歧视的广泛存在，它在与非农产业竞争资源时，常常处于不利地位。因此，如果完全由市场来调节土地流向，农业用地就会出现严重的过量流失；要解决这个问题，往往需要借助法律手段。

农业对经济发展的另一个重要的要素贡献，是为非农产业的发展提供了大量的劳动力。一方面，传统农业中存在大量剩余劳动力，工业化开展以后，这些剩余劳动力在比较利益和现代生活方式的吸引下，将会大量涌向工业和城市，并带有一定的盲目性；另一方面，随着农业现代化水平的提高，农业也会释放出新的剩余劳动力。通过劳动力和人口从农业向工业、从农村向城市的转移，农业就会为经济发展作出重要的劳动力贡献。

农业还为工业化的起步作出了巨大的资本贡献。农业部门的资本贡献是指农业剩余的净流出。农业部门在向非农业部门提供农产品的同时，还要从非农业部门中购买工业品，以满足本部门的需要。从农业剩余中减去农业部门购买的工业品数额即得到净农业剩余，此即农业部门的资本贡献。举个例子说，假设一个国家在某一年农业部门为非农业部门提供的农业剩余是 1 亿吨粮食，价值为 1000 亿元，而农业部门向非农业部门购买工业品花费了 600 亿元。这样，在这一年中，农业剩余的净流出是 400 亿元。这就是农业部门为非农业部门作出的资本贡献。

工业化的推进有赖于工业部门和第三产业的扩张，而非农业部门的扩张则需要巨额的资本投入。在工业化初期阶段，一个国家的非农业部门尤其是工业部门规模甚小，依靠自身来筹措发展资金是远远不够的。这样，农业部门就成为国内储蓄和资本积累的重要来源。当然，在工业化初期，农业部门也要有适度增长，农业的发展也需要有资本投入。但是，在农业部门中，生产的增长和生产率的提高不一定需要投入大量的资本。它可以通过增加更多的劳动投入来解决这个问题（如修筑水利设施和道路、平整土地等），而发展中国家劳动力资源丰富。因此，农业部门为非农业部门提供资本是完全可能的。

把资本从农业部门转移到非农业部门，一般来说有两个途径：一是依靠市场机制自动转移，二是依靠政权力量强制性转移。如果依靠市场机制自动转移，那就必须具备三个条件：第一，农业必须向非农业部门出售产品，即必须有市场剩余。第二，农民必须是净储蓄者，即他们的消费必须少于他们的收入。第三，农民的储蓄必须超过他们在农业上的投资，或者说，必须有农业净储蓄或资本净流出。一般认为，要满足这些条件，就必须给农民适当的刺激，使他们增加市场剩余，愿意节制消费，并且情愿把他们的储蓄转为非农业投资。历史上，美国、加拿大等国主要就是通过市场机制来转移农业剩余的。在当今许多发展中国家，为了加快经济发展，政府宁愿运用政权力量强制性地把农业部门的一部分剩余转移到工业部门。政府转移农业剩余的手段有直接和间接两种。直接手段主要是对农业征收重税。如日本在工业化过程中对农业课以重税就属于这种情况。间接手段主要是对两部门产品交换比价进行控制，以低于其价值的价格向农业部门收购农产品，以高于其价值的价格向农业部门销售工业品。20世纪50年代起中国台湾地区实行的"化肥换谷制度"就是这种情况。中国自20世纪50年代以来也主要是通过工农产品不等价交换来转移农业剩余的。据计算，中国在20世纪90年代中期以前的40年中，农业资本净流出100%是通过工农产品不等价交换方式进行的。这是一种非常隐蔽的资本转移方式，一般不容易被农民察觉。

（四）外汇贡献

农业的外汇贡献，是通过两种途径实现的：一方面，表现为农产品出口创汇；另一方面，表现为通过增加农业产出，来减少农产品的进口，以节省外汇。对于发展中国家而言，农业是一个重要的创汇来源。由于技术水平和规模效益的限制，发展中国家大面积生产的农作物在国际市场上处于价格劣势，没有竞争力，它们主要通过出口具有本国地理和气候特色的农产品，例如橡胶、水果、茶叶、椰子、可可、糖、咖啡等，来换取经济发展所需的各种技术产品和资本品。发展中国家工业化初期的农产品出口，具有以下特征：第一，农产品出口在国民生产总值中占较高比重；第二，农产品出口往往集中于少数甚至是单一的产品。这种生产和出口高度依赖少数或单一农产品生产和出口的贸易和经济格局，无疑会对发展中国家不利。一方面，由于农产品为初级产品，需求弹性小，其需求不会随着进口国收入水平的提高而成比例地增加，也难以通过降价而同比例地扩大销售；另一方面，农产品出口也面临来自供应方的约束，这种约束来自技术、规模、管理等多方面。因此，传统农业的创汇能力是非常有限的。

应该强调的是，农业对经济发展方面的四大作用，在工业化的不同阶段并不是同等重要的。在工业化初级阶段，农业作为国民经济中的主要部门，所作的产品贡献和要素贡献（资本和劳动力）十分突出；在工业化中期阶段，对农业部门的资本和产品的依赖程度逐渐减弱，而对农业部门的市场的依赖越来越强；在工业化高级阶段，农业的要素贡献和外汇贡献进一步减小，市场贡献也在逐步减小。相反，随着城市人口越来越多，农业部门的产品贡献再次凸显出来。此外，农业的贡献不仅仅表现在上述四个方面。从经济发展阶段分析，农业的产品贡献、要素贡献、市场贡献、外汇贡献，大多发生在从以农业为主向以工业为主的社会经济结构转型过程中。当这种结构转型完成后，经济结构开始由工业社会向后工业社会转变时，农业对结构转变的作用也发生了新的变化。例如，许多经济学家都注意到，当人均收入水平超过一定阶段后，社会对农产品的需求由上升转为下降。在这种下降过程中，社会对农业的需求也发生了结构性变化。出于享受和健康的考虑，人们对农业产生了非实物化的需要，日益要求农业能生产出良好的"生态环境"，为社会提供休闲、旅游和教育等产品。于是，以绿化、美化和保护人类生存环境为目的植树造林、种草甚至种花等生产和经营活动，在农业中迅速成长起来，形成了一种新的农业贡献，即"生态环境"贡献。农业的生态环境贡献，是随着以工业为主的社会向以服务业为主的社会经济结构转变而产生并逐步增加的，与此相对应，农业内部的产出结构也发生了变化，这就是实物产出份额下降而非实物产出份额上升。

二、传统农业与现代化农业

发展中国家的农业发展，从根本上来说就是从主要是自给自足的传统农业向现代化的商品农业转变的过程。本部分主要阐明传统农业和现代化农业的特征、农业转型的发展阶段以及发展中国家在这一过程中需要解决的问题，揭示从传统农业向现代化农业转变的规律。

(一)农业转型的阶段划分

一些学者曾对农业发展的阶段进行过划分。如韦茨(R. Weize)的农业发展三阶段理论，蒂默(C. Peter Timmer)的农业发展四阶段理论和梅勒(John W. Mellor)的农业发展三阶段理论。这里主要介绍韦茨的农业发展三阶段理论。

(1)传统的自给自足农业阶段。其主要特征是技术进步缓慢，生产力低下，产品单一，农业没有剩余，生产中使用的生产要素主要是土地和劳动。大多数农民处于半失业状态，只有在农忙季节才有可能充分就业。

(2)混合的多种经营农业阶段。这一阶段是小农经济发展的重要阶段，也是进一步向专业化农业发展的过渡阶段。这一阶段的主要特征是：

①多样化的生产结构。主要以家庭经营为主，辅之以多种服务。这时农业生产已开始由单一的种植农作物转向种植一部分经济作物，并经营简单的畜牧业，因而农业生产不再由一种主要产品支配，出现了多样化的情况。

②高于维持生存的收入水平。由于多种经营的出现，半失业状态逐渐缓解，在"农闲"季节可将劳动力转移到畜牧业及其他经济作物的管理和加工上，这样既避免了"变相失业"，又增加了收益，有了农业剩余。

③尝试进行技术变革。收益的提高，农业剩余的出现，不仅使资本投入增加成为可

能，而且导致农产品商品化趋势出现，并有了追求技术进步的收益的需求，化肥、薄膜、农机等已在农业中应用。

（3）专业化、现代化、商品化农业阶段。在这个阶段，农民向市场出售的已不是剩余农产品，他们的经营目标是利润最大化，生产的产品是满足市场需要，专业化协作越来越强。生产要素的使用不仅限于土地和劳动，在生产过程中，资本投资、技术变革和创新、研究与开发占有重要地位，成本、收益、价格、风险等经济概念贯穿经营过程。利润最大化、规模经济、生产要素的优化组合、较为迅速的科学进步成为发展的动力。这是市场经济条件下农业发展的最高阶段，并与国民经济中其他领域的全面发展相联系、相适应。韦茨所划分的农业发展的三个阶段中，第一个阶段为传统农业，第三个阶段为现代化农业，第二个阶段则属于从传统农业向现代化农业转化的过渡性阶段。韦茨所划分的农业发展的三个阶段的特征如表9-1所示。

表9-1　　　　　　　　　　　　　农业发展中三个阶段的特征

阶段特征	传统农业	混合农业	现代化农业
产品结构	一种主要粮食作物和多种辅助作物	多种经营	一种主要经济作物和多种辅助作物
生产目的	农用	农用及供应市场	供应市场
劳动时间	季节性	均衡使用	季节性
资本投入	低	中等	高
投入	低	中等	高
收入	低	高	中等（价格波动）
收入产值比率	高	中等	低
农业的专业技能	专业化	多样化	专业化
对技术性体制的依赖	无	部分	完全

资料来源：转引自彭刚、黄卫平主编：《发展经济学》，中国人民大学出版社2007年版，第337页。

（二）传统农业及其基本特征

人们经常用"传统农业"这一概念来描述发展中国家的农业状况。舒尔茨在其经典名著《改造传统农业》一书中对传统农业下过一个定义："完全以农民世代使用的各种生产要素为基础的农业可称为传统农业。"[1]大致说来，传统农业有以下几个特征：[2]

（1）农业技术状况长期内演进缓慢。传统农业的一个基本特征就是技术长期内大致保持不变，农民世世代代同样地耕作和生活，他们年复一年地耕种同样类型的土地，播种同

---

[1]　西奥多·舒尔茨著：《改造传统农业》，商务印书馆1999年版，第4页。
[2]　西奥多·舒尔茨著：《改造传统农业》，商务印书馆1999年版，第20~25页。

样的农作物，使用同样的生产工具，运用同样的耕作方式，在正常年份下，产量总是大致相同。农业生产技术原始落后，技术进步极为缓慢，生产率低下。农民的收入水平低，产出仅够维持生存。因此，传统农业也常常被称为"生存农业"。

（2）以小型的家庭农场为主要生产单位，市场化程度低。在传统农业中，农民在家庭中从事生产，生产规模很小，组织和管理极为简单，家长同时也是生产管理者，劳动主要由家庭成员提供。由于生产率水平和收入水平很低，农民的生产成果主要用来满足自己和家庭成员的消费，很少用来交换其他产品。这是一种自给自足或半自给自足的经济，市场极为有限，即使有市场也是狭小而零碎的。有限的市场必然导致有限的分工和专业化，使农业生产处于一种"小而全"的状态。

（3）逆风险的经营目标。这是由于传统农业技术落后，生产率和收入水平低下，农民常常处于生存的边缘状态。同时，由于传统农业的抗灾能力差，自然条件的变化会对产量造成波动，从而给农民的生存带来威胁。这些因素使得传统农业中的农民趋于保守，风险最小化成为他们的经营目标。这也部分地解释了传统农民不容易接受新技术的原因。虽然传统技术生产率不高，产出低，但保险系数大；而引进一个新物种或技术，在具有一定管理和知识的条件下，其产量可能会提高，但对于一个缺乏经验和知识的农民来说，可能会由于技术等方面的失误而造成颗粒无收。

（4）农业生产要素的边际收益率低。传统农业以土地和劳动作为主要生产要素。由于农业生产技术长期保持落后状态，传统农业农产品供给能力的增加主要依靠两种方式。一种是在固定土地上投入更多的劳动，实行集约化经营，由于收益递减规律的作用，农业劳动的边际生产率下降；另一种是扩大耕地面积，但一国可开垦的耕地是有限的，最终将没有适合耕种的土地可以开垦。另外，土地肥沃程度是有差别的，按照一般的选择规律，必然是将最肥沃的土地首先投入使用，其后越来越转向肥力差的土地。土地的这种肥力递减会使土地边际生产率下降。

（三）农业现代化的主要内容

与传统农业相对应的是现代农业。与传统农业相比，现代农业增长迅速，生产率不断提高。现代农业增长的源泉不是传统生产要素即土地和劳动的增加，而是凝结了科技进步成果的现代投入品如农业机械、肥料、杀虫剂、除草剂等的增加。

农业现代化是指传统农业转化为现代化农业的过程。具体地说，就是用现代科学技术和现代工业来为农业提供生产的技术手段和物质手段，用现代经济管理方法提供农业生产的组织管理手段，把封闭的、自给性的、停滞的农业转变为开放的、市场化的、不断增长的农业。农业现代化的主要内容包括：

（1）物质投入的现代化。现代农业采用各种机械化的工具，以石油和电能为主要动力，并广泛使用各种化学肥料和农药，其大量的物质投入由工业部门提供。

（2）生产技术的现代化。传统农业采用的生产技术主要来自农民的直接经验和代代相传，农业技术进步缓慢。现代农业则采用现代科学技术，农业技术进步迅速。

（3）生产组织经营方式的专业化和社会化。这种方式将改变传统农业自给自足的生产模式逐步向专业化、社会化和一体化方向发展。专业化是指农业生产逐步实现以某种专有产品为生产对象的发展过程。专业化可以分为生产过程的专业化、产品的专业化和区域化。农业生产专业化水平受农业的自然条件、农业的市场化程度以及农业科技水平等多种因素的影响。农业的社会化则是指随着农业分工的演变和发展，农业逐步由一个生产单位完成全部生产过程，转变为由一系列专业化的经济上相互独立、市场上相互关联的专业化生产单位，来共同完成全部的生产过程。农业生产可以划分为产前、产中和产后三大部门。农业专业化和社会化发展的方向往往是纵向联合。所谓纵向联合是指农、工、商一体化。它是在现代技术基础上，以签订合同等形式把工业、商业、金融和各项服务等与农业有关的部门联合形成的组织经营形式。其目的在于把与农业有关的部门纳入一体化的同时，把资本和技术从有关工、商、财政、金融等部门引向农业部门，从而为农业进一步发展开创新局面。这种农工商一体化的生产过程在发达国家已有相当发展，在发展中国家正在不同程度地尝试。我国目前所指的农业产业化经营，就是指这种具有紧密联系关系的农工商的长期联合以及合作社形式的或公司制形式的农工商一体化组织。

（4）生产组织管理方式的现代化。现代农业不仅采用工业化的技术装备，而且可以采用工业化的生产组织管理方式，建立以利润最大化为目标的企业，在固定的生产车间（温室）和产品加工车间进行生产，按工业化作业流程组织生产，并实行工业化的企业管理制度。

（5）农民生活方式的现代化。现代农业中的生产方式将发生巨大改变，农业收入水平也将有显著提高，相应地，农民的生活方式也将发生质的变化。

（四）发展中国家农业发展状况及存在的问题

发展中国家大多处于由传统农业向现代化农业转变的过程之中，而且传统的、落后的农业基本上居于支配地位。对照韦茨关于农业发展三个阶段的论述可以看出，目前大多数发展中国家尚处于混合的多种经营农业阶段，而且这种混合的多种经营农业阶段还将持续一段较长的时期。这是由于这种混合型农业收入虽不高，但有保障，受市场价格波动影响小，风险不大，劳动力使用均衡，技术多样，易于转向。从这个意义上也可以说，发展中国家的农业大多仍处于传统的、相对落后的局面。

技术水平和技术状况是衡量农业发展水平的一个重要标志。对于当今大多数发展中国家来说，其农业并不完全是传统的。从统计资料上看，化肥、农药、农业机械及高产良种等现代农业生产要素在大多数低收入国家都程度不同地被使用了。但是，许多生产方法和工具仍然是传统的。例如，锄头、木犁、扁担、箩筐等生产工具以及畜耕、播种、除草、收割、脱粒、运输等作业方式在1000多年前就已存在，但至今还广泛地使用着。从技术上说，整体而言，发展中国家农业部门目前既不完全是传统农业，也没有进入现代化农业，而是处在从传统向现代化转变的阶段。就中国来说，中国目前农业技术水平仍比较落后。有些生产工具和生产方法与几千年前相差无几，如牛耕在春秋时期就已经开始，现在仍然是大多数农业地区的主要耕作方式。铁犁出现的时间更早，经过数百年的改进，在唐朝基本定型，至今使用的铁犁与唐朝使用的几无差异。虽然中国历史上早就出现了总结农业生产技术经验的农书，如《齐民要术》、《农书》等，但广大农民的农业生产技术和经验主要是通过父辈代代相传而获得的。当然，中国的农业部门也不完全是传统的，化肥、农药、农业机械、农用薄膜、电力、高产良种等现代投入品几十年来成倍地增加，使农业土地生产率提高较快。

发展中国家的一个重要任务，就是要通过技术变革，把传统农业改造为现代化农业。然而，对于发展中国家来说，这又远非一件容易的事情。从发展中国家的实际情况看，通过引进新技术来改造传统农业存在着一系列障碍。印度学者贾塔克（S. Ghatak）和英格森特（K. Ingersent）曾就此问题进行过探讨。他们认为，发展中国家农业技术之所以长期停滞，第一是由于缺乏适宜的替代技术，因为西方一些现代农业技术往往不宜直接运用到发展中国家；第二是由于农民文化水平低，加以技术信息传播不畅，他们对一些适宜的技术缺乏了解；第三是由于引进新技术存在着风险，农民也不敢贸然使用；第四是由于农民十分贫穷，又难以在金融市场上获得信贷资金，以致无力采用新技术；第五是由于农民采用新技术要受到物质投入如种子、化肥、农药及灌溉设施等供给瓶颈的限制；第六是由于发展中国家存在着不平等的僵化社会和政治制度，如农民几乎没有政治权力来影响国家的方针政策的制定，土地分配极不平等，租佃法对佃农增加生产通常很少提供刺激，农民很少能直接进入商品市场，而往往要受中间商的盘剥，等等。农业技术停滞造成的后果是十分严重的。虽然传统农业技术风险低，而且也是有效率的，但这些技术具有生产率低的缺陷。用传统技术种植传统的作物品种，与用现代技术种植改良的品种相比，单位产出要低得多。此外，由于农村中存在着大量剩余劳动，在技术停滞的情况下，农业劳动生产率很低，农业产量也很低。

在大多数发展中国家，传统的、落后的农业占支配地位。这种落后的农业制约着国民经济的发展，使得农业的运行长期处于困难境地。这主要表现在以下两个方面。

首先，农业增长的情况不尽如人意。第二次世界大战后，发展中国家曾一度出现过较快的经济增长，但这种增长主要是靠制造业和服务业的发展取得的，农业增长则较为缓慢，甚至停滞不前。这种情况，在20世纪60和70年代以及80年代前半期表现得较为突出，其中又以农业在国民经济中起着极其重要作用的撒哈拉以南非洲国家为甚（如表9-2所示）。

表9-2　　　　　　　　　　　发展中国家和地区农业年均增长率（％）

国家和地区 \ 年份	1965—1973	1974—1980	1981—1985	1986—1989
撒哈拉以南非洲	2.2	1.0	0.6	2.4
北非	3.3	3.6	4.4	2.5
整个非洲（南非除外）	2.5	1.6	1.5	2.5
南非	2.5	2.5	-2.5	5.4
中国	2.8	2.0	9.0	3.3
印度	3.3	1.7	2.9	7.1
印度尼西亚	4.8	4.1	3.0	3.5
南亚（印度除外）	2.2	2.4	3.6	1.9

资料来源：［美］凯文·M. 克利弗和W. 格雷姆·多诺万：《撒哈拉以南非洲的农业、贫穷和政策改革》，世界银行讨论论文第280号，1995年，第32页。

其次，粮食问题日趋严重。发展中国家缺粮情况严重，其原因在于：①人口增长迅速。发展中国家承受着巨大的人口压力，据统计，世界人口每年以 9000 万的速度增长，在新增人口中，90%以上来自发展中国家，许多发展中国家的人口增长率超过粮食生产的增长率。②粮食增长困难重重。发展中国家的农业发展将面临严峻挑战，原因在于耕地不断减少。此外，严重的债务负担、贸易保护主义、粮食进口费用增加等也导致农业投入不足，制约着粮食生产的增长。③基础设施薄弱，综合抗灾能力下降。各国用于农业投资方面的比重过低，导致农业基础设施薄弱，主要依靠以往农业投资形成的基础设施。④传统农业绝大部分实行分散经营，规模小、成本高、商品率低、剩余产品和货币收入少，在市场上缺乏竞争能力。此外，农民的组织化程度和自我保护能力低，对市场了解少，自身又缺乏有力的代言组织。

可见，发展中国家农业所面临的现实是十分严峻的，必须寻找一条摆脱困境的出路。摆脱传统农业困境的根本出路是对农业进行改革，实现农业的转型，将生产力极其落后的传统农业改造成为专业化、现代化、商品化的农业，从而逐步实现农业的现代化。

三、如何改造传统农业

传统农业的一个基本特征就是农业生产技术长期停滞不前，它产生的后果就是农业生产率低下。对于大多数发展中国家来说，要改造传统农业，就必须针对本国的国情，借鉴经济学家提出的有关改造传统农业的理论，通过农业自身的技术创新和制度创新以及政府的一系列支持性政策来促进传统农业向混合性农业和现代化农业转型。

(一)改造传统农业的理论

1. 舒尔茨关于改造传统农业的理论①

传统农业中的资源配置既然是有效率的，那么传统农业为什么停滞落后，不能成为经济增长的源泉呢？舒尔茨认为，原因在于传统农业中对原有生产要素增加投资的收益率低，对储蓄和投资缺乏足够的经济刺激。要打破这种长期停滞的均衡状态，就需要引进新的现代农业生产要素。这实际上就是进行技术创新和制度创新。舒尔茨认为，一种新技术总是体现在某些特定的生产要素当中，因此他没有对技术创新进行单独研究，而是着重论述了以下三个问题。

(1)制度建设

包括建立适合传统农业改造的土地占有制度、生产组织制度和激励制度。土地占有制度不仅对农业生产率有重大影响，而且关系到一国的政治稳定程度，是影响一国经济发展的重要因素。舒尔茨认为，农业中的"不在所有制"是低效率的，在这种土地占有形式中，土地的所有者并不住在自己的土地上，也不亲自进行经营。农业中的当前经营决策和投资决策不仅要服从于许多无法按常规处理的微小变化，而且还始终需要采用由于技术进步而

_____

① 参阅西奥多·舒尔茨著：《改造传统农业》，商务印书馆 1999 年版。

形成的新的、优越的生产要素。在"不在所有制"下，由于不在的一方不能获得充分的信息，往往就不能有效地处理这些细节，尤其是利用技术进步的决策。土地所有者一般也不能成功地提出必要的刺激并委派负责的决策者。提高农业生产率的关键在于使农业生产决策者得到充分的经济信息和有效的经济刺激。为此，应该实行"居住所有制"形式，即土地所有者住在自己的土地上亲自进行经营。

舒尔茨批驳了那种认为只有建立大规模农场才能有效率的观点。这种观点的理论基础是现代农业中生产要素的不可分性。例如一部大型拖拉机，只有在大农场上才能发挥效能。但在舒尔茨看来，这种不可分性是假不可分性。因为可以按各种不同规格和型号定制拖拉机，而且可以用各种方式把需要耕作的土地组合在一起。如果硬要应用大型农业机械并以此为基础建立大规模农场来组织农业生产，就会像前苏联那样出现一种不合理的二元结构，即非常大的国营和集体农场与小块土地的农户并存，大型拖拉机与许多锄头并存，资源配置效率很低。相反，日本、丹麦和美国的家庭农场则是高效率的。

舒尔茨批驳了一种长期流行且影响深远的观点。这种观点认为，传统农业社会中的农民愚昧、落后，对经济刺激不能作出正常反应，对经济行为缺乏理性，所以生产要素配置的效率必然低下。舒尔茨用详细调查的资料证明：在传统农业中，生产要素配置效率低下的情况是比较少见的。并反复强调，传统农业中的农民并不愚昧，农民是理性的，他们对市场价格的变动能作出迅速而正确的反应。因此，在改造传统农业时应该让市场机制发挥作用，让产品和要素的价格变动来刺激农民，而不应试图压抑农业中产品和要素的价格。例如，把地方市场并入更大的市场，扩散有关产品和要素的经济信息，减少资本市场的不完全性，按边际成本来确定公共设施和服务的价格，减少农产品的价格波动等。

（2）扩大对新的生产要素的供给和需求

农业中新生产要素的供给是重要的，当供给者在廉价地生产和分配这些要素方面获得成功时，向农业投资就变得有利了。虽然许多现代物质投入品可以进口，但不能以其现有的形式引入一个典型的贫穷社会的耕作中。适用于一个贫穷社会的现代化农业要素首先应该依靠现有的科学与技术知识来进行"生产"。由于科学与技术知识具有公共品特征和投资的不可分性，营利的私人企业一般不愿或无力进行研究和开发活动。这就需要政府或其他营利组织研究出适合于本国条件的生产要素，并通过农业技术推广机构将其分发出去。

从需求来看，要使农民乐意接受新的生产要素，就必须使这些要素真正有利可图。有利性的关键在于新要素在贫穷社会里的价格及其产量。由于贫穷社会的农民对付额外风险和不确定性的能力较低，在衡量新生产要素的有利性时应考虑到这种不确定性。农业租佃制度也会影响新生产要素的有利性。此外，还要向农民提供有关新生产要素的信息，并使农民学会使用这些新生产要素。

（3）向农民进行人力资本投资

引进新生产要素，不仅要引进现代物质投入品，还要引进具有现代科学知识、能运用新生产要素的人。各种历史资料都表明，农民的技能和知识水平与其耕作的生产率之间存在着很强的正相关关系。因此要对农民进行人力资本投资。人力资本投资的形式包括教育、在职培训以及保健设施和服务等，其中教育最为重要。

舒尔茨认为，初等教育是最有利的，因为初等教育的成本低，孩子们年龄小，因上学失去的收入也少。而孩子们接受了基础教育，他们未来的生产力水平就会提高。

2. 张培刚教授关于传统农业改造与转型的思想①

张培刚教授从工业化对农业影响的角度，探讨了农业的改造与转型问题。在《农业与工业化》一书中，张培刚教授关于这个问题的主要观点，可以概括为以下几个方面：

（1）改造传统农业的前提条件。张培刚教授指出，引导传统农业改造的长期诱因，是工业化和城市化所引起的对农产品需求的增加以及由此而导致的价格上升。这种变化，是引导农业生产者改变自给自足的生产目的，而转向为市场生产的关键诱因，它使得"企业创建精神"在农业领域崛起并得到实现。同时，工业化也是提供农业改造所必需的各种现代生产要素的前提，这些要素包括现代生产技术、机械、肥料、动力、储藏设施和运输工具等。"向农业导入技术变动以后"，农业的生产率将会得到大幅提高，为实现生产面积的扩大和产量的增加创造了条件。

（2）改造传统农业的实质。张培刚教授指出，工业化是一个资本化的过程，是一种扩大资本运用和加强资本运用，或"资本宽化"和"资本深化"的过程。工业化同时也意味着农业的企业化和现代化。就农业的改造而言，也存在一个资本化的过程，在这个过程中，农业中资本相对于土地和劳动的比例，将大幅提高。通过向农业引入来自现代工业的技术和其他生产要素，农业的技术水平、生产工具、生产结构和劳动力的数量，都会发生深刻变化。

（3）农业机械化。农业机械化是农业生产技术和生产工具现代化的具体体现，它包括：动力机的采用；现代交通工具在乡村的运用；改良的和较大农具的采用。实现农业机械化，既取决于机械本身的性能，也取决于农产品价格、劳动力价格和机械价格的变化，还要受役畜价格和饲养成本的影响。在农业人口过剩、农产品需求不足和价格低廉的条件下，资本和技术对劳动的替代是不可能发生的。换言之，在人力的价格低于机械的价格时，农业机械化是难以实现的。在农业现代化的演进中，只有当资本的需求弹性和替代弹性都有增大的趋势时，以机器代替劳动力和役畜为特征的农业机械化，才会继续进行。

（4）农业的结构性变化。工业化将增加对农产品的需求数量和改变对农产品的需求结构，农业生产将会逐步由生产粮食为主，转变为多生产肉、蛋、奶、蔬菜和水果；饲料作物在农业生产中的比重将逐步提高；工业原料性作物在农业中的比重将上升。并且，随着农业生产率水平的提高和生产要素的转移，农业在国民经济中的比重将大幅度下降，而其绝对产量则迅速增长。工业化可以减轻农业劳动力的工作负担，提高其收入水平，但农业劳动力的绝对量和相对量则都会大幅度下降。

3. 梅勒的农业资源互补理论②

美国农业经济学家约翰·梅勒在20世纪60年代，针对发展中国家的实际，提出了一个通常被称为资源互补论的农业发展理论。梅勒认为，当今大多数发展中国家，农业发展

---

① 参见张培刚著：《农业与工业化》，华中科技大学出版社2002年版。

② J. W. Mellor, *The Economics of Agricultural Development*, Connell University Press, 1966, p. 244.

都处于传统农业向现代化农业转变的阶段，其资源状况是劳动力充裕而资本稀缺。因此，农业发展应尽量避免使用与工业发展相竞争的、具有替代劳动性质的资本投入，而应多使用与劳动力互补的投入。这些投入包括物质投入，也包括非物质投入。它们是：第一，提供刺激性体制。例如，土地制度的改革常常可以为无地或少地农民提供增加农业生产的刺激。第二，建立农业研究机构。农业生产的持续发展要求有连续不断的农业技术发明和创造，而技术的创新源泉则来自科学研究。由于地区之间的农业自然条件存在着重大差异，因此需要建立分散的研究体系，从而需要大量的研究资源的投入。第三，提供新的物质投入品。最初，化肥、农药、高产动植物良种等是最重要的投资品。后来，其他的投资品，如机器设备和对农民的技术指导等，也是必不可少的。第四，建立农业生产服务体制。这些服务包括新投入品销售、农产品的加工和销售、信贷的扩张和其他调动农业资本资源的手段、交通运输工具、道路建设、水利设施等，还包括乡村基层组织建设。第五，对教育投资。农业发展所需的一切投资品，都需要人来生产、使用和管理，劳动者素质的提高，会大大改善这些投资品的生产和使用效率，而劳动者素质的提高却是教育的结果。梅勒把对农民的教育看作是农业发展的关键互补性投资。

可以看出，舒尔茨的理论是从促进农业技术进步的角度来谈论农业的改造，而张培刚教授则是从农业与工业化关系的角度来看待这个问题，梅勒的理论着重于资源的互相替代性和互补性。以上三种关于改造传统农业的理论虽然各有特色，但综合其观点，我们可以得出，改造传统农业所必须具备的几个基本要素，包括技术、制度和政策支持。

（二）农业的技术变革

1. 现代农业技术进步的类型

农业中的技术变革和创新有两个可能的方向：其一是用机械化手段取代大量人力的使用，提高劳动生产率，此被称为劳动节约型技术。它通常表现为两种情况：一是在既定土地资源条件下，使用先进的动力和机器，减少劳动力的使用；二是在土地资源扩张过程中，不增加劳动力的使用，而代之以机械。这种技术变革和创新一般以投资量大、使用土地规模大、劳动生产率高为基本特征。其二是利用生物化学方法提高农作物产量，使技术按照替代土地的方向发展，此被称为土地节约型技术。它主要是通过改良品种和良种推广（生物化）以及相应的化肥、农药投入（化学化）、水利灌溉设施的配套（水利化）等措施提高土壤肥力，增加土地产出率，实现农业总产出的增长。这种技术变革一般以劳动密集、规模中性、投资少见效快为特征。

可以看出，农业技术进步表现为两种形式：一是以代替劳动为主的机械化技术进步，二是以代替土地为主的生物化学技术进步。20世纪70年代初，日本农业发展经济学家速水佑次郎（Y. Hayami）和美国农业经济学家拉坦（V. M. Ruttan）合作研究，提出了农业发展的诱导型技术创新理论。在这个理论中，速水和拉坦不是把农业技术的变革看作是科学技术进步和工业增长的产物，而是将其视为对资源禀赋状况和产品需求增长的动态反应。也就是说，农业技术的变革主要是由各国的资源禀赋状况和产品需求诱导的。

速水和拉坦根据美国、日本等国家农业发展的经验指出，一个国家选择什么样的农业技术进步道路，是由该国的资源禀赋状况决定的。对一个土地资源丰富而劳动力资源稀缺的国家来说，选择机械化技术进步的道路是最有效率的。相反，对一个土地稀缺而劳动力丰富的国家而言，选择生物化学技术进步的道路是最优的。那么，资源禀赋和产品需求是怎样诱导技术创新的呢？速水和拉坦认为，在经济发展的动态过程中，相对要素价格的变化和产品需求的变化是密切相关的。在粮食需求由于人口和人均收入增长而增加时，对生产粮食所需的要素投入的需求也或多或少按比例增加。当要素需求的增加面临不同的要素供给弹性时，相对要素价格就会变化。可见，要素价格的变化实际上暗含了产品需求的变化。因而，农业技术进步可以看作是由相对要素稀缺性的变化所引起的。例如，在一个人口密度较大而人口增长迅速的国家，土地相对于劳动变得越来越稀缺。这样，土地价格（地租）相对于劳动价格（工资）变得越来越高。结果是农业技术就会按照替代土地的方向发展，即农业技术的发明和创造将是土地节约和劳动使用型的。这种技术创新就是生物化学技术进步，它主要导致土地生产率的提高。在一个人口密度小而且农业部门扩张迅速的国家里，劳动相对于土地变得更加稀缺了，从而劳动的价格相对于土地的价格不断上涨。结果是替代劳动的技术不断地被发明出来并运用到生产中，使得农业机械化程度越来越高。这种技术创新就是机械化技术进步，它主要导致劳动生产率的增长。

诱导型技术创新理论假定农民、公共研究机构和私人农业投入供给商之间存在着一种有效的相互影响机制。农民受相对价格变化引诱，寻找那些节约相对稀缺的生产要素的农业技术。农民对这些技术需求的扩大促使公共研究机构发展这种新技术，他们还要求农业投入供给商生产和供给那些替代较为稀缺的要素的现代技术投入品。农业投入供给商是私人企业，以赚取利润为目的，他们对农民的投入需求所做出的反应是由这些投入品的市场价格上升所引起的。农业技术的创造和发明者——农业研究科学家和管理者一般是非营利性的公共机构的雇员，他们的研究成果大多是公共物品，不能在市场上买卖，他们的研究支出一般来自公共部门拨款和社会资助。那么，怎样使科研人员从事的研究工作与社会对技术的需求相一致呢？速水和拉坦提出的办法是建立一个有效的激励机制，从物质上和名誉上奖励那些为解决社会重大问题作出贡献的科学家和管理者。这些社会重大问题一般是与社会当前急需解决的问题相一致的。这样，科学家对技术的供给就与农民和农业投入供给商对技术的需求大体上保持着动态的平衡。

速水和拉坦在论述了诱导型技术创新理论之后还指出，诱导型技术创新是一个不均衡的动态过程。他们举了一个例子对此加以说明。在19世纪中叶，美国农业中收割机的采用是由种植与收割之间的劳动需求不平衡引起的。美国地多人少，随着边疆迅速地向西部推进，农业劳动力越发不足。在这样的条件下，要想凭借人力在要求的短暂时间内把小麦作物抢收完是很困难的。于是，科学家和发明者把注意力集中在对收割机的研究上。然而，一旦收割机瓶颈得到解决，耙草与扎捆又作为新的瓶颈出现了。结果，自耙式收割机和扎捆机被发明出来。之后收割的机械化又使脱粒成为瓶颈，这又要求动力脱粒机被发明和采用。通过这些技术创新的累积进行，美国已成功地在农业生产上发展了机械技术，促进了相对丰富的土地和资本对相对稀缺的劳动的替代。

诱导型技术创新理论是建立在较完善的市场经济体制基础上的。在这种经济体制中，要素价格能正确反映要素供求关系的变化状况。这个条件基本上符合美国、日本等发达国家农业现代化时期的情况。而在当今发展中国家，市场是很不完善的，要素价格受到扭曲，难以反映要素的稀缺程度。

2. 绿色革命

20 世纪 60 年代末 70 年代初，一些发展中国家开发和推广新型高产小麦和水稻品种获得成功，粮食产量比过去大幅度增加。这种种子改良运动被称为"绿色革命"（Green Revolution）。

新品种是由墨西哥"国际玉米和小麦改良中心"和菲律宾"国际水稻研究所"于 20 世纪 60 年代研究开发出来的，这标志着在国际范围内真正培育高产粮食品种的开端。新品种开发出来后，曾在墨西哥、菲律宾、印度和巴基斯坦等国得到广泛应用，粮食产量有了大幅度的提高。绿色革命作为发展中国家的一场重大的生物技术革命，其特点在于：

第一，这些高产小麦和水稻品种耐肥水。新型高产良种对化肥反应很大，若不施肥，高产良种的产量与传统品种差不多；当化肥施用量增加时，高产良种的产量随之增加，而且远远高于施用同样多化肥的传统品种的产量。同时高产良种需要有良好的灌溉设施和管理，否则高产良种的潜在增产能力就不能得到发挥。

第二，种子—化肥技术是规模中性的。这就是说，在其他条件相同的情况下，在高产良种采用方面，技术上是规模中性的。大地主和大农场主能够采纳，小农和佃户也可以利用。

绿色革命的发生对发展中国家产生了一些积极影响。其一，大大缓和了发展中国家的农村隐蔽性失业问题。20 世纪 60 年代末以后，发展中国家引进了新型高产良种，农业劳动投入需要量显著增加了。这是由于新型高产良种的生长需要更加精耕细作，在播种、育苗、栽种、除草、施肥、灌溉、排涝、杀虫、收割、脱粒、储藏、加工、运输、销售等一系列生产工序上所需要的劳动比传统品种要大好几倍。此外，由于新型高产良种生长期比传统品种要短得多，原来种植一年一熟作物，现在普遍建立了两熟、三熟复种体系。这样，土地更加集约化使用，需要的劳动量就相应地增加了很多。最后，由于高产良种对化肥、农药、水的需要量大，新良种的广泛使用产生了很大的联系效应，带动了相关产业的发展，从而增加了劳动力的利用。其二，粮食生产的增长对发展中国家的穷人是有利的。这是由于收入低下的穷人的粮食支出在家庭总支出中的比例远高于富人，绿色革命的发生导致粮食供给的增加和粮食价格的下降，使穷人获得了更大的利益。实际上，20 世纪 70 年代粮食生产的增加，大大缓和了绿色革命发生地区的饥荒程度。其三，绿色革命的发生还大大地缓和了物价上升的幅度。20 世纪 50 和 60 年代，发展中国家人口剧增和工业化加速发展，对粮食需求急剧增加。由于农业生产赶不上需求，粮食供求缺口十分突出，粮食价格大幅度上涨，通货膨胀严重。在一些发展中国家，绿色革命带来的粮食增加不足以阻止粮食价格上涨之势。但是，不难想象，如果没有绿色革命的发生，粮食价格将会上涨得更高，通货膨胀将更为严重。

绿色革命也产生了一些负面影响。在经济方面，最重要的表现之一是收入分配不均现象恶化了。虽然小农和佃农的绝对收入水平在农业产量增加时上升了一些，但上升的幅度远低于大地主和大农场主收入上升的幅度。这就是说，小农和佃农的相对收入水平下降了。绿色革命的发生还导致地区之间收入差距扩大。在土壤、气候、温度和地理位置适宜于种植高产良种的地区，农民收入提高了；而不适宜的地区，农民的收入水平仍然很低。在生态、环境和社会方面，由于绿色革命的核心是大量增加水、肥、农药等物质和能量的投入，会对环境和食品造成大量污染，破坏生态平衡和自然环境，甚至直接危害人们的健康。20世纪70年代中期以后，国际上不断出现要进行一场"新绿色革命"的呼声。各重要的国际农业研究中心的研究重点转向了适用于资源贫乏地区的"适用技术"，在培育新良种时，重视减少对化肥农药的依赖。

应该指出的是，在发展中国家农业发展的实践中，选择什么样的技术进步路线，不仅受该国的资源禀赋条件约束，还受该国经济发展阶段的约束。经济发展所处阶段不同，农业对现代生产要素的吸取路线也不同。在经济发展的早期阶段，由于农业部门劳动力供给丰富，农业更多地需要增加土地产出的生物化学技术投资；而在经济发展的后期阶段，工业以及非农业部门的扩张吸收了大量农业剩余劳动力，使农业劳动力变得相对稀缺，这时农业的发展则更多地需要机械技术投资。而且，无论采取哪种农业技术路线，都不是纯而又纯的一种选择模式，通常只是一种选择偏向。就是说，当农业发展选择生物化学技术路线时，同样也会吸收一些机械技术类型的投资品。不过，此时在这些外来投资品中，生物化学技术产品占据主导地位，支配着农业发展方向。反之，机械技术类投资品将占主导地位，影响农业发展的方向。

(三)农业的制度变革

一个国家实行什么样的土地制度对于农业发展具有十分重要的影响。一个好的土地制度应该能够激发农民采用新技术的意愿和能力，能够调动农民的生产积极性，从而促进技术进步和农业的发展；一个坏的土地制度则会抑制农民采用现代农业技术的意愿和能力，挫伤农民的生产积极性，其结果是阻碍了农业生产率的提高和农业生产的增加。此刻，改革现行的土地制度就成为推动农业发展的必要条件。

1. 土地制度及土地制度类型

土地制度有广义和狭义之分。广义的土地制度包括有关土地问题的一切制度，诸如土地利用方面的土地开发制度，土地所有和使用方面的土地分配制度，土地价值方面的地租制度以及国家的土地征用制度等。简言之，土地制度涉及生产力和生产关系、经济基础和上层建筑、微观和宏观等各个方面。狭义的土地制度是指规范人对土地的所有、占有关系和土地使用的制度，它反映了以土地为媒介的人与人之间的关系。[①] 这里所论述的土地制度指狭义的土地制度。从狭义的土地制度看，我们可以把发展中国家存在的土地制度分为三种主要的类型。

(1)大庄园制。大庄园制普及拉丁美洲。其主要特点是，大庄园既是一个大地产，又是一个大农场，但庄园主一般不直接管理农场，而是把庄园委托给雇来的代理人经营。庄园的耕作方式因地多人少往往实行粗放经营。为庄园干活的人或为农奴式耕作者，或为少

---

① 参阅张培刚主编：《发展经济学教程》，经济科学出版社2002年版，第572～573页。

地的小农，或为无地的外来穷苦移民。这些劳动者所付出的努力程度与他们的所得没有直接的联系，因而也就没有生产积极性可言。不仅如此，大庄园主拥有土地财产是为了土地财产本身，而不是凭借对土地的垄断权来增加农业生产，获得更多的利润。因而，在大庄园制下，土地所有者对农业技术的改进兴趣不大。

（2）种植园制。种植园制是一种带有殖民地性质的土地所有制形式，在亚非拉各国特别是热带国家广泛存在。与庄园制一样，它既是大财产，也是大农场，但它一般为外国资本家所有，且由外国专家管理，农业劳动力则是雇来的当地工人。农场中一般生产一种或几种经济作物，农产品通常销往国外。种植园主占有土地不是为了土地本身，而是为了赚取尽可能多的利润，因而对采用新技术有一些兴趣，其生产率比大庄园要高。种植园中的工人无权参与管理，而只是在农场主的指挥下干一些被摊派的工作。他们的工资水平低，与农作物收成的好坏也没有多大关系。因而，农业工人对增加生产缺乏内在的动力。

（3）租佃制。租佃制这种土地占有形式在亚洲比较流行。其特点在于土地占有权与使用权分离，地主占有土地，但自己不直接经营它们，而是把它们分割成若干块出租给无地或少地的农民耕种，这些租地的农民叫做佃农（Tenant）。佃农按照事先订好的契约向地主交纳一定数量的地租。地租有固定地租和分成地租两种形式。固定地租是指每亩耕地的租金是不变的；分成地租是指在租种的耕地上收获的农产品在地主和佃农之间根据订好的契约分成。就对农业生产者的刺激而言，一般认为，租佃制比大庄园制和种植园制更大一些，因为佃农付出的努力与获得的报酬有一定关系。

总的来说，以上三种土地所有制有一个共同特征，即制度性垄断。这种垄断性的土地制度，一方面导致了收入分配的极不平等，另一方面也严重抑制了农业劳动者采用农业新技术的积极性，因而阻碍了农业技术进步和农业的发展。因此土地制度的改革是发展现代农业的重要前提条件。

2. 土地制度改革

土地制度改革有广义与狭义之分。狭义的土地制度改革是指土地所有权的再分配，即把一部分人（地主）占有的耕地转移给另一部分人（佃农和少地农民），从而实现土地所有权与使用权的直接结合。广义的土地制度改革不仅包括土地所有权的转移，而且还包括土地租佃契约的改变。从广义的角度讲，土地制度改革具有以下四种形式，其中第三、第四种形式属于狭义的土地制度改革范畴。[①]

第一，地租契约期限的限定。这种改革只涉及租佃契约的法律规定，而不触动土地的占有关系。为了防止地主随意提高地租或驱逐佃农，促进现代农业技术的采用和农业生产率的提高，国家可以通过法律规定租佃契约签订的最短期限。譬如说不能短于20年，而且规定租约期限内，地主不得擅自毁约和增加地租。

第二，降低地租。这种改革也只涉及租佃关系的法律规定，而不涉及土地占有关系的改变。但这种改革要比契约期限的改革激进一些，因为它不仅剥夺了地主随意撤佃的权利，而且还直接把地主的一部分收益转移给农民，使地主的福利减少。例如，20世纪50

① 参阅谭崇台主编：《发展经济学》，上海人民出版社1989年版，第269~271页。

年代初中国台湾进行的土地制度改革规定地租不得高于 37.5%，这就大大低于原来 50% 以上的租金率。

第三，土地有偿转移。这种形式的土地制度改革涉及土地所有权的再分配，但失去土地的地主可以得到全部或部分补偿。政府可以通过改革法令，规定每个农户能够拥有的最高限额的土地面积，迫使地主以政府规定的价格出售超过这个限额的所有土地。

第四，土地被无偿剥夺。这是各种土地改革中最激进的一种形式。这种土地改革又可分为两类：一类是把大土地所有者（地主、大庄园主和种植园主）的全部地产转移给以前的佃农和雇佣劳动者；另一类是把土地私人占有变为集体或国家所有。

第二次世界大战后，东亚一些国家和地区进行了土地制度改革，并取得了相当成功。如日本、韩国、中国台湾都通过土地制度改革成功地实现了"土地归于耕者"或"耕者有其田"的目标。实践说明，土地制度改革可以促进农业新技术的采用和提高农民的生产积极性，这是土地制度改革最重要的意义，也是土地制度改革最直接的目标。同时土地制度改革对于实现增加就业、实行收入分配公平和消除贫困这些目标都发挥着积极的作用。就收入分配而言，把地主的土地分配给无地或少地的农民，这本身就是财富平等分配的一种形式。对于消除贫困，土地制度改革的作用也是很明显的。在发展中国家，由于农业收入低于工业收入，贫困主要集中在农村地区，而农村中的佃农和无地劳动者在贫困阶层中最为贫困，这些人获得一份土地，生活状况就会得到改善。从增加就业来说，土地制度改革也具有积极影响，把大土地分割成以家庭为单位的小农场，将会增加每单位土地面积的劳动投入，因为小农场主要依靠土地和劳动集约式经营来增加生产。

（四）政府的农业政策

进行农业技术创新和推行土地改革对促进农业发展的必要性，经济学家已取得广泛共识。但是，单靠土地改革和技术创新是不能促进农业持续发展的，还需要有一系列旨在促进农业发展的政策措施与之相配合。这些政策措施大致包括以下内容：

1. 价格政策

20 世纪 70 年代以前，许多发展中国家实行过压低农产品对工业品比价的政策。其理由是考虑到农业生产对价格变化反应不灵敏；较高的农产品价格的主要受益者是大地主和大农场主；高农产品价格特别是高粮食价格对低收入者的危害最大；为了加速工业化进程，农业部门必须为工业部门扩张提供尽可能多的剩余。然而，这种政策的推行不仅没有产生理想的效果，反而带来了许多严重的问题。在这种情况下，一些学者对发展中国家采取的工农产品价格"剪刀差"的政策提出了批评。他们指出，对一些发展中国家的研究结果表明，农民对价格的反应是很敏感的。他们认为，高价格固然对地主和大农场主有利，但通过土地再分配，土地占有的平均程度提高了，这也就不成为问题了。高粮价固然使收入低的阶层受害最大，但这个问题可通过其他补贴措施来解决。此外，农业虽然能为工业化提供资本积累，但转移农业剩余不应该用降低农业价格的办法来实现，因为这是一种竭泽而渔的做法，从长期来看，反而会降低农业剩余转移的规模。

改善农业的贸易条件即农业与工业的产品比价，有利于促进农业技术的进步和农业生产率的提高。然而，提高农产品价格对发展中国家来说，又是一件棘手的事情。城市中大多数居民收入水平都较低，将近一半收入要用在食物消费上。另外，以农产品为原料的衣着也是家庭支出中的大项。如果农产品价格提高幅度较大，会导致城市居民生活水平下降，引起城市居民不满和生活不安定。这样，城市工人要求增加工资的呼声很大，而工资的大幅度上涨又将引发恶性通货膨胀。

在上述两难的情况下，政府可以采取一个"两全其美"的办法，既改善农民收入又不降低城市居民生活水平。这就是政府通过提高农产品收购价格，把农产品收购上来，然后按照提价前的不变价格把农产品销售给城市居民。购销价格倒挂所产生的亏空由政府财政给予补贴。这种政策的缺陷是增加了政府的财政负担。如果补贴数额过大，时间太长，国家财政可能难以承受，而且会助长市场投机活动。因而，这种价格支持政策不宜长期使用。农业的长期价格政策最好是保持农业的贸易条件不变。当农业丰收时，国家可以较高的价格大量收购农产品，以防止农产品价格暴跌；当农业歉收时，国家可以较低的价格大量抛售农产品，以阻止农产品价格暴涨。这种政策要求国家建立较大的农业储备基金。

2. 投资政策

20 世纪 50 和 60 年代，许多发展中国家几乎都把积累起来的资本全部投入工业部门特别是大型工业项目建设，农业成了被遗忘的角落。这种重工轻农的投资战略大大伤害了农业。20 世纪 70 年代以后，粮食的严重短缺和农村的落后使人们开始认识到农业投资的重要性。

农业基础设施包括水利设施、道路、桥梁、邮电、电力、仓储、运销等项目。这些基础性投资对农业发展是相当重要的。

第一，它能够提高农业生产率。新型高产良种不仅需要化肥，而且对水的要求也很高，若水利设施齐全，新技术的采用就会大大提高作物单位面积产量。

第二，农业基础设施建设能够增强农业生产的稳定性。农业生产严重依赖自然条件，遇上干旱洪涝，作物会大幅度减产，甚至颗粒无收。当农业水利设施被充分建立起来时，农业生产就可以旱涝保收，农业收成的不稳定和采用新技术的风险就会大大降低。

第三，农业基础设施建设有助于农业生产成本和销售成本的下降。道路桥梁的修建将会减少运输成本，仓库的建设可以防止作物霉烂变质，减少农产品的损耗。

第四，农业基础设施建设能迅速地传播和推广市场信息和新技术知识。农村邮电通信的发展和广播网的建立，将使农民更加容易获得农产品市场行情和新技术信息。

农业基础设施建设需要巨额资金，由于无利可图，私人投资者一般无意为之。而能从农业基础设施建设中受益的农民，一般来说也不愿意而且也不可能对这些项目进行投资。之所以不愿意，是因为投资收益不能内部化；之所以不可能，是因为农民拿不出如此巨大的资金投资于大型农业水利工程、道路桥梁、通信电力等基础设施。因而，对农业基础设施建设的投资责任只得由国家和集体来承担。但一般来说，国家主要应负责农业大型项目投资，如跨地区的大型水利枢纽工程、大型农产品储备设施、邮电通信、重要道路桥梁等。一些小型的、耗资小的、受益面窄的地方性农业基础设施建设，仍应由农民自己来负责，如小水库、小水渠、乡村道路、小仓库等。实际上，在农闲时，农村中存在着大量的闲置劳动力，这些人可以组织起来从事一些花钱少的以劳动密集型为主的农业基础设施建设。这是一条行之有效的投资途径，它既解决了农村劳动力闲置的问题，又增强了农业生产能力。

3. 信贷政策

在大多数发展中国家，农村还不存在像城市那样的现代金融机构和资金市场。实际上，农村的信贷活动往往带有浓厚的封建性质。农村的主要放贷人是高利贷者，他们往往对借款人索取很高的利息。高利息成本几乎抑制了一切有利的投资活动。因此，农民很少从高利贷者那里借款以投资于生产，用于购买化肥、杀虫药、水泵等生产资料。只是到了生活难以为继时，他们才不得不向高利贷者借钱以渡过眼前的生活难关。但是，一旦农民背上了高利贷，灾祸就会降临。沉重的利息负担像滚雪球一样越滚越大，使农民难以还清债务。这样，农民将永远不能从贫困中挣扎出来，更谈不上对农业进行投资了。

在发展中国家，如果土地制度改革未进行，地主通常就会充当佃农的债权人。在农作物收割之前，农民常常无米下锅，不得不向地主借款借粮以解燃眉之急，而地主乘机索取高利率。等庄稼收割后，佃户不仅向地主交纳地租，而且还得支付欠款和利息。结果地主通过高利贷和土地所有权对佃农进行双重剥削。佃农在收获粮食后所剩无几，根本没有多少剩余用来购买农业生产资料如良种、化肥等。

由此可见，现行农村的金融市场严重阻碍了农业新技术的采用和农业生产率的提高。为了促进新技术的采用和农业的发展，国家还必须建立农村金融系统，向农民提供必要的信贷支持。国家对农民的金融支持，主要是在农村设立国家管理的农业银行和信用社机构。这些组织的资金来源一般由国家财政拨款，但也有一部分来自农村储蓄。它们的主要职能是以低息贷款方式驱赶高利贷，鼓励农民对农业进行生产性投资，促进新技术的应用和普及，提高农业生产率，增加农民收人。

4. 研究、推广与教育

向传统农业注入新技术是改造传统农业的关键。土地改革为农民采用新技术提供了刺激，改善了农业贸易条件，向农业基础设施投资和建立农村发展银行则为农民采用新技术创造了客观条件。但是，采用新技术必须首先有新技术存在，其次这些新技术必须通过某种途径传播到农民中去。最后农民必须具有接受新技术的意愿和能力。这些问题涉及农业研究、推广和农业教育问题。舒尔茨在其名著《改造传统农业》一书中，对农业新技术的研究、推广和应用问题作了系统的、开创性的分析。他认为，农业增长的关键在于新技术的采用，但新技术必须首先发明出来，然后加以推广，最后由农民运用到农业生产实践中去。这三个环节是紧密相连的，少了其中任何一个环节，新技术就不能发挥它应有的作用。

舒尔茨把农业研究和推广工作作为新技术的供给，把在农业实验站工作的研究员和在农业推广站工作的技术人员作为新技术的供给者。没有新技术的发明和传播，新技术的应用就无从谈起，因而，他把新技术供给看作是农业增长的首要条件。但是，由于新技术的供给成本较大，供给者由于外部性问题的存在而能获得的直接收益小，私人投资者一般不愿涉足这个行业，尤其是与生物技术有关的研究。考虑到它的社会收益大于社会成本，政府和非营利机构承担新技术供给的任务是必要的。

当一项新技术发明出来并已经有效地传播到农民中去的时候，农民是否愿意接受它呢？即使他们愿意接受它，他们有能力把它有效地运用到生产中去吗？这就是新技术的需求问题。作为新技术的需求者，农民对一项新技术的接受速度主要取决于它在实践中产生的利益是否显著。如果新技术的采用被证明确实比传统技术获利更大，农民将愿意采用它。当然，在确定新技术获利性时还必须考虑到它的风险和不确定性。

把新技术运用到生产中去的重要约束是农民掌握新技术的能力。即使一项新技术很简单，农民也需要学习。舒尔茨指出，学习新知识和技能主要有三种办法：第一种是从经验中学习。这是一种代价高昂的方法，因为可能在试验了多次后才能学会新技术知识。同时，它也是一种学会如何最好地使用现代技术的非常缓慢的方法。第二种是在职培训。这种培训活动可以由销售新农业要素（如新品种、高效化肥等）的企业和推广站之类的政府机构来进行，或由农民自己组织起来进行。这种培训可以采用特殊的短期训练班和业余学校，也可以组织起来到先进地区参观学习。在职培训是在短期内获得某项技术的基本方法。第三种是正规教育。这在长期内是最有效最常见的方法，舒尔茨把这种方法看作是经济增长的主要源泉。对农民进行投资需要在农村创办普通学校和农业技术学校，这就要求政府在物质、经费和师资上给予大力支持。

【案例 9-1】

中国的"民工荒"说明了什么

2004 年，中国劳动力市场信息网监测中心提供了一份《江苏、浙江、福建、广东等地劳动力市场呈现出缺工现象》的统计报告。该报告指出，2004 年第二季度，在江苏、浙江、福建、广东等省的 12 个城市，有 70.4 万人进入劳动力市场求职，但用人单位的招工名额达到 108.7 万人，缺口 38.3 万人。过去，东部沿海地区的企业老板从来没有为劳动力的不足而担忧过，因为每年都有成千上万的农民工从内地蜂拥而来，形成所谓的"民工潮"，劳动力似乎是取之不尽、用之不竭的，是刘易斯意义上的"无限劳动供给"。为何转眼之间"民工潮"就变成了"民工荒"，"无限劳动供给"变成了"劳动短缺"？

"民工荒"的背后是比较利益发生了变化，农村劳动力根据变化了的比较利益格局调整了自己的劳动资源配置。2004 年中共中央、国务院"一号文件"出台了一系列扶持农业生产、促进农民增收的政策。据权威人士估算，"两减免"（免除烟叶以外的农业特产税、减免农业税）、"三补贴"（对农民实行直接粮食补贴、良种补贴、购买大型农机具补贴），使农民减负 210 亿元，农民得实惠 451 亿元。再加之粮食价格上涨，农村劳动力务农的比较收益明显提高。东部沿海地区的一些劳动密集型企业长期以来依赖农民工的低工资来维持低成本，劳工权益长期得不到保障。在务农比较利益极低的情况下，这种低工资还能吸引大量农民工；但当务农比较利益大幅提升以后，这种依赖低工资维持低成本的现象就再也难以为继，"民工荒"的出现就是必然的。

【案例 9-2】

谦森岛庄园——武汉市郊第一个私人农庄

目前我国的农业企业呈现出多元化的发展势态，这与我国区域间经济社会发展不平衡、各地情况千差万别的基本国情是相适应的。按不同类型的农业企业与农户经济关系的不同，大致分为三类：①家庭农场、私人农庄对小规模农户经济的替代；②集体农场或农业车间对农户经济的替代；③农业产业化龙头企业对农户经济的改造和二者的共存。

第一种形式是我国农业企业的一种重要发展态势。家庭农场虽然还是以家庭为基本经济单位，但本质上是农业企业，或者说是按企业化来经营家庭农业。一般而言，家庭农场必须有足够数量的土地经营规模，从事专业化的农业生产，产品的绝大多数供应市场。在我国，一般把劳动力主要为家庭成员的称为"家庭农场"，把雇工为主的称为"私人农庄"。家庭农场、私人农庄与小规模经营的农户相比，一个显著的特点就是机械化程度高。尤其是那些土地资源相对富饶的地区，大面积的土地耕种与机械化是紧密伴随的。家庭农场以家庭成员的劳动为主，但一般也要雇用一些农工，尤其是农忙季节。私人农庄则要雇用更多的农工，这些被雇用的农工，虽然从事的还是农业生产，但已不是传统意义上的农民，而是农业工人。在这个意义上，"大农"消灭了"小农"。

众所周知，我国农村普遍的状况是劳多地少，劳力资源丰富，土地资源短缺。中国人均耕地面积不足世界平均水平的30%，农村劳均耕地面积不到0.3公顷，因此，像西方发达国家一样以家庭农场作为农业的主要经济组织形式在一个相当长的时期，在我国大多数农村地区不太可能。但是，在我国的有些地区，家庭农场、私人农庄的发展呈现出了强劲的势头，已基本替代了小规模经营的农户经济。这些地区有：①土地资源相对富饶的地区，例如黑龙江的北大荒地区。据黑龙江省农委提供的资料，黑龙江虎林市2004年拥有1000亩以上土地的家庭农场就有60多家，拥有200亩以上土地的家庭农场则有2100多家。其中，全国种粮大户、虎林头镇吴玉进的家庭农场有土地2600多亩。②在那些劳多地少，劳均耕地面积极低但非农产业发达的地区，由于农业劳动力大多数转入了非农就业，土地承包权转让也形成了较大面积的土地承包或租赁，因而也形成了适度土地规模经营的家庭农场。例如，上海市金山区的朱泾镇，通过土地流转，2002年就涌现了家庭农场27家，共承包土地2250亩，户均土地83亩。③荒山、荒坡、荒滩、荒地"四荒"招标、拍卖形成了土地经营面积较大的家庭农场，或私人农庄。例如，湖北武汉市黄陂区农民赵发所1992年承包了该区荒山1000多亩，在武汉市郊建成了该市第一个私人农庄——"谦森岛庄园"。

谦森岛庄园位于武汉市北郊黄陂区祁家湾。庄园主赵发所原是祁家湾大曹村的一位普通村民。他1978年15岁就去武汉打工，贩过地瓜，干过水果行。1992年他利用辛苦积累的500万元资本回乡创业，承租了1000亩荒山（承租期为50年），建立了武汉市郊第一个私人农庄——谦森岛庄园。赵发所首批择优雇用了37位年轻农工，在农庄种植黑李、油桃等国外优质水果，果品注册商标为"谦森岛"、"新太阳"，产品畅销国内外市场。后来，赵发所又分批承租了 5000 亩荒山荒坡，形成了 6000 多亩土地的私人农庄。2001 年 1 月，黄陂区把祁家湾属下的大曹、杨集、毛店三个行政村的 3847 亩土地、988 户、3553 人委托给谦森岛庄园管理。目前，谦森岛庄园有限公司有员工 200 多人，其中农技人员 28 人，高级农艺师 6 人，下辖 6 个林果专业生产场，一个农业科技研究院，一个果品销售公司。庄园有资产 1.2 亿元，年产值 3000 多万元，年利税 1000 多万元。

资料来源：转引自曹阳著：《当代中国农村微观经济组织形式研究》，中国社会科学出版社 2007 年版，第 308~309 页，第 464~465 页。

【思考题】

一、基本概念

传统农业　现代化农业　机械化技术进步　生物化学技术进步　狭义的土地制度

二、简答题

1. 发展中国家存在哪几种土地所有制形式？它们对农业发展有什么影响？
2. 为什么对农民进行教育投资是促进农业技术进步的关键？
3. 土地制度改革有哪些类型？土地制度改革对农业发展有何重要意义？

三、论述题

试述速水与拉坦提出的农业发展的诱导性技术创新理论。

主要参考文献和阅读指南

1. 张培刚主编：《发展经济学教程》，经济科学出版社 2001 年版。
2. 彭刚、黄卫平主编：《发展经济学教程》，中国人民大学出版社 2007 年版。
3. 西奥多·舒尔茨著：《改造传统农业》，商务印书馆 1999 年版。
4. 速水佑次郎、拉坦著：《农业发展的国际分析》，中国社会科学出版社 2001 年版。
5. 郭熙保著：《农业发展论》，武汉大学出版社 1995 年版。
6. J. W. Mellor, *The Economics of Agricultural Development*, Connell University Press, 1966.
7. 万振凡、肖建文：《建国以来中国农村制度创新的路径研究》，《江西社会科学》2003 年第 9 期。
8. 何炼成、何林：《我国的农地制度与改革》，《陕西省行政学院·陕西省经济管理干部学院学报》2005 年第 1 期。
9. 程怀儒：《论中国传统农业向现代化农业的转变》，《经济学动态》2004 年第 12 期。

第十章　工业化与经济发展

从经济发展的历史来看，工业化是推动一个国家或地区从不发达到发达的重要动力。随着工业化的推进，产业结构的不断变动和调整，一个传统农业社会逐渐变为现代工业社会。那么，什么是工业化？工业化过程中产业结构的演进有何规律？传统工业化道路与新型工业化道路有何区别？本章试图回答这些问题。

一、工业化的含义及其模式

"工业化"是发展经济学的核心概念之一，是发展经济学的理论基石。对工业化概念的认识将直接影响到发展经济学理论体系本身，也将直接影响到发展中国家工业化战略的制定与实施。

(一)工业化的含义

工业化的定义有许多种，大致可以分为两类：一类是较窄的定义，认为工业化是指工业(特别是制造业)的发展。这一定义可见于许多有关工业化和经济发展的文献。巴格奇(A. K. Bagchi)为《新帕尔格雷夫经济学大辞典》撰写的词条"工业化"就采用了类似的定义："工业化是一种过程。下面是一种明确的工业化过程的一些基本特征。首先，一般说来，国民收入(或地区收入)中制造业活动和第二产业所占比例提高了，或许因经济周期造成的中断除外。其次，在制造业和第二产业就业的劳动人口比例一般也有增加的趋势。在这两种比例增加的同时，除了暂时的中断以外，整个人口的人均收入增加了。"[1]

上述工业化的定义描述了工业化最直接的表征，但未揭示工业化的本质。具体来说，其存在两方面的缺陷：一是把工业化的现象或结果(即工业化引起经济结构的变化)当做工业化的本质；二是把工业化仅仅理解为工业或制造业的机械化和现代化，而将农业的机械化和现代化排斥在外。而且，这种对工业化的片面认识给大多数发展中国家的工业化实践带来了相当大的负面效应。第二次世界大战后，发展中国家的工业化实践在这种工业化认识的主导下，除少数较小型的经济体成功完成工业化的任务，成为新型工业化国家和地区外，大多数发展中国家，尤其是中国和印度等发展中大国的工业化进程步履维艰。

另一类定义较为宽泛，中国经济学家张培刚先生即持此种观点。张培刚先生把"工业化"定义为"国民经济中一系列基要的生产函数(或生产要素组合方式)连续发生由低级到

---

[1]　约翰·伊特韦尔等编：《新帕尔格雷夫经济学辞典》(中译本)第二卷，经济科学出版社1992年版，第861页。

高级的突破性变化(或变革)的过程"。张培刚先生主编的《新发展经济学》一书进一步将工业化的基本特征概括为以下几点:

第一,工业化首要的和最本质的特征,就是以机器(包括之后的计算机等日益先进的工具形式)生产代替手工劳动,即通常所说的机械化过程,是一场生产技术的革命,从而也是社会生产力的突破性变革;同时,它还包含着生产组织和国民经济结构多层次的相应调整和变动。

第二,它包含整个国民经济的进步和发展。不仅包括工业本身的机械化和现代化,而且也包括农业的机械化和现代化。

第三,工业化必然促成农业生产技术的革新和农业生产量的增多,但一般说来,农业在国民经济中所占的相对比重,不论就国民生产总值来衡量,还是就劳动人口来衡量,都有逐渐降低的趋势。

与窄派的工业化定义相比,张培刚先生的工业化定义具有两个显著特征:一是揭示了工业化的本质特征,即人类生产从手工劳动向机械化生产转变,从而以较少的劳动消耗创造较多的物质财富;二是特别强调,工业化不仅包括制造业的机械化和现代化,还包括农业的机械化和现代化,农业的机械化和现代化是工业化的题中之意,是工业化不可分割的一部分。根据这一理解,一个实现了工业化的国家,不仅可以是以制造业为主的国家(如英国、德国等),还可以是农业和制造业平衡发展或均较发达的国家(如美国、日本、丹麦等),还可以是以农业为主的发达国家(如加拿大、澳大利亚和新西兰等)。当然,从长期看,第三种国家也可能转变为第二种国家,第二种和第三种国家也可能变成第一种国家。但张培刚先生指出,一个工业化的国家,可以经过,也可以不经过,以制造业为主的发展阶段。

(二)传统工业化道路

传统工业化道路是相对新型工业化道路而言的。所谓传统工业化道路,一般是指西方发达国家在工业化早期走过的道路以及发展中国家优先发展重工业的工业化道路。下面对两种不同的传统工业化道路的特点和缺陷进行简略分析。

1. 西方发达国家的传统工业化道路

西方发达国家的工业化道路是指欧美发达国家历史上经历过的工业化道路。将欧美国家形形色色的工业化道路视为整齐划一,显然有失偏颇,但这些国家的工业化模式确实有其共同特征。

(1)在这些国家中,大多数国家的工业化是民间发动的。所谓民间发动的工业化就是主要由个人积累资本和进行投资而推动的工业化,这种工业化一般表现为一种进化的、比较均衡的经济进步过程。

(2)这些国家的工业化大多是消费品导向的。工业化起步于消费品工业,最早的重大机器发明是纺织机器,然后逐渐扩大到投资品工业,其进程可划分为三个阶段:消费品工业占优势的阶段、投资品工业的相对增加阶段和投资品工业渐占优势的阶段。

(3)这种工业化进程相对缓慢。例如,英国确立机器大工业体系花费了一百多年的时间。

概括地说，发达国家的工业化模式是追随市场的模式，表现为自发的进化过程，政府干预造成的扭曲较少，资源配置较为合理，但这种工业化模式的弊端也是显而易见的。

第一，早期发达国家的工业化，其工业生产基本上是粗放型或资源消耗型的，工业化的不断推进建立在资源高投入的基础之上。

第二，早期的工业化过程一直伴随着较为突出的环境污染，工业化走的是一条先污染、后治理的道路。

2. 发展中国家的传统工业化道路

发展中国家的传统工业化道路更为多样化，除了模仿发达国家的工业化道路外，还出现了其他一些道路。例如，政府发动的工业化或民间与政府共同发动的工业化。第二次世界大战以后，纯粹由民间发动的工业化已不多见，政府发动的工业化或民间与政府共同发动的工业化越来越常见。所谓政府发动的工业化，就是政府制订规划，运用行政力量筹措资金和兴办企业而推动的工业化，其显著特征是：

（1）起步于投资品工业。由于投资品的生产周期长、风险大，私人企业家通常不愿承担，因此，投资品导向的工业化通常靠政府投资。前苏联、改革开放前的中国和印度都采用了这种工业化模式。这种政府发动的投资品导向的工业化能在不太长的时间内，迅速建立起本国的工业基础，显著地改变国民经济中的"基要生产函数"，实现国民经济的高速增长，提高发展中国家的军事和政治地位。

（2）突变性。一般来说，工业化开始较晚的国家是工业化速度最大的国家。其理由是因为工业化过程开始较晚的国家具有利用最新技术的比较优势和制度上的比较优势。

然而，这种模式也有很多问题。例如，它极易造成部门结构的严重不合理，牺牲广大居民的消费水平，效率低下，造成经济结构的二元化，城市化滞后于工业化等。此外，广大发展中国家的经济增长方式是粗放型的，这种工业化模式是建立在高能耗、高物耗、高污染的基础之上的。因此，经济总量的扩张给环境、资源造成了巨大的压力。

二、工业化与经济发展

工业化是社会经济发展的一个重要阶段，也是发展中国家经济快速发展的一条重要途径。工业化过程会引起国民经济发生一系列的变化，这些变化大致表现为两个方面：一方面是经济总量包括工业经济总量、国内生产总值和人均国民收入等增长速度加快；另一方面是经济结构快速变化。

（一）工业化与经济的增长和发展

一般来说，工业化是推动整个国家或者地区从经济不发达到发达这样一个过程的最重要的动力。工业化推动经济增长，主要表现在以下几个方面。

首先，工业化过程提供了现代生产方法，使生产率大大提高，创造了比传统社会多得多的财富，从而使人均国民收入成倍增长。在经济发展初期，尤其是中期，一国总生产率的增长和国民经济的增长主要是由工业部门的生产率和产值的快速增长引起的。

其次，工业化可以促进第三产业的发展。随着工业化的向前推进，物质生产的发展增加了社会对第三产业活动的需求，造成增加第三产业产品供给的压力，由此导致第三产业的发展。第三产业的许多活动，如交通运输、商业、广告业、咨询业、金融业等，都是直接为物质生产部门服务的，而且物质生产部门越发达，或工业化程度越高，它们对非物质生产部门的需求就越大。

最后，工业化可以促进农业的发展。从需求方面说，工业的不断扩张可以吸纳巨大的农业剩余劳动力。随着农业剩余劳动力不断地转移到工业和服务业，农业劳动生产率和收入水平也会相应地增加。而且工业的迅速发展和非农业人口的增加扩大了对农产品原料和粮食的需求，提高了农民收入，促进了农业生产的发展。从供给方面来看，工业的发展为农业生产率的提高提供了越来越多的现代农业投入品和技术条件。工业部门还为农业基础设施建设提供了各种工业投入品。工业化推动农业的发展，从而拉动整个国民经济的增长。

虽然工业化是促进经济增长的强大动力，它可以在较短时期内增加工业生产能力和提高总产出水平。但工业化的成果只有广泛地分配于广大民众之中，满足了广大民众的基本需求，促进了经济结构和环境的有利改变，才能说工业化促进了经济发展，否则，只能形成有增长而无发展的局面。

（二）工业化与经济结构的变化

在工业化进程中，经济结构的变化表现为两个方面：产业结构的变化和工业部门内部结构的变化。产业结构的变化主要指三次产业之间产值结构和就业结构的变化。一般来讲，产业结构的变化和工业部门内部结构的变化往往在一定程度上反映工业化阶段。

1. 产业结构和三次产业

产业结构有广义和狭义之分。广义的产业结构指国民经济各产业之间的内在联系和比例关系。狭义的产业结构指国民经济各产业间的比例关系。① 本章主要讨论狭义的产业结构。

现在国际上通用的产业分类是三分法，即把社会经济部门划分为三次产业。我国从20世纪80年代中期也开始采用三次产业划分法：

第一产业包括农业、林业、牧业和渔业等。

第二产业包括工业和建筑业。工业主要包括采掘工业、制造业、自来水、电力、蒸气、热水和煤气。

在我国，广义的第三产业包括四个层次：（1）流通部门，包括交通运输、邮电通信业、商业、饮食业、物资供销和仓储业；（2）为生产和生活服务的部门，包括金融、保险业，地质普查业，房地产、公用事业、居民服务业、咨询服务业和综合技术服务业，农、林、牧、渔、水利服务业和水利业，公路、内河（湖）航道养护业；（3）为提高科学文化水

---

① 参见郝寿义、安虎森主编：《区域经济学》，经济科学出版社2004年版，第221页。

平和居民素质的部门，包括教育、文化、广播电视、科学研究、卫生、体育和社会福利事业等；（4）为社会公共需要服务的部门，包括国家机关、政党机关、社会团体以及军队和警察等，狭义的第三产业不包括第四个层次。①

2. 工业化进程中产业结构演变的一般规律

英国经济统计学家科林·克拉克（C. G. Clark）在 1940 年出版的《经济进步的条件》一书中把国民经济划分为三个主要部门，现在普遍叫做三次产业。第一产业是指产品直接取自自然界的部门，第二产业是指对初级产品进行加工的部门，第三产业是指为生产和消费提供各种服务的部门。西蒙·库兹涅茨在克拉克之后对国民经济结构变化作了更为详尽的研究，将国民经济活动划分为农业部门（第一产业），包括农业、林业、渔业和狩猎业；工业部门（第二产业），包括建筑业、制造业、电力、运输和交通；服务业（第三产业），包括商业、银行、保险、房地产、公共管理、国防和其他服务。对三次产业结构的变化，配第—克拉克定理做出了很好的说明。

早在 17 世纪，英国经济学家威廉·配第（William Petty）就在其著作《政治算术》中指出：制造业的收益比农业多得多，而商业的收益又比制造业多得多。这种产业间相对的"收入差"将会推动劳动力向更高收入的部门转移。时隔 200 多年后，克拉克对这一问题作了进一步的研究。克拉克继承了经济学家费希尔（A. G. B. Fisher）的研究成果，② 于 1940 年出版了《经济进步的条件》一书。在该书中，克拉克将全部经济活动分为第一产业、第二产业和第三产业，分析了若干国家随时间的推移劳动力在三次产业之间移动的统计资料，得出了如下结论：随着经济的发展，即随着人均国民收入水平的提高，劳动力首先由第一产业向第二产业移动。当人均国民收入水平进一步提高时，劳动力便向第三产业移动。这就是所谓的"配第—克拉克定理"。

美国经济学家西蒙·库兹涅茨在克拉克研究的基础上，收集和整理了二十几个国家的数据，从国民收入和劳动力在产业间的分布这两个方面，研究了产业结构的变动趋势。③ 他认为，随着经济发展，农业部门实现的国民收入在全部国民收入中的比重（国民收入的相对比重）和农业劳动力在全部劳动力中的比重（劳动力的相对比重）都趋于下降；工业部门国民收入的相对比重大致是上升的，但劳动力的相对比重变动不大；服务部门劳动力的相对比重是上升趋势，但国民收入的相对比重变动不大。④

---

① 参见陈宗胜主编：《发展经济学》，复旦大学出版社 2000 年版，第 140~141 页。

② 三次产业这一概念是由新西兰经济学家费希尔首先提出的。他在 1935 年出版的《进步与安全的冲突》一书中将产业结构划分为第一产业、第二产业和第三产业三个层次。参见谢文蕙等编著：《城市经济学》，清华大学出版社 1996 年版，第 166 页。

③ 西蒙·库兹涅茨著：《各国的经济增长：总产值和生产结构》，商务印书馆 1985 年版，第 118 页。

④ 库兹涅茨探讨的主要是 20 世纪 60 年代以前西方国家经济发展过程中三次产业变动的趋势。但 20 世纪 60 年代以来，西方发达国家产业结构发生了新的趋势性变动。这就是第一产业、第二产业就业人口比重和国内生产总值的相对比重下降，而第三产业则保持上升的势头。这表明产业结构演变进入了一个新阶段。

美国发展经济学家霍利斯·钱纳里运用库兹涅茨的统计归纳法，对产业结构变动的一般趋势进行了更加深入的研究。结果发现：在工业化起点，第一产业的比重较高，第二产业的比重较低。随着工业化进程的推进，第一产业的比重持续下降，第二、第三产业的比重都相应地有所提高，且第二产业比重的上升幅度大于第三产业，第一产业在产业结构中的优势地位被第二产业取代。当第一产业的比重降低到20%以下时，第二产业的比重高于第三产业，工业化进入中期阶段；当第一产业的比重再降低到10%左右时，第二产业的比重上升到最高水平，工业化进入后期阶段，此后第二产业的比重转为相对稳定或有所下降。在整个工业化进程中，工业在国民经济中的比重将经历一个由上升到下降的倒U形变化。

总之，随着工业化过程的推进，人均国民收入水平提高，第一产业在总产值和劳动力就业构成中的份额会显著下降，第二产业和第三产业的产值份额和就业构成份额都会增加。

3. 工业化进程中工业部门结构变动的一般规律

工业化不仅是一个国家农业部门向非农业部门转化的结构变化过程，而且也是工业部门内部结构的变化过程。在各国工业化和现代化过程中，一般认为，工业化发展过程要经历三个阶段。在第一个阶段，初级消费品工业如食品加工、纺织、烟草、家具等是主要工业部门，并且以比资本品工业如冶金、化学、机械、汽车等部门更快的速度发展。在第二个阶段，资本品工业增长加速进行，资本品工业产值在工业总产值中的比重趋于上升，但这时消费品工业在产值和速度上仍然占主导地位。在第三个阶段，资本品工业增长速度快于消费品工业的增长速度，并逐渐占优势。

一般而言，在工业化过程中工业结构变动的主要原因是需求结构变化和产业关联效应。首先，从需求结构的变化看，市场需求有两个方面：投资需求和消费需求。其中，消费需求是最终需求，投资需求是派生需求，因此，投资需求最终要受到消费需求的制约，消费需求是整个市场需求的决定因素。而消费需求是有层次的，只有当低层次的需求得到满足以后，才能谈得上较高层次的需求问题，而消费品工业正好是提供较低层次需求产品的工业，因此，在工业化发展的初期，必须首先发展消费品工业。其次，从产业关联效应上看，第二产业的产生和发展必须以第一产业的发展为基础，而和农业最密切、最直接的只能是消费品工业，因而，农业的发展为消费品工业的发展创造了条件。另外，国际比较优势也是其原因之一。伴随着世界工业化的形成，世界各国经济进入了一个相互依赖、紧密结合的新时期，任何国家若想闭关自守已不可能。工业化的发展，也需要积极地参与国际分工，充分利用自己的比较优势。对于工业化初期的国家来说，其生产优势在于技术层次低、劳动力成本低的产品，因此，只有大力发展消费品工业的产品出口才能换取工业化所需的外汇和技术等国外生产要素，从而为工业化的顺利发展创造条件。

工业化进程中工业结构的这种阶段性变动得到了经验研究的支持。德国经济学家霍夫曼（Walther Hoffman）在1931年出版了《工业化的阶段和类型》一书，他根据20多个国家的时间序列数据，分析了制造业中消费品工业和资本品工业的比例关系，提出了所谓的"霍夫曼系数"，即霍夫曼系数＝消费品工业净产值÷资本品工业净产值。根据霍夫曼系数的数值范围，工业化过程可以分成几个阶段(见表 10-1)。

表 10-1　　　　　　　　　　霍夫曼工业化阶段及指标

工业化阶段	霍夫曼系数	特　征
第一个阶段	5(±1)	消费品工业占优势
第二个阶段	2.5(±1)	资本品工业快速发展，但消费品工业规模仍大于资本品工业
第三个阶段	1(±0.5)	消费品工业与资本品工业大体平衡
第四个阶段	1 以下	资本品工业占主要地位

注：表中括号内的数字，表示以其前面数字为基准允许浮动的幅度。

资料来源：参见郝寿义、安虎森主编：《区域经济学》，经济科学出版社 2004 年版，第 231～231 页。

按霍夫曼的分类，在 20 世纪 20 年代，处于第一个阶段的国家有巴西、智利、印度、新西兰等，处于第二个阶段的有日本、荷兰、丹麦、加拿大、匈牙利、南非、澳大利亚等，处于第三个阶段的有英国、瑞士、美国、法国、德国、比利时、瑞典等，处于第四个阶段的国家在当时还没有出现。霍夫曼系数随着工业化过程的不断推进而不断下降，说明工业化以消费品工业为起点，逐渐向资本品工业转移，即工业结构趋向于"重工业化"，[①]这被称为"霍夫曼定理"。由于这个"定理"是将先行工业化国家工业化前三个阶段的经验外推到工业化后期，因此它又被称为"霍夫曼工业化经验定理"。

霍夫曼通过测算工业内部结构比例关系的变化来分析工业化及其阶段问题，霍夫曼定理曾被看作一个分析工业化进程的可靠工具，但也有一些经济学家指出了霍夫曼定理的局限性。美国经济学家库茨涅兹认为，在美国的经济发展中看不出存在什么霍夫曼定理。[②]因为美国等西方国家在工业化后期，服务业在工业产出还没有占到社会总产出一半时便异军突起，随后超过工业成为在总产出中占优势的产业部门。中国经济学家张培刚先生认为，霍夫曼定理仅适用于演进型的工业化过程，"至于比较激进的或革命性的类型，其发展次序可能依政府的计划完全倒过来"。[③]

日本经济学家盐谷佑一根据产业关联理论测算霍夫曼比率，发现霍夫曼比率数值下降幅度是递减的，并逐渐趋于稳定。[④]因为历史上曾出现过重工业产品只用于满足基本建设和军事物资的需要的情况，在这样的历史背景下，霍夫曼的观点是符合实际的。但随着科学技术的进步，工业化进程进入中、后期，即工业部门结构从以原料为重心转向以加工组

[①]　随着工业化的发展，一定时期内重工业的比重将不断上升，工业结构的演进朝着由以轻工业为中心的工业结构向以重工业为中心的工业结构发展，这种现象称为工业结构的重工业化。通常用"重工业化率"来反映重工业化的水平。所谓重工业化率是指重工业产值占工业总产值的比重。在重工业化的过程中，工业结构又表现为以原料工业为中心的发展向以加工、组装工业为中心的发展演进，这就是所谓的"高加工度化"。

[②]　西蒙·库兹涅茨著：《现代经济增长》，北京经济学院出版社 1991 年版，第 125 页。

[③]　张培刚著：《农业与工业化》，华中科技大学出版社 2001 年版，第 98 页。

[④]　郝寿义、安虎森主编：《区域经济学》，经济科学出版社 2004 年版，第 231～231 页。

装工业为重心后，重化学工业产品广泛用于制造消费资料，尤其是进入耐用消费品的发达阶段时更是如此。这样，随着机械工业中耐用消费品生产的迅速增长，产业的供求关系发生了结构性的变化，重工业内部消费资料生产的比重日益增大。因而从总体上看，消费资料工业和资本资料工业的比率不是继续下降，而是趋于稳定。

（三）工业化水平的综合评价

经典的工业化理论认为，工业化是一国（或地区）随着工业发展，人均收入和经济结构发生连续变化的过程。其主要表现为：（1）国民收入中制造业活动所占比例逐步提高，乃至占主导地位；（2）制造业内部的产业结构逐步升级，技术含量不断提高；（3）在制造业部门就业的劳动人口比例也有增加的趋势；（4）城市这一工业发展的主要载体的数量不断增加，规模不断扩大，城市化率不断提高；（5）在上述指标增长的同时，整个人口的人均收入不断增加（约翰·伊特韦尔等，1996；库兹涅茨，1999）。根据经典工业化理论，衡量一个国家或地区的工业化水平，一般可以从经济发展水平、产业结构、工业结构和空间结构等方面来进行。

（1）经济发展水平。经济发展水平指标通常是用人均国内生产总值表示。该指标直接反映一国或地区的工业化水平或发展阶段，是国际上通用的进行国际对比的首选指标。钱纳里等根据国内生产总值水平，将工业化进程分为 6 个时期 3 个阶段。其中 2、3、4 是传统工业化阶段，细分为工业化初期、工业化中期和工业化后期三个阶段。5、6 是经济发达阶段。钱纳里等划分的结构转换时期与阶段（见表 10-2）。

表 10-2　　　　　　　　　　**钱纳里等划分的结构转换时期与阶段**

时期	人均 GDP 变动范围（美元）		发展阶段	
	1964 年	1970 年		
1	100~200	140~280	初级产品阶段	
2	200~400	280~560	工业化阶段	初期
3	400~800	560~1120		中期
4	800~1500	1120~2100		后期
5	1500~2400	2100~3360	经济发达阶段	
6	2400~3600	3360~5040		

注：1964 年与 1970 年美元的换算因子是 1.4。

资料来源：钱纳里等著：《工业化和经济增长的比较研究》，上海三联书店 1989 年版，第 71、355 页。

（2）产业结构。产业结构包括产值结构和就业结构两方面。产值结构方面，选择第一、二、三产业产值比为基本指标；就业结构也是一个国家或地区经济发展的重要指标。因为经济发展的主要目标之一就是把劳动力从劳动生产率低的部门向劳动生产率高的部门转移，从农业向工业和服务业转移；从劳动密集型的工业部门向资金和技术密集型的工业部门转移。就业结构方面，选择第一产业就业占比为基本指标。

（3）工业结构。工业结构方面，根据制造业增加值在总商品生产部门增值额中所占的份额（简称为科迪指标），把工业化水平分为非工业化（20%以下）、正在工业化（20%～40%）、半工业化（40%～60%）、工业化（60%以上）四类。其中制造业是工业的主体部分（工业还包括采掘业和自来水、电力、蒸汽、热水、煤气等行业），总商品生产增值额（农业、渔业、林业、矿产业、制造业、电力及其他公用事业、建筑业）大体上相当于物质生产部门（第一产业、第二产业）的增加值。它是在联合国工业发展组织和世界银行联合主持的一项研究中，由约翰·科迪等（1990）学者提出的一种衡量工业化水平的标准。

（4）空间结构。空间结构方面，选择人口城市化率为基本指标。城市化的发展和国民经济息息相关，城市化水平在某种程度上反映了一个国家或地区经济发展水平的高低。

表10-3是中国学者陈佳贵等按照钱纳里等（1989）的划分方法，将工业化过程大体分为工业化初期、中期和后期，再结合相关理论研究和国际经验估计确定的工业化不同阶段的标志值。

表 10-3 **工业化不同阶段的标志值**

基本指标	前工业化阶段	工业化阶段			后工业化阶段
		工业化初期	工业化中期	工业化后期	
1. 年人均 GDP（美元）					
（1）1964	100～200	200～400	400～800	800～1500	1500 以上
（2）1996	620～1240	1240～2480	2480～4960	4960～9300	9300 以上
（3）1995	610～1220	1220～2430	2430～4870	4870～9120	9120 以上
（4）2000	660～1320	1320～2640	2640～5280	5280～9910	9910 以上
（5）2002	680～1360	1360～2730	2730～5460	5460～10200	10200 以上
（6）2004	720～1440	1440～2880	2880～5760	5760～10810	10810 以上
2. 三次产业产值结构	$A>I$	$A>20\%$，且 $A<I$	$A<20\%$，$I>S$	$A<10\%$，$I>S$	$A<10\%$，$I<S$
3. 工业结构	20%以下	20%～40%	40%～50%	50%～60%	60%
4. 人口城市化率（空间结构）	30%以下	30%～50%	50%～60%	60%～75%	75%以上
5. 第一产业就业人员占比	60%以上	45%～60%	30%～45%	10%～30%	10%以下

注：A、I、S 分别代表第一、第二和第三产业增加值在 GDP 中所占的比重。

资料来源：陈佳贵等：《中国地区工业化进程的综合评价和特征分析》，《经济研究》2006 年第 6 期。

三、新型工业化道路发展中应注意的问题

进入 20 世纪 90 年代以来，以发达国家为代表的信息化进程日益加快，世界信息化浪潮逐步兴起，并对全球经济产生了重大影响。在信息化时代这一变化了的条件下，发展中国家显然不能重复发达国家的传统工业化道路，如果还是按部就班地实行先工业化再信息化，不但不能赶上西方发达国家，而且差距还会被继续拉大。因此，在信息化时代，发展中国家必须调整传统工业化道路，走新型工业化道路，即以信息化带动工业化，以工业化促进信息化，实现经济的跨越式发展。

(一)发展中国家工业化与信息化的关系问题

尽管工业先行国家工业化的发展过程不尽相同，但基本上是走的先完成工业化，然后再步入信息化的路子。发展中国家在走新型工业化的道路时，要求工业化和信息化并举，以信息化带动工业化，以工业化促进信息化。在具体实施过程中，就需要正确处理好工业化和信息化之间的关系。

1. 以工业化促进信息化

在经济和社会发展中，工业化是一个历史发展过程，主要是工业逐渐取代农业，并对整个社会生产方式产生深刻的影响。工业化社会以后是"信息化"社会，也称"后工业化"社会。广大的发展中国家至今仍处于工业化的中级阶段甚至初级阶段的水平，面临着工业基础薄弱、经济实力不足、经济发展不平衡等问题。显然，对于经济基础本来就薄弱的发展中国家而言，完成工业化仍然是不可逾越的阶段。如果放弃工业化而仅仅追求信息化的发展，最终会使信息化的发展成为无源之水。信息化必须以工业化的发展为基础，以工业化促进信息化。而"以工业化促进信息化"可从以下两方面去理解。

第一，工业化为信息化提供物质基础。信息化的基础设施建设、技术装备、通信设备、电子产品等都要以工业化的发展为支撑。发展中国家在信息时代面临着发展机遇多、同时瓶颈限制也多的无奈：一方面是信息技术带来的前所未有的好处和发展机遇；另一方面是资金不足造成的信息基础设施建设的滞后。所以，发展中国家必须更加紧迫地推动工业化建设，为实现与信息化的互动发展提供坚实的基础。

第二，工业化的发展为信息化提供了广阔的"用武之地"。作为信息化技术基础的信息技术，必须有充分的需求作为其大显身手的"用武之地"。在农业经济社会，对信息的需求甚少，只有在工业化的社会大生产中，生产的目的是交换，而社会通过交换构成一个有机整体时，才真正产生了对信息的大量需求，才能提出信息化的问题。因此，工业化的发展，为信息化和信息技术提供了广阔市场。

2. 以信息化带动工业化

新型工业化道路既区别于传统的以重工业带动轻工业和农业发展的工业化道路，也不同于早期工业化国家以机械化、化学化、电气化带动的工业化，而是以信息化带动的工业

化。信息化带动工业化的作用具体表现在以下几个方面：

(1)优先发展以信息技术为先导的高新技术产业

信息产业具有增长快、产业关联度大和社会影响面广的特点，各发达国家纷纷把信息产业列为支柱产业予以培育，争取 21 世纪发展的主动权。在整个信息技术、信息产业和信息经济领域，发达国家的垄断程度十分明显，尤其是美国以其雄厚的经济实力和科技实力，独占世界信息产业的霸主地位，这又反过来促进了其经济的发展，促成了 20 世纪 90 年代美国经济长达近 10 年的持续增长，形成了所谓的"新经济"现象。据报道，2000 年美国信息业的产值已占美国 GDP 的 8% 以上，成为美国的最大产业，信息业对美国经济增长的贡献率达 1/3。与此相对照，在发展中国家，除了少数新兴工业化国家和地区基础较好外，大多数国家信息基础薄弱。南北信息化程度的差异，将会进一步拉大双方的经济差距。因此，发展中国家在新型工业化进程中必须优先发展以信息技术为先导的高科技产业，如光机电一体化产业和光学电子产业等。同时要加速信息网络基础设施的建设，如高速信息传输骨干网络和宽带高速计算机互联网；加强软件开发业、集成电路设计和超大规模集成电路的生产。

(2)充分利用信息技术加快改造传统产业

优先发展高新技术并不意味着可以忽视传统产业的发展，传统产业也绝不是什么"夕阳产业"。相反，发展中国家在大力发展高新技术产业的同时，应当注重对大量传统部门进行改造，用信息技术改造传统产业，实现传统产业的信息化。必须强调的是，用信息化带动工业化，主要体现在以信息技术为代表的高新技术和先进适用技术改造传统产业，促进传统产业升级换代，最终促进发展中国家的经济增长与发展。在现阶段，广大发展中国家需大力推动传统产业的改造，提高其劳动生产率，加快产品的升级换代，增强产品的竞争能力，使制造业等传统产业能在与高新技术结合的基础上得到更快更好的发展。

发展中国家由于其所处的发展阶段，传统产业部门在国民经济中仍占有很大比重，因此传统产业的发展对于发展中国家经济的发展有着重要作用。在信息化条件下，用信息技术改造和提升传统产业，特别是传统的制造业，对于提高传统产业的竞争力、促进产业结构升级都具有重要意义。以信息化为代表的高新技术，对于制造业等传统产业有很强的渗透力和提升力，信息技术可以渗透于产品设计、研发、制作、管理、营销等整个过程之中，并会大大提升产品质量、效率与效益，使制造业等传统产业能在与高新技术结合的基础上得到更快更好的发展。为此，发展中国家要鼓励包括农业、工业和服务业在内的各个产业及其企业广泛应用信息技术，提高计算机和网络普及应用程度，加强信息资源的开发利用，促进产业技术水平的提高。同时，传统的产业组织结构必须与信息化的要求相适应，即在企业管理和组织结构上必须做出相应调整。由于发展中国家目前的企业组织结构和管理方式还不太合理，因此需要对企业的组织管理和经营方式进行改造和创新，用现代信息手段改造传统管理，创造新的管理概念和管理体系，使企业的信息、决策、执行三者集成化，提高决策质量和效率。利用信息共享机制，使垂直一体化管理向组织扁平化矩阵式管理转化，用信息技术重构过程管理、物流和资金管理，改善成本结构，降低成本，提高经济效益。

(二)大力发展生产性服务业的问题

在工业化进程中，积极全面地发展服务业是新型工业化道路与传统工业化道路的重大区别。按照通常的行业分类办法，服务业可以划分为：为消费者提供服务的消费性服务业和为生产者提供服务的生产性服务业。对于生产性服务业的概念，迄今尚未有一个权威的解释，人们因理解的不同和研究的需要，对生产性服务做出了不同的分类。按照麻省理工学院(MIT)经济学家的分类，生产性服务业可进一步分为以下三类(见图 10-1)。

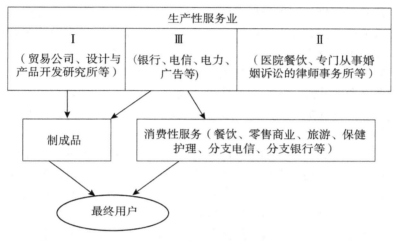

图 10-1　生产性服务业分类

第 I 类指专门用于提高制造品价值的服务公司(如贸易公司、设计与产品开发研究所、货物转运商和环境检测实验室)；

第 II 类指专门用于改善消费性服务的服务公司(如医院餐饮、专门从事婚姻诉讼的律师事务所)；

第 III 类指既为制造业也为消费者服务的服务公司，如银行、电信、电力和广告等。①

生产性服务业从其在产业结构中的作用和产业链上的位置来看，是直接为国民经济各产业提供服务的产业，生产性服务业的规模和效率直接影响着其所提供服务产业的竞争力、整个产业结构的协调和经济的发展速度。如生产性服务业对制造业的支持，就表现为能有效地满足制造业的服务要求，在制造业的研发、设计、生产、营销及售后服务等产业链的各个环节上，构成了一个完整的业务流程，在制造业的产前、产中及产后服务中起着增加价值、实现价值的重要作用。20 世纪初期以来英国和美国经济中增长最快的产业是服务业，特别是从事制造业产前、产中和产后服务的生产性服务业。服务业的发展，对于成本(尤其是其中的交易成本)的降低起了至关重要的作用。

大力发展生产性服务业，不但是发展中国家工业化发展的要求，也是走新型工业化道

① 参见吴敬琏著：《中国增长模式抉择》，上海远东出版社 2005 年版，第 72~73 页。

路，改变粗放型生产方式的必然选择。一方面，工业化是一个伴随着工业发展的社会经济全面变革与发展的过程，生产性服务业以其拥有高度创新性、广泛渗透性、高度效率倍增性和深度产业关联性的优势在工业化的过程中具有突出重要的地位。没有生产性服务业发展的支撑，工业化只能停留在比较初级和粗放的阶段，无法深化下去。大力发展生产性服务业，可以起到改变粗放的工业生产方式的作用。另一方面，由于服务业存在特有的分离效应和分裂效应，能使最初体现在一个人和一种产品中的服务分离出来变成一种新的商品和新的产业，从而增加服务业的产出。技术进步又使得服务业越来越多地通过非物质形态的交易分离出来，由此达到节约资源和保护环境的目的。而新型工业化道路的目的之一就是要改变主要依靠增加投入，以消耗资源、污染环境为代价的粗放式增长方式。因此，大力发展生产性服务业，提高其在产业结构中的比重，就能降低经济增长的资源消耗和环境污染，这对于发展中国家走新型工业化道路有着十分重要的战略意义。对于服务业相对落后的发展中国家来讲，应采取以下措施来大力发展生产性服务业。

首先，工业企业要从简单加工向产业价值链的自主研发、品牌营销等生产性服务环节延伸，努力提高产品的附加价值，进一步提升发展中国家在劳动力方面的比较优势，以此带动经济结构的优化和升级。

其次，切实改善服务业生存和发展的制度环境。现代市场不再只是在熟人之间进行交易的小范围本地人市场，而越来越是陌生人之间进行交易的广泛范围的市场，甚至是全球化的市场。在这样的市场上进行的非人格化交易，仅靠过去行之有效的商人之间的双边乃至多边信用关系来保证合同的执行已经不够用了。在这种交易中，要有可靠的司法体制和良好的执法环境才能促进交易高效率地进行，也才能给一些对制度依赖性高的产业深化发展的机会。因此，放宽市场准入、强化服务市场竞争，确保服务业生存和发展的市场环境建立起来是目前大多数发展中国家生产性服务业发展面临的重要课题。

【专栏 10-1】

为什么中国服务业发展滞后

我国的服务业(包括生产性服务业)发展是比较落后的。从国际比较来看，经济合作组织(OECD)国家服务业占 GDP 的比重 1960 年为 52.6%，1990 年上升到 65.3%，1995 年则达到 68.2%。服务业占就业比重 1960 年为 43.1%，1990 年上升到 62.8%，1995 年达到 64.4%。服务业成为这些国家的第一大产业。而我国到 2010 年时，第三产业产值仅占 GDP 的 38.5%，第三产业从业人员仅占 34.6%(见《中国统计年鉴 2011》)。为什么附加值低、盈利率也低的简单制造业在我国发展如此迅猛，而盈利率高、附加价值也高的服务业和研发设计等制造业中的服务部门却发展如此缓慢？

其一，我国服务业发展不足与我国理论界和决策层对工业化和服务业发展关系的认识存在偏差有直接关系。我国长期以来对生产与服务的关系认识不清，没有处理好工业化与服务业发展的关系。把工业化片面地等同于工业的发展，存在着重生产轻服务的错误认识，导致了因服务落后而制约生产的结果。如由于交通瓶颈而导致生产受损、由于设计缺陷导致产品不适应市场需求、由于营销落后而导致产品大量积压、由于金融市场发展滞后而导致企业融资困难等。

其二，我国服务业发展不足是与我国城市化滞后密切相关的。众所周知，许多服务业的发展要以人口和产业一定程度的聚集为基础。如果产业布局分散，人口居住也分散，许多服务业就会因为市场需求的制约而发展不起来。而城市由于聚集了大量的消费人口和产业，形成了对服务业的巨大需求，成为服务业发展的一个重要载体。可见，服务业的发展离不开城市化。

其三，我国服务业发展不足与不健全的制度环境有密切关系。制造业和服务业对制度环境有着很不相同的要求：与有形物打交道的制造业对体制、机制的依赖性相对较弱，而与人打交道的服务业对制度环境的依赖性却很高。服务业所交易的是一些看不见摸不着的无形的"服务"或"许诺"，道德风险和逆向选择的可能性因而大大增加。在制度不完善的社会里，服务类行业更容易发展缓慢和停滞不前。如果一国的制度机制不利于高附加值、高盈利率产业的发展，能够发展的就只能是那些低附加值和低盈利率的产业，它的人民也只能在国际分工中从事低收入的行业，"卖硬苦力"。因此，中国保证服务业健康快速成长的关键，在于切实改善服务业生存和发展的制度环境。

资料来源：参阅吴敬琏著：《中国增长模式抉择》，上海远东出版社2005年版，第175页。

【思考题】

一、名词解释

工业化　配第—克拉克定理　霍夫曼定理

二、简答题

1. 简述工业化的基本特征。

2. 怎样理解农业与工业化的关系？

3. 怎样理解发展中国家工业化与信息化的关系？

三、论述题

结合实际谈谈我国服务业相对落后的原因以及如何保证服务业健康快速地发展。

主要参考文献和阅读指南

1. 谭崇台主编：《发展经济学》，武汉大学出版社2001年版。

2. 张培刚、张建华主编：《发展经济学》，北京大学出版社2009年版。

3. 张培刚主编：《新发展经济学》，河南人民出版社1992年版。

4. 吴敬琏著：《中国增长模式抉择》，上海远东出版社2005年版。

5. 张一民著：《论中国的新型工业化与城市化》，东北财经大学出版社2004年版。

6. 殷醒民著：《制造业结构的转型与经济发展》，复旦大学出版社1999年版。

7. 杨公朴主编：《产业经济学》，复旦大学出版社2005年版。

8. 霍利斯·钱纳里等著：《工业化和经济增长的比较研究》，上海三联书店1989年版。

9. 林毅夫等著：《中国的奇迹：发展战略和经济改革》，上海人民出版社2003年版。

10. 简新华等：《论中国的新型工业化道路》，《当代经济研究》2004 年第 1 期。

11. 陈佳贵等：《中国地区工业化进程的综合评价和特征分析》，《经济研究》2006 年第 6 期。

第十一章　城市化与经济发展

城市化是伴随着工业化和经济发展而出现的一种世界性的社会现象。第二次世界大战以后，广大发展中国家在谋求经济发展的过程中，把实现城市化作为重要的目标和任务，而在其实施过程中又面临着各种矛盾和困难。本章将介绍城市化的基本理论，分析乡—城人口流动机制与影响，并在此基础上探讨发展中国家的城市化问题以及相应的解决对策。

一、城市化的含义、起源与测度

关于城市化的研究一般都是从研究城市开始的，因此认识和分析城市的起源和含义便成为研究城市化的前提。

(一)城市的起源、含义与测度

1. 城市的起源

城市的出现是人类社会发展史上的一个重要里程碑，是人类进步和文明的象征。具有数千年历史的城市究竟因何而产生，不同的学者提出了不同的解释，从而形式了不同的城市起源说，这里主要介绍两种说法。

(1)社会分工说。认为城市并非伴随人类与生俱来，是随着生产力的发展而产生的。随着生产力的发展，出现了第一次社会大分工即农业与畜牧业分开，这次大分工不仅为人们提供了食物来源，而且使人类形成了以农业为主的永久性聚落并迎来了农业社会。早期的两河流域、尼罗河流域、印度河流域和黄河流域——被誉为世界文明的发源地。它们孕育了四大文明古国。随着生产进一步发展，出现了第二次社会大分工。手工业与农业的分离，导致了以交换为目的的生产即商品生产。随着商品生产的发展，产生了一个不从事生产只从事交换的阶层——商人，商业便从手工业中分离出来，产生了第三次社会大分工。

从历史的角度看，在人类第三次社会大分工之后，商人和手工业者摆脱了对土地的依赖，向有利于加工和交易且交通便利的地点聚集，产生了固定的商品生产和交换的居民点，这就逐渐形成了城市的雏形。由于农业与手工业和商业的分工，出现了城乡分工，继而出现了城市和乡村的分离。据考证，第一批城市诞生于距今 5000~6000 年前。如古埃及的孟菲斯城和中国的殷墟、商城等。

(2)地利说。认为自然地理条件在城市的产生和发展中具有基础性作用。世界上最早的城市之所以产生在北回归线至北极圈的温带的尼罗河谷地、地中海沿岸、印度河流域和黄河流域，是因为这些地区的特殊自然环境特别有利于耕作和动物驯化，为城市起源提供了条件。

上述两种说法分别从不同角度对城市的起源作出了回答，都有一定的解释力。但我们认为城市的产生和发展离不开生产力的发展，因此，社会生产力的发展是城市产生的根本原因。

2. 城市的含义

城市是一个十分复杂的社会系统，它是人口学、社会学、经济学和地理学等众多学科共同关注的对象。不同的学者从各自不同的研究角度给城市下了定义。

人口学认为城市是有一定人口规模，并以非农业人口为主的居民集居地，是聚落的一种特殊形态；经济学家则把城市看作是工业和服务业经济活动高度聚集的结果，是市场交换的中心，把非农业产值和非农业人口规模和比例当作是城市的标准；地理学和城市建筑学家则主要从地域景观变化的角度，把城市看作是建筑物和基础设施密集的地区；而社会学家则从社会关系的角度，认为城市之所以成为城市，主要是城市形成了一种城市特有的生活方式——城市性(Urbanism)。

城市是人类活动的一种空间结构系统，在不同的时期，城市承担着不同的功能。如在18世纪工业革命前，农业经济在国民经济中占主导地位，城市或是政治中心，或是军事中心，或是文化中心。18世纪工业革命后，城市的功能或性质发生了根本性的改变，城市由政治、军事中心，手工业中心变成了经济中心、生产要素的聚集地。一些城市在成为工业生产中心的同时也成为商业贸易中心，如伦敦和巴黎。因而有学者从功能角度对城市进行了定义。英国经济学家 K. L. 巴顿认为，城市是一个坐落在有限空间地区内的各种经济市场——住房、劳动力、土地、运输等相互交织在一起的网络状系统。[1] 还有的学者认为，城市是国家经济、政治、科学技术和文化教育的中心，是现代工业和工人阶级集中的地方，在社会主义现代化建设中起主导作用。[2]

综合上述不同学科和不同学者对"城市"所做的定义，我们认为：城市是人类历史发展过程中形成的，是以非农业人口为主体的、非农产业高度聚集的社会物质系统，是一定地域内的政治、经济、文化中心。具体来说，城市具有如下特征：

(1)动态性。城市既是人类经济、社会、文化发展到一定阶段的产物，同时又随时代的发展而变化，是一个发展变化的动态系统。

(2)层次性。城市是一个多层次的网络体系。一般可将城市分为超大城市、特大城市、大城市、中等城市和小城市，小城市之下还有建制镇，此外还有城市带(群)。在城市网络体系中，以大城市为中心、以中等城市为骨干、以小城镇为纽带、以集镇为细胞，共同组成区域城镇体系有机体，层次性是城市的重要属性之一。

(3)聚集性。对城市而言，集中性和聚集性是其本质特性。正是由于人口、经济、文化的高度聚集，才体现出城市与农村的根本区别，这也是城市的劳动生产率远高于农村的根本原因。

---

① K. L. 巴顿：《城市经济学》，商务印书馆 1984 年版，第 14 页。
② 谢文蕙，邓卫编著：《城市经济学》，清华大学出版社 1996 年版，第 2 页。

3. 城市的测度

关于城市的测度在世界范围内至今还尚未得到统一的认识。不同的国家和地区执行着各自的标准。根据测度城市考虑指标的不同，可将世界主要国家城市确定的标准分为如下几类：

（1）人口规模的标准

即以人口的集聚程度和数量为标准，当某个居民点的人口达到某种规模时，就定为城市，其余为乡村。由于世界各国依其国家大小、人口多寡而对设市标准的规定不同，因此关于城市人口规模的下限相差悬殊（见表11-1），最少的只有200人，最多的高达60000人，后者是前者的300倍。为便于各国对比研究，联合国区域开发中心规定，"市"（City）的人口数量最低标准为20000人。世界上大多数国家设市标准定为2000～20000人的范围。

表 11-1　　　　　　　　　　各国设市人口标准最低限额　　　　　　　　　单位：人

人口低限	国家	人口低限	国家
200	丹麦、瑞典、冰岛	5000	印度、伊朗、奥地利
500	南非、巴布新几内亚	10000	马来西亚、瑞士
1000	加拿大、新西兰	20000	挪威、芬兰
2000	法国、捷克、古巴	30000	日本
2500	美国、墨西哥	50000	朝鲜
3000	荷兰、南斯拉夫	60000	中国

资料来源：谢文蕙等编著：《城市经济学》，清华大学出版社1996年版，第6页。

需要特别指出的是，小城镇，尤其是县级政府所在地，一般也属于城市范围，因为它们除了人口数量和经济规模比城市较小以外，其余并无不同。世界各国对城镇的划分标准同样五花八门。国际统计协会建议，"镇"（Town）的人口数量最低标准为2000人。

（2）人口密度的标准

即以单位地域空间内聚居人口的密度高低来划分城市，它往往与在空间上连续的建成区联系在一起，因而比之规模标准更能体现城市的色彩。

该标准多为经济发达国家所采用，因为它们城乡之间在生活水平和市政设施方面的差别通常不大，以至于难以直观地区分城市与乡村。人口密度标准因国情不同也存在差别，如美国规定只有达到400人/km²的地区方为城市；而日本定为4000人/km²以上；澳大利亚则是190人/km²的标准。

（3）行政区划的标准

即以政府的规定或立法宣布的结果作为划分城市的标准，它为世界上各国所广泛采用。与之类似的是以某一区域的历史、政治或行政地位作为是否设市的依据，如不少国家规定某级政府、或相当于某级政府的机构所在地可以设市，边境要塞、历史文化集中地也可设市。以行政区划作为标准容易扩大城市的实际规模、混淆城乡之间的现实差别。

(4)职业构成的标准

即将人口职业的构成、尤其是从事非农业生产的人口比例作为划分城市的标准。如前苏联规定，在一定规模的人口聚居地，凡非农业人口占总聚居人口的比重为 70% 以上者才可设市。

(二)城市化的起源、含义与测度

1. 城市化的起源

城市化作为一种社会现象，究竟起源于何处？从何时开始？对此理论界有两种看法。一种是"城乡分离论"，即认为自有城市之初就有城市化的进程。欧美一些学者多持此观点，如英国经济学家 K. L. 巴顿提出："在公元前 6000 年已经开始城市化。"①

另一种是"工业革命推动论"，即认为真正意义上的城市化只是在 18 世纪中叶的工业革命以后才出现的。城市化是工业化的产物。社会化机器大工业这台强大的马达驱动了城市化的滚滚车轮。我国学者高珮义考察了城市发展史与城市化史之后，认为城市化作为一种世界性的普遍现象发端于 18 世纪 60 年代的英国工业革命。②

从历史的角度看，在奴隶社会到封建社会的漫长岁月中，一直是"乡村在经济上统治着城市"。在城乡关系的矛盾运动中，农村居于主导地位。而发生在英国的工业革命则极大地改变了这一状况。它使城市的性质发生了根本的改变，城市从政治、军事中心成为经济活动的中心和生产要素的聚集地。日益茁壮的城市经济发展为国民经济的主体，并使农村成为自己的附庸，在城乡关系的矛盾运动中，城市居于主导地位。

人类城市发展史已有五六千年的历史，但是一直到 1800 年城市人口仍只占世界总人口的 3%，经历了几千年终究未能"化"起来。然而从 1800 年到现在只用了近 200 年的时间，人类的城市便"化"起来了。发源于英国的工业革命使人类终于找到了一种生产方式，即机器大工业的生产方式，使得资本和人口在机器大生产中高度集聚，由此导致城市规模的不断扩张和城市数量的急剧增加，推动城市化的快速发展。如果说"农业革命使城市诞生于世界"，那么"工业革命则使城市主宰了世界"。我们认为，城市的产生不等于城市化的开端。城市化起源于工业化，而不是发源于城乡分离。世界城市化发展速度见表 11-2。

表 11-2　　　　　　　　　世界城市化发展速度

年份	1800	1850	1900	1950	2000
世界城市化水平(%)	3	6. 4	13. 6	28. 2	46. 7

资料来源：转引自高珮义：《中外城市化比较研究》，南开大学出版社 1991 年版，第 13 页。

---

① K. J. 巴顿：《城市经济学》(中译本)，商务印书馆 1984 年版，第 14 页。

② 高珮义：《中外城市化比较研究》，南开大学出版社 1991 年版，第 11 页。

2. 城市化的含义

城市化，或称城镇化，是英文词 Urbanization 的不同译法。Urban（城市）是 Rural（农村）的反义词，除农村居民点以外，镇以及镇以上的各级居民点都属于 Urban Place（城镇地区），既包括 City（城市），也包括 Town（镇）。[①]

对于城市化的定义，不同学科分别从各自的角度出发有不同的理解。例如，人口学认为，城市化是人口向城市集中的过程；地理学认为城市化是农村地区转变为城市地区的过程；社会学认为，城市化是由农村生活方式转化为城市生活方式的过程；经济学认为，城市化是由农村自然经济转化为城市社会化大生产的过程。多学科的城市化定义有助于我们更加深入和全面地理解有关"城市化"的含义。

我们认为，根据研究范畴的不同，城市化可以分为广义城市化和狭义城市化。广义城市化包括三方面的内容：一是由于社会生产力的发展而引起的城市数量增加及其规模扩大，人口向城市集中的过程；二是产业结构不断转换的过程；三是城市文化、城市生活方式和价值观在农村地域的扩散过程。而狭义城市化，主要是指乡村人口向城市集中的历史过程。我们认为这是城市化最基本的内涵，也是发展经济学家们研究城市化的主线。

3. 城市化的测度

度量城市化的指标可以有城市化水平、城市化规模、城市化速度、城市化质量、城市人口增长等多个方面，这里主要讨论城市化水平的测度和城市化速度的测度。

衡量城市化水平的指标一般是对区域或国家而言的，虽然劳动力构成、产值构成、收入水平、消费水平、教育水平等都可以在一定程度上反映城市化水平，但能被各家都接受的指标却是人口统计学指标。其中，最简明、资料最容易得到、因而也是最常用的指标是城市人口占总人口的比重。在大部分国家和地区都用城市人口占总人口的比重来衡量城市化水平，用百分比表示。即：

城市化水平 =（城镇人口/全国总人口）×100%

城市化速度与城市化水平密切相关，它以城市化水平年平均提高的百分点来衡量。用公式表示即：

$$V = (P_1 - P_0)/n$$

[①]　英文词"Urbanization"在国外一般表示"城市化"，意指城市和乡村之间的人口分布发生变化。国内学者对"Urbanization"的译文和内涵并没有达成一致。如周一星（1992）认为"Urbanization"是人口从农村向各种类型的城镇居民点转移的过程，这些居民点包括镇（Town）和城市（City），城市还可细分为一般的城市（City）、大都市（Metropolis）、特大城市和大都市带（Megalopolis）。因此，应译作"城镇化"。刘传江（1999）认为："市和镇在经济结构和生活方式方面十分接近，在很多情况下，二者统称为城市，与农村或乡村相对，因而对城市化的研究包含对市和镇的研究。"我们认为，问题的关键在于："镇"到底是否属于城市体系的一个层次？如果镇属于城市，那么"城市化"就应该是比较科学的提法。从发达国家居民点的划分来看，镇属于城市体系的一部分。同时我国的法律也作了类似的规定，例如我国的城市规划法所称的城市就包括国家按行政建制设立的市和镇。从这一规定可以看出，镇应该被列为城市体系的一个组成部分。因此，在本章中我们统一用"城市化"。

式中：V 为城市化速度；

P_1 为报告期城市化水平；

P_0 为基期城市化水平；

n 年数。

二、城市化的动力机制

国内外理论界一般认为城市化的发生与发展遵循着共同的规律，即受农业发展、工业化和第三产业崛起这三大力量的推动与吸引。

（一）农业发展是城市化的初始动力

农村和农业的发展是城市化的原始动力。在城市化的初期，城市化的进程主要取决于农业提供商品粮的多少，为工业提供资本积累规模的大小以及提供工业原材料的多少，为城市提供多大的市场等，农村和农业经济的发展既是城市化的原动力，又是城市化的基础。因此，一个国家和地区城市化总是起步于那些农业分工完善、农村经济发达的地区。

（二）工业化是城市化的根本动力

工业革命以来，城市的发展与工业化的快速兴起关系密切。英国的曼彻斯特、纽卡斯尔、利物浦，美国的底特律、匹兹堡等新兴城市在早期，都紧密地依附于城市中的主导工业而得以发展。但工业为何要布局于城市？工业化的深入为何能够推动城市的发展？其中的原因是多方面的：

1. 聚集经济效应

所谓聚集经济效应是指各种产业和经济活动在空间集中所产生的经济效果以及吸引经济活动向一定地区集中的向心力，是导致城市形成和进一步发展的基本动力。经济学认为，规模经济和外部经济（包括地方化经济和城市化经济）是产生聚集经济效应的基本途径。

（1）规模经济是指一个企业在既定技术和要素价格下，产出增长率大于各种要素的投入增长率，单位产品的平均成本随产量增加而降低。这主要是因为一个较大的公司能更好地克服生产上的不可分割性，使生产能力得到更充分的利用，或者说，它能使用更有效率的设备，同时，由于某些一般管理费用并不随生产规模而变化，因此其每单位成本会随生产增加而下降。这是传统意义上的规模经济。

（2）地方化经济主要是指同一行业的企业或一组密切相关的产业，聚集在一个特定的地区，通过产业功能联系所获得的外部经济。它相对于单个企业而言是一种外部经济。同类企业集聚在一个地区，便于开展专业化协作，更重要的是由于厂商彼此接近，可以更快捷地获取技术和市场信息，提高交易效率，减少交易成本；不仅如此，它还有助于加强平等竞争，共同提高技术装备水平和产品质量；共同使用交通、供水、供电等公共设施。

（3）城市化经济主要是多个行业向城市地区聚集，通过产业之间前向与后向的联系，厂商从整个城市规模和多样性中获益，使多个行业的成本降低。它对于行业而言也是一种外部经济。多个行业集聚在一个地区，就可以形成比较完整的产业结构、技术结构和产品结构体系，彼此之间互为对方的原料供应商和产品使用者，从而减少了运费、节约了时间、提高了收益；可以满足消费者对商品的多样化需求，吸引更多的客源、开拓更大的市场；还可以使企业之间增强信任感，促进合作，结成企业之间的网络。企业彼此间的相互接近，使企业之间能长期地密切接触，从而建立信任感和长期稳定的合作关系。

2. 循环累积因果效应

循环累积因果效应是指在一个动态的社会经济发展过程中，各种因素是互相联系的，互为因果的，并呈同一种"循环累积"的态势。一个因素发生变化，会引起另一个因素发生相应变化，并强化原先的因素。① 例如，一个城市中发展了一种新工业，它需要在当地雇用员工，这会带动当地就业水平的提高；这些人又主要在本地消费，又会带来消费需求的上升；同时，这一产业的发展会为它的上游企业提供新的需求，为它的下游企业提供新的供给，这又会带动相关产业的增长，如果这类企业向其他地区输出产品，它又可以使得城市对外贸易加强，当地人们收入的增加和企业的发展还会带来市政收入的增加，这又会使得市政当局有更强的能力来投资建设更好的基础设施……这样，充满活力的工业布局、劳动力市场和更好的基础设施又能吸引新的工业到此布局。更重要的是，在城市的发展过程中，发展的动力在循环过程中往往互为因果，城市规模也就在这种循环和累积过程中不断扩大。循环累积因果效应的具体作用过程见图11-1②，在这个循环中，工业增长和城市发展是一种相互联系和互为因果的关系。它不仅具有累积效应，而且常常带来加速度，从而使城市和新工业不断得到发展。

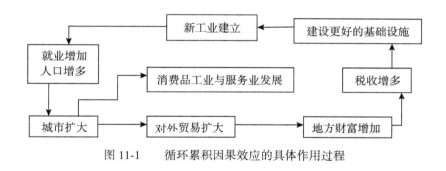

图 11-1　　循环累积因果效应的具体作用过程

(三)第三产业是城市化的后续动力

随着工业化国家的产业结构调整，第三产业开始崛起，并逐步取代工业而成为城市产业的主角，城市化的动力从此传到了第三产业身上。第三产业是城市化的后续动力，这主

---

① 　参见谭崇台主编：《发展经济学》，上海人民出版社 1989 年版，第 154~156 页。

② 　转引自谢文蕙等编著：《城市经济学》，清华大学出版社 1996 年版，第 35 页。

要表现在两个方面：

（1）生产性服务的增加。商品经济高度发达的社会化大生产，要求城市提供更多更好的服务设施。如企业生产要求有金融、保险、科技、通信业的服务；产品流通要求有仓储、运输、批发、零售业的服务；市场营销要求有广告、咨询、新闻、出版业的服务；工业的专门化程度越高，越要求加强横向协作与交流。

（2）消费性服务的增加。随着经济收入的提高和闲暇时间的增多，人们开始追求更多丰富多彩的物质消费与精神享受，如住房、购物、文化教育、体育娱乐、医疗保健、旅游度假、法律诉讼和社会福利等。以上各种需求促进了城市第三产业的蓬勃发展，并带来就业机会与人口的增加。

但工业化与第三产业对于城市化的作用，又有显著的不同。如果说，工业化带来的是城市规模的膨胀和城市数量的增多，即主要是城市化在"量"上的扩张；那么，第三产业促进的是城市软硬体设施的完善和人民生活水平的提高，即主要是城市化在"质"上的进步。这就是二者的区别之所在。

综上所述，在城市化诸多动力机制当中，可以分解出两大基本力量，即以农业发展为代表的农村"推力"，和以工业化与第三产业为代表的城市"拉力"。这两股力量一"推"一"拉"，使得城市化的历史进程不可避免地发生和发展着。

三、城乡人口迁移理论

城市化是人类社会发展到一定历史阶段的产物，随着工业化和现代化进程的日益发展，城市化在社会经济发展过程中占有越来越重要的地位，成为人们研究的一个重要课题。西方发达国家较早地进行了城市化的研究，但早期的城市化理论往往和人口流动理论交织在一起，如 20 世纪 50—60 年代所出现的刘易斯模型、费景汉—拉尼斯模型和托达罗模型等一系列有代表性的人口流动模型。这些模型重点讨论劳动力在部门间和地域间的转移问题，但体现农业部门和工业部门地域差异性和经济差异性的载体却是农村和城市。因此，早期的人口流动模型虽没有明确地研究城市化，但实质上仍是研究城市化中的人口流动问题。

（一）刘易斯模型

1954 年，刘易斯(W. A. Lewis)发表了一篇著名论文《无限劳动供给下的经济发展》(*Economic Development with Unlimited Supply of Labor*)。在这篇论文中，刘易斯指出二元经济是发展中国家在经济发展过程中最基本的经济特征，并提出了著名的二元经济结构下的人口流动模型。

1. 二元经济的内涵

刘易斯把发展中国家的经济划分为资本主义部门和非资本主义部门。前者以现代工业部门为代表，其特征是：生产规模大，所使用的生产技术和管理技术较先进，生产动机是谋利，产品主要在市场上销售。后者以传统的农业部门为代表，其特征是：生产规模小，技术落后；生产动机主要是为了自己消费，产品很少在市场上出售。农业部门最显著的特征是滞留着大量剩余劳动力。两个部门之间的根本关系是：当资本主义部门扩大时，便从非资本主义部门吸收劳动力。刘易斯认为，经济发展依赖现代工业部门的扩张，而现代工业部门的扩张需要农业部门提供丰富的廉价劳动力。

2. 劳动力的无限供给

在刘易斯模型中，包含一个假设条件，即劳动力的供给是无限的。发展中国家人口增长率高，人口过多，特别是农村人口的密度更大，而传统的农业部门又缺少资本投入，土地资源也十分有限。因此，随着人口的迅速增长，大量剩余劳动力必然会出现。根据边际收益递减规律，在固定的土地上不断增加劳动投入时，劳动的边际生产力会越来越小，最终等于零甚至成为负数。这些劳动力实事上是剩余劳动力，即这部分劳动力的减少不会影响农业总产量。在这种情况下，农业劳动力收入水平非常低，只能维持自己和家庭的最低生活水平，称生存工资或平均收入。

按照刘易斯的解释，无限的劳动供给是指现代工业部门在现行固定工资水平上能够得到所需要的任意数量的劳动力。农业部门的劳动生产率低，收入水平低，而城市工业部门由于劳动生产率高，加上工会的作用等原因，收入水平高于农民的平均收入。因此，扩张的工业部门可以按照现行既定工资率获得所需增加的劳动力。也就是说，工业部门在增加劳动投入时，不会提高工资水平，工资水平保持不变，劳动的供给具有完全弹性。这一固定的工资水平取决于农业部门的平均收入，工业部门的工资水平不可能低于农民的平均收入，否则，农村劳动力不会愿意迁移到城市。不仅如此，工业部门的工资必须高于生存工资才能吸收到农村劳动力。原因主要有以下几点：一是城市生活水平较高，如房租、交通费用等都比农村高；二是从农村转移到城市需要承受环境改变的心理压力；三是工人能以工会的形式组织起来，与企业主讨价还价。但工业部门的工资水平也不能比农民的平均收入这个界限高很多，否则，流入城市的劳动力会超过工业部门所创造的就业机会。刘易斯估计，通常工业部门的工资水平比农业平均收入高 30%~50%。

3. 经济发展模式——农村剩余劳动力转移

刘易斯从发展中国家经济结构的二元性出发，把经济发展过程看做是城市现代经济部门吸收农村剩余劳动力的过程，提出劳动力从传统农业部门转移到现代工业部门是二元经济发展的一种模式。工业部门的扩张和劳动力的转移过程见图11-2所示。图中 OA 表示农业部门维持最低生活水平的实际收入，OW 表示工业部门的实际工资。WSS' 是工业部门的劳动供给曲线，D_1K_1，D_2K_2，D_3K_3 分别表示不同资本量投资水平下工业部门的劳动需求曲线。对工业部门而言，在 OW 工资水平下，来自农村的劳动力供给是无限的、具有完全弹性，即不必提高工资，就能得到来自农村源源不断的劳动力供给。劳动供给曲线是一条完全水平的直线 WS。假定工业部门在初始阶段的资本量为 K_1，当资本投资量固定为 K_1 而逐渐增加劳动投入时，按照生产要素边际收益递减规律，劳动边际生产率将逐渐降低，如曲线 D_1K_1 所示。这条曲线也正是工业部门的劳动需求曲线。工业部门雇佣劳动力的数量由劳动供给曲线和劳动需求曲线的交点决定。当资本量为 K_1 时，雇佣的劳动数量为

OL_1，工业部门的总产出相当于 OD_1FL_1 部分，付出的工资总量为 $OWFL_1$ 部分，剩余产出即利润量为 WFD_1 部分。假设资本家将全部利润用于再投资，则资本总量由 K_1 增加到 K_2。重复这一过程，就使工业部门的资本量继续增加，雇佣的劳动力数量随之增加，利润额不断扩大，工业生产规模不断扩张。

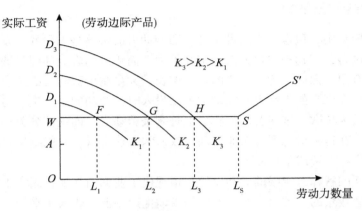

图 11-2　刘易斯人口流动模型

当工业部门雇佣的劳动力数量增加到一定限度，农业部门的剩余劳动力已经全部转移到工业部门时，农业中的劳动边际生产率将提高，农业劳动力的收入也将提高。此时，工业部门要得到更多的劳动力，就不得不提高工资水平。图 11-2 中，农业剩余劳动力数量为 OL_S（即刘易斯转折点）。超过 OL_S，工业部门的劳动力供给曲线将向右上方上升，成为 SS'。

刘易斯把发展中国家的经济发展过程划分为两个阶段：第一个阶段，资本稀缺，劳动力充足。农业部门存在着大量边际产量为零的剩余劳动力，工业部门按现行工资可以获得无限的劳动供给。当农业部门的剩余劳动力全部转移到工业部门后，就进入经济发展的第二个阶段。在第二个阶段中，资本和劳动力都成为稀缺的生产要素，工资不再是固定的，而是取决于劳动的边际生产力。

刘易斯认为，在发展中国家经济的两个部门中，只有现代化的城市工业是经济增长的主导部门，农业只是被动地起作用。经济发展就是资本主义部门（现代化部门）相对于农业部门不断扩大的过程。工业部门增长的动力来自于资本积累，资本积累来自于利润的再投资。因此，刘易斯认为经济发展的关键就是资本积累（规模与速度），还特别强调了企业利润及其再投资在经济发展中的重要作用。刘易斯在《无限劳动供给下的经济发展》中指出："经济发展的中心问题，就是要理解一个社会由原先储蓄和投资还不到国民收入的 $4\% \sim 5\%$，转变为自愿储蓄达到国民收入 $12\% \sim 15\%$ 或以上的这个过程。它之所以成为中心问题，是因为经济发展的中心事实是迅速的资本积累（包括运用资本的知识和技术）。"关于经济发展所需的资金来源，刘易斯认为，它主要来自于国内私人储蓄，并假定工人的所有工资均被消费掉，资本家的利润是唯一的储蓄源泉。资本家要把利润的一部分用于消费。为分析方便，刘易斯假定资本家把全部利润都用于储蓄，然后转化为再投资。投资率或资本积累率决定了工业部门扩张及劳动力转移的速度。

4. 对刘易斯模型的评论

刘易斯模型提出后，人们在肯定该模型的合理性的同时，也指出了刘易斯模型存在的缺陷。

首先，刘易斯模型的几个主要假设条件不符合发展中国家的现实情况。第一，刘易斯模型假设剩余劳动力只存在于农村地区，而城市处于充分就业状态，发展中国家的城市实际上存在着大量失业。第二，刘易斯模型假定的无限劳动供给或固定工资率是不存在的。绝大多数发展中国家的城市劳动力市场和工资决定中最大特点之一就是工资随时间推移而大幅度增加。

其次，刘易斯模型强调现代工业部门的扩张，忽视了农业的发展。他把农业对经济发展的贡献仅仅视为被动地为工业部门输送劳动力，而忽视了农业部门自身发展对整个经济的基础作用。按照刘易斯模型，只要有资本积累，并且工业部门的工资略高于农民的收入水平，工业部门的扩张就可以持续下去，而不管农业是否发展。事实上，工业部门的扩张离不开农业的发展。实践证明，一些发展中国家农业的停滞阻碍了工业部门的扩张。

最后，刘易斯模型强调资本积累对工业部门扩张和经济发展的作用，而忽视了技术进步。从刘易斯的理论看，剩余劳动被吸收速度决定于可用于再投资的剩余。然而，就业不一定会随着这种再投资而增加。如果城市工业部门再投资采用资本密集型技术，则就业可能不会增加。这种现象可以用图11-3来表示。在图11-3中，由于投资的增加，劳动的边际生产力曲线由 MP_1 移动到 MP_2，虽然总产出有了大幅度提高，但工资总额和就业量仍保持在原来的水平。

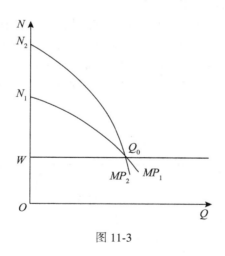

图 11-3

(二) 费景汉—拉尼斯模型

美国耶鲁大学的费景汉(J. Fei)和拉尼斯(G. Ranis)在1961年共同发表的题为《经济发展理论》的论文和1963年共同出版的《劳动过剩经济的发展》一书中，对刘易斯模型作了改进，将农业部门的发展也纳入了分析的范畴，提出了费景汉—拉尼斯模型。

1. 经济发展过程的三个阶段

费景汉和拉尼斯把经济发展过程区分为三个阶段：农业经济、二元结构经济和成熟经济。农业经济阶段的中心特征是传统农业在经济中占压倒优势地位，其他经济活动或者与农业有直接联系，如铁匠直接为农业提供生产工具，或者是建立在农业产品剩余或农业剩余劳动的基础上，如贵族的奢侈消费和教堂建设等。费景汉和拉尼斯认为，农业经济不仅在历史上代表了一个重要的经济组织形态，而且很好地刻画了现代不发达世界中大部分人的生活方式。

费景汉和拉尼斯明确地将二元结构归结为传统部门与现代部门的并存（这与刘易斯有所不同）。他们认为，二元结构经济阶段的中心特征是一个巨大的传统农业部门和一个生机勃勃的现代工业部门的非对称性并存。农业部门的主要投入是土地和劳动力，资本投入几乎微不足道。现代工业部门由追求利润最大化的资本主义企业组成，使用大量的资本。二元经济中的两部门在经济发展过程中相互作用，都经历了不断的技术进步。与农业经济最为关心的是单一农业生产结构的维持和发展的情形不同，二元结构经济最为关心的是通过生产结构的急剧变动消灭传统农业部门。

成熟经济阶段的特征是整个社会经济的商业化，农业和工业中的工资水平都由其劳动的边际生产力来决定，所有的生产者都追求利润最大化。

2. 二元经济分析

（1）农业部门的劳动力流入工业部门

刘易斯模型只是描述了现代工业部门的扩张过程，而对农业的进步问题没有作出分析。费景汉和拉尼斯认为，农业部门除了能够为工业部门的扩张提供丰富而廉价的劳动力之外，还可为工业部门提供农产品支持。农业部门和工业部门存在更多的相互影响的关系。因此，费景汉—拉尼斯模型把两个部门联系起来加以说明，如图 11-4（a）、（b）和（c）所示。

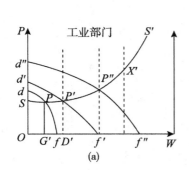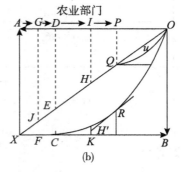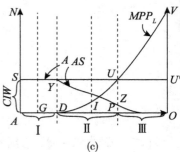

图 11-4 费景汉—拉尼斯模型

　　图 11-4 中，(a)是大家所熟悉的刘易斯模型，它表示的是工业部门，而(b)和(c)则代表农业部门。

　　图(a)表示的是工业部门。在图(a)中，OW 代表工业劳动，OP 代表工人的边际生产率和工资；dPf 代表边际生产率曲线，它与劳动供给曲线 SP' 交于 P 点，决定了工业部门的就业量为 OG'。在图(a)中，劳动供给曲线由两部门构成，水平部分的 SP 和上升部分的 PS'，P 为转折点。按照刘易斯的说法，一旦劳动供给曲线由水平变为上升，无限劳动供给也就终止了。费景汉和拉尼斯也接受了这个观点。

　　图(b)为农业部门的总产出图。OA 轴代表农业部门投入的劳动力，OB 轴表示农业总产出，曲线 $ORCX$ 是农业部门的总产出曲线。其中，ORC 段上凹，这表示随着农业劳动力投入的增加，农业的边际生产率递减，水平 CX 段则表示当农业部门的劳动力增加到一定程度后，其边际生产率为零。这意味着，如果我们将 C 点以后的农业劳动力(这在图中表示为 AD)全部抽出，农业总产出不会受任何影响。这种边际生产率为零的劳动力称为"多余劳动力"(Redundant Labor Force)。费景汉和拉尼斯认为，农业部门劳动力的工资应等于农业部门的人均产出水平，即使存在剩余劳动，他们也同样应当获取这种收入。原因在于，如果一个劳动力的收入低于平均水平，那么他的生存将出现问题。费景汉和拉尼斯称这个收入水平为"不变制度工资"(Constant Institutional Wage)。该工资不是由市场而是由道德和习惯等因素决定的，且在剩余劳动完全被转移之前将始终不变。图(b)中的平均产品线 OX 就代表农业部门的工资。

　　在此基础上，费景汉和拉尼斯指出，在农业部门中，凡是边际生产率小于平均收入水平的劳动力，都可以算是一种剩余劳动力。他们称之为"伪装的失业者"(Disguised Unemployment)。在图(b)中，我们可以通过作出与平均产品曲线 QX 平行且与总产品线 $ORCX$ 相切的辅助线 HR 来找出这些"伪装的失业者"。具体地讲，伪装的失业包括两部分：一是多余劳动力(即边际生产率为零的劳动力，如图中 AD 所示)；二是边际生产率大于零但小于平均收入的劳动力(如图中 DP 所示)。费景汉和拉尼斯把多余的劳动力视为一种技术现象，它取决于生产函数，而把伪装失业视为一种经济现象，它取决于工资水平。

　　在图(c)中，伪装失业、多余劳动力和不变制度工资等概念得到了进一步说明。在图(c)中，OA 代表劳动部门的劳动力，OV 代表农业平均产出和边际产出，曲线 $VUDA$ 代表农业部门的劳动边际生产率曲线。其中，水平部分 DA 表示边际生产率为零，负斜率部分 VUD 表示边际生产率递减，SU 为不变制度工资线，它与 OA 的距离等于农业部门的平均产出，即等于图(b)中 OX 线的斜率。SU 与 $VUDA$ 交于 U 点。我们可以看到，U 点以下部分 UDA 的边际生产率都小于平均产出。这就是费景汉和拉尼斯所分析的"伪装的失业"。

　　费景汉和拉尼斯从劳动力流动的角度，将发展中国家二元经济转换过程分为三个阶段。第一个阶段是边际生产率等于零的那部分劳动(由 DP 线段表示)的流出，这部分劳动是多余的；第二个阶段是边际生产率大于零但是小于不变制度工资的那部分劳动(由 DP 线段表示)的流出，流出的两个部分之和(PD 加 DA)为 PA，它是农业中的伪装失业者；第三个阶段是前两部分劳动流出后余留下来的劳动的流出，这部分劳动的边际产品在价值上大于不变制度工资，于是要吸引余留下来的劳动的任何部分离开农业部门，就必须按照其边际产品的价值，即高于不变制度工资水平而给予报酬，而且要吸引更多劳动继续离开农业，付出的报酬就必须继续提高，此时农业劳动力已变成竞争市场的商品，如费景汉和拉尼斯所说，农业部门已商品化了。总之，农业劳动的流出经过第一、二两个阶段后，一旦进入第三个阶段，工资水平就由市场力量决定，而不再由不变制度工资决定。因此，在图(c)中，我们可以用 SUV 代表三个阶段的农业部门劳动力的供给曲线。其中，水平部分 SU 代表第一、第二个阶段的劳动力供给曲线，UV 代表第三个阶段的劳动力供给曲线。

（2）农业剩余对人口流动的作用

费景汉和拉尼斯认为，如果没有农业剩余，农业劳动流向工业部门是不可能的。费景汉和拉尼斯把农业总产出减去农民消费的余数称为农业总剩余(Total Agricultural Surplus)，它是提供给工业部门消费的。从图 11-4(b)可以看出，如果 GA 劳动量流入工业部门，农业总产出 GF 减去农业部门自身消费 GJ，其差额 FJ 即是农业总剩余。在农业生产率不变的条件下，农业总剩余与流出的农业量有密切关系。图 11-4(b)显示，农业总剩余等于 OX 线与 ORCX 线之间的垂直距离，如农业流出劳动量为 GA 时，农业总剩余为 FJ，农业流出劳动量为 DA 时，农业总剩余为 CE，其余可以类推。但是，这是第一、二两个阶段的情况。当农业劳动的流动进入第三个阶段，即 PA 量的劳动全部流出以后，由于按边际劳动生产率决定的工资高于不变制度工资，农业总剩余将小于 OX 直线与 ORCX 曲线的垂直距离，即设定的 OuQ 曲线与 ORCX 曲线之间的垂直距离。

以流出的农业劳动除农业总剩余得出农业平均剩余(Average Agricultural Surplus)，例如，从农业部门流入工业部门的劳动量为 GA，农业总剩余为 FJ，则农业平均剩余等于 FJ/GA。由此，可以在图 11-4(c)中，得出 SYO 曲线，表示农业平均剩余。例如，当流出劳动量为 DA 时，农业平均剩余为 YD。从图 11-4(c)可以看出农业平均剩余在三个阶段的变化情况。在第一个阶段，劳动边际生产率为零，任何劳动量的流失，不会使农业总产出减少，因此农业平均剩余与不变制度工资相等，在图中表现为在 SY 部分农业平均剩余曲线与不变制度工资曲线相重合。进入第二个阶段后，由于劳动边际生产率为正数，当这部分劳动力流出时，农业总产出就会减少，而农民的消费不变，于是农业平均剩余就低于不变制度工资，在图中表现为农业平均剩余曲线的 YO 部分在不变制度工资曲线 YU 部分的下方。进入第三个阶段后，农业劳动边际产出的价值越来越高于不变制度工资，农业消费也提高了，结果，农业平均剩余将更快地下降，在图 11-4(c)中表现为农业平均剩余曲线 ZO 部分与不变制度工资曲线 UU' 部分相距更远。

费景汉和拉尼斯认为，农业剩余对工业部门的扩张和农业劳动的流动具有决定性意义，因为农业剩余影响工业部门的工资水平，并进而影响工业部门的扩张速度和农业劳动的流出速度。在第一个阶段，农业平均剩余等于不变制度工资，因而农业多余劳动流入工业部门不会产生粮食短缺问题，由此并不会影响工业部门的现行工资水平。如图 11-4(a)显示，劳动供给曲线在第一个阶段是水平的，它与横轴的距离 OS 即工业部门的工资水平，与农业部门的不变制度工资 AS 相等。在第二个阶段，农业平均剩余低于不变制度工资，结果，提供给工业部门消费的粮食不足以按不变制度工资满足工人的需要，于是，粮食价格上涨，工业工资不能不随之提高。因此，劳动供给曲线在第二个阶段转为上升，如 P'X' 所示。拉尼斯和费景汉把第一个阶段和第二个阶段的交界处，即图 11-4(c)中的 D 点称为短缺点(Shortage Point)。它表明，当农业劳动流出量超过这一点时，农业平均剩余将降到不变制度工资以下，并出现粮食短缺。在伪装失业者的劳动全部流入工业部门以后，就进入第三个阶段，也就是商业化阶段。费景汉和拉尼斯把第二个阶段和第三个阶段的交界处，即图 11-4(c) 中的 P 点称为商业化点（Commercialization Point）。过此点后，工业部门要吸纳更多的农业劳动力，就必须把工资提高到至少等于农业劳动边际产品的价值，这会导致劳动供给曲线迅速向右上方升起，如图 11-4(a) 中 $X'S'$ 所示。

(3) 二元经济顺利转换的条件

在费景汉—拉尼斯模型中，粮食短缺是工业部门扩张、农业隐蔽失业劳动力全部被吸收的一个重要约束。如果没有农业部门生产率的提高，从农业部门转移到工业部门的劳动人口超过 D 点，即到达"粮食短缺点"后，二元经济转换就可能由于农业剩余不足而逐渐减缓甚至停止下来，经济发展就无法到达"商业化点"。因此，农业部门的技术进步和劳动生产率提高是保证工业部门扩张和劳动力顺利转移、推动二元经济成功发展到成熟经济的关键条件之一。

费景汉和拉尼斯进一步认为，农业生产率的增长虽然是保证工业部门扩张和劳动转移的必要条件，但是仅仅有农业部门生产率的增加还是不够的。要使这一过程不受阻碍，还必须强调工业部门与农业部门的平衡增长。两个部门之间的贸易条件不能恶化，这就需要农业部门的农业剩余刚好能满足工业部门对农产品的需求。如果前者大于后者，则农业的贸易条件就会恶化，粮食将出现过剩，这将伤害农业部门。若后者大于前者，则粮食会出现短缺，这又将不利于工业部门的发展。只有保持这种均衡的贸易条件，才能使劳动力的转移得以持续进行，并最终消除农业中的剩余劳动力。此外，费景汉和拉尼斯还认为，在发展中国家，人口必然伴随经济增长而增长，这增加了剩余劳动力的规模，从而加重了二元经济转换的难度。在人口增长的情况下，试图摆脱经济上的二元性，就需要以工业部门为核心的现代非农业部门吸收剩余劳动力的速度快于劳动力的增长。

该模型的意义在于：它给予了农业部门在经济发展中的合理地位，并比较透彻地分析了农业部门是如何决定和影响工业部门的扩张和劳动力转移的。这是对刘易斯模型的重大发展。但这一模型也存在一些缺陷，如模型中有关不变制度工资水平的假设难以得到现实案例的支持；此外，该模型也未考虑到城市失业现象。这些缺陷的存在表明对费景汉—拉尼斯模型需要作进一步改进。

(三)托达罗模型

刘易斯模型和费景汉—拉尼斯模型构成了二元经济模型的整体分析框架，他们共同建构了宏观结构主义模型，后续的学者则将研究的重点转向整体模型的某一方面或微观层面，并对二元经济理论进行了修正和拓展。理论发展的逻辑从一般性的整体研究转向对理论局部的深化与拓展和结合发展中国家具体情况的应用研究，如美国著名发展经济学家托达罗（M. P. Todaro）根据发展中国家的现实，在对刘易斯—费景汉—拉尼斯模型进行批评的基础上，创建了他自己的人口流动模型。

1. 理论背景

托达罗认为，根据西欧和美国的经验，劳动力从农村流向城市，是经济发展的一个重要标志。劳动力从传统农业中释放出来，重新配置到城市生产部门，使城乡有了明显分工，促进了工业化，也促进了城市化。在这些国家中，工业化与城市化是同一过程。刘易斯、费景汉等人正是以这一历史经验为背景，建立起他们的模型，并试图以此来说明发展中国家的劳动力转移过程和经济发展状况。但是，20世纪60—70年代的事实表明：在当时的许多发展中国家里，尽管城市失业和就业不足水平不断上升，但农村失业人口仍然大规模地涌入城市。因此，以发达国家的历史经验为依据的刘易斯—费景汉—拉尼斯模型，显然很难对此做出解释，它对发展中国家的实用性是有限的。

2. 理论假设

托达罗强调，要建立符合发展中国家实际的人口流动模型，就必须对为什么在城市失业不断加剧的情况下，农村人口仍不断涌入城市做出合理的解释。他首先假定，人口流动主要是一种经济现象。对于一个迁移者来说，尽管城市存在着失业，但他做出向城市迁移的决策仍是合乎理性的。事实上，人口流动过程是人们对城乡预期收入的差异而不是实际收入差异做出的反应。无论是已经开始流动的人口，还是准备流动的人口，都是把农村的现得收入，与如果进城找到工作的预期收入作比较，再做出是否迁移的决定。总之，影响他们预期的因素有两个：一是城乡实际工资差异的大小，二是在城市谋得工作的可能性大小。

强调预期，是托达罗人口流动模型的主要特点。这是因为在发展中国家的城市中，还远未实现充分就业。农村劳动者如果只从现实的城乡差异出发，贸然决定向城市迁移，进入城市劳动力市场，可能的结果是，要么成为完全的失业者，要么在城市传统部门或非正规部门找一份临时的或非全日的工作。因此，在做出迁移决定时，不仅要比较城乡现实的工资差异，更要权衡进入城市后失业或就业不足的风险到底有多大。假定一个普通的不熟练或中等熟练的农村工人，他在农村的年实际收入是100个单位，而如果他迁入城市在现代工业部门工作就可以获得200个单位的年实际收入。按照刘易斯—费景汉—拉尼斯模型的假定，这个农村工人为了获得更高的收入将会选择迁入城市。但是，在托达罗看来，在失业存在的情况下，潜在的迁移者绝不只是考虑两种工作的实际收入差异，还必须考虑在城市获得工作的概率大小。如果城市失业率很高，他获得高收入工作的机会或概率很低，假若只有30%，那么，虽然这时城乡实际收入相差100个单位，但这个农村工人做出迁移到城市的决策就是不明智的。因为他只能获得60个单位(200×30%)的城市预期收入，低于他从事农业生产的收入(100个单位)。但是，如果城市失业率较低，他获得工作的概率达到70%，那么，城市预期收入就是140个单位(200×70%)，比农业收入100个单位高出40个单位，则这个农村工人可能选择迁移。

如果我们用 $V(0)$ 表示在某一特定时点时，迁移者预期的城市、乡村收入的净现值，$Y_u(t)$、$Y_r(t)$ 分别表示迁移者在时点 t 上在城市和农村的平均实际收入，n 表示迁移者的计划时间长度，r 表示贴现率，则有：

$$V(0) = \int_0^n [P(t)Y_u(t) - Y_r(t)]e^{-n}dt - C(o)$$

其中第一项表示迁移者在 t 个时期中获得的城乡预期收入之差的贴现值之和，$C(0)$

是迁移的成本，它既包括实际成本，也包括心理成本。$P(t)$ 是迁移者在时点 t 上在城市获得工作的概率。如果 $V(0)$ 为正数，则迁移者选择迁移。

概括地说，托达罗的人口流动模型具有以下四个基本特征：

第一，促进人口流动的基本力量，是相对收益和成本的理性经济考虑，这种考虑还包括心理因素。

第二，迁移决策取决于预期的而不是现实的城乡实际工资差异。预期包括两个因素：一是工资水平；二是就业概率。如果城市工资是农村工资的一倍，只要城市失业率不超过50%，农村劳动力就会不断流入城市。

第三，获得城市就业机会的概率与城市就业率成正比，而与城市失业率成反比。

第四，人口流动率超过城市工作机会的增长率不仅是可能的，而且是合理的。即使是在城乡预期收入差异很大的条件下，情况也是如此。因此，在大多数不发达国家，城市的高失业率是城乡经济机会严重不平衡的必然结果。

托达罗人口流动模型不仅具有理论上的意义，更具有重要的政策含义。在托达罗看来，发展中国家的人口流动政策牵涉到工资、收入、农村发展和工业化各方面的发展战略，具体来说，它包括以下内容：

第一，应尽量减轻城乡机会不均等的现象。由于迁移者是对预期收入差异做出反应，因此，尽可能地缩小城乡部门经济机会之间的不平衡是非常重要的。如果听任城市工资率的增长一直快于农村平均收入的增长速度，则尽管城市失业状况不断加剧，但农村劳动力流入城市的现象仍然会愈演愈烈。人口大量涌入城市，不仅会引起城市的许多社会问题，而且最终会造成农村地区劳动力的短缺，特别是在农忙季节就更是如此，这些社会成本可能会超过个人的迁移收益。

第二，如果仍然按照传统的解决城市失业的办法，即在创造更多的城市现代部门工作机会的同时，不努力提高农村收入和增加农村就业机会，就会出现一种奇怪的现象：更多的城市就业带来更高水平的城市失业。这也再一次说明了预期所得收入的机会不平衡是一个重要的概念。由于假定人口流动率和城市较高的工资和较高的就业机会成正比，那么，在任何既定的城乡工资差异为正的情况下（在大多数发展中国家，城市工资是农村收入的3~4倍），较高的城市就业率将会扩大预期的城乡收入差异从而导致更高的农村人口流动率。一般来讲，对于每个新创造的就业机会，将会吸引 2~3 个农村劳动力流入城市。所以，这种旨在减少城市失业的政策，不仅可能会导致更高水平的城市失业，而且还会因"诱发迁移"而造成更低水平的农业产出。

第三，不加区别地发展教育事业会进一步加剧人口流动和失业。特别是不宜扩大中、高等教育的投资。因为在城市中，雇主往往根据学历高低来遴选人员，原本小学或中学水平就可以胜任的工作，却雇用受过中等或高等教育的人来承担。于是，农村中受教育程度越高的人，他们所预期的城乡工资收入差异越大，就越要向城市流动。其结果是，很难找到工作，只好加入城市中"知识失业"的行列，政府对中等和高等教育的过分投资，变成了对闲置人力资源的投资，导致严重的知识浪费和智力贬值。

第四，应适当控制工资补贴与政府直接雇用人员的数量。政府为创造就业机会一般采取的经济政策手段，是以工资补贴为主要形式的矫正价格扭曲，或增加政府雇用人员的数量。通常认为，这样做会有助于鼓励采用更加劳动密集型的生产方式，但如果考虑到这样会诱发劳动力转移的话，这种政策会导致城市失业率上升。

第五，应当鼓励制订一体化的农村发展规划。越来越多的发展经济学家认为，农业和农村经济的全面发展是解决城市失业的关键所在。只有实现农业和农村经济全面发展战略，提高农村收入水平，扩大就业，发展农村基础设施、医疗卫生事业，改革发展农村基础教育，减少城市对农村的吸引力，才能从根本上减少农村劳动力向城市的流动。

显然，托达罗的人口流动模型比刘易斯—费景汉—拉尼斯模型更贴近发展中国家的现实，它纠正了他们只注重农村劳动力流入城市对经济发展的积极作用，而忽视人口的盲目流动不仅加剧了城市已有的失业现象，还会造成其他一系列经济问题和社会问题，并提出了诸如缩小城乡差距，减少城乡发展失衡，重视农村发展，从根本上转变人们流向城市的愿望，缓解城市就业压力等一系列政策措施。

四、城市化与经济发展

经济学家西蒙·库兹涅茨和霍利斯·钱纳里认为，伴随着经济增长，社会经济结构也会出现一系列的转变，其中有两个基本的结构转变最为引人注目：一是工业化，即从以农业为基础的经济向以工业和服务业为基础的经济转变；二是城市化，即人口持续不断地从农村地区向城市迁移。关于工业化与经济发展的问题，我们在本教材的第九章进行了讨论。那么，在城市化与经济发展之间，又究竟存在什么样的关系呢？

（一）经济发展推动了城市化

目前，已经有许多文献揭示，在宏观水平上，经济发展与城市化之间呈现显著的正相关关系，经济发展水平越高，城市化水平也越高。例如，1965 年美国地理学家布莱恩·贝里选用了 95 个国家的资料进行分析，结果显示经济发展与城市化之间具有正相关关系。城市经济学家维农·亨德森还计算出世界各国城市化率与人均 GDP（对数）之间的相关系数是 0.85。近年来，还有许多文献利用各种资料，也证实人均国民生产总值与城市化之间存在显著的正相关关系。

我国学者也对城市化与经济发展之间的关系进行了实证分析，并得出了相同的结论。许学强教授根据美国人口普查局公布的 1981 年 151 个国家的资料，画出了散点图，根据散点图的分布形状，选配了对数曲线，证明城市化水平与人均 GNP 之间也存在着对数曲线相关，相关系数达 0.81。成德宁教授以 76 个国家作为大国样本进行分析，根据世界银行公布的 2002 年 76 个国家人均 GNP（按 PPP 方法计算）和城市化率资料，画出了散点图，再根据散点图的分布形状，选配了对数曲线，证明城市化水平与人均 GNP 之间也存在着对数曲线相关，相关系数达 0.82。[1] 显然，城市化与经济发展之间的正向联系是无法否

---

① 参见成德宁著：《城市化与经济发展——理论、模式与政策》，科学出版社 2004 年版，第 81~84 页。

认的。

（二）城市化过程促进了经济发展

（1）城市化促进了有效需求扩大。一国经济的持续增长必须有持续的需求支撑。需求不足将制约着经济的持续增长。首先从消费需求来看，从前面的理论分析可以看出，正是城乡收入的差距，促使农村人口向城市转移。农村人口转移到城市以后收入增加，从而改变了其生活方式和消费习惯，使农村消费者变为城镇消费者，有利于开拓城乡市场，扩大内需，从而拉动了经济增长。再从投资需求来分析，随着大量农村人口进入城市，城市人口增加，必然促进城镇基础设施和住宅的投资需求，而且城市建设的每个环节都会刺激相关行业的发展。因此从投资需求角度看，城市化进程的演进将促使国家和投资者增大投入，从而拉动经济增长。

（2）城市化促进了有效供给的增加。城市化过程是资源和经济要素的重新配置过程，也是资源配置效率不断优化的过程。城市化使劳动力和资本由分散无序状态变为高度集中的有序状态，生产要素得以有效配置、先进技术得以大规模采用、劳动生产效率得以大幅度提高，这样，城市中创造和积累的财富就远远超过了农村。日本的一份研究资料表明，同样的投入，在第一、二、三产业中所创造的价值悬殊，大体比例为 $1:100:1000$。可见，第二、三产业高度密集的城市，在其自身发展的同时，也大大提高了国民经济的总体水平，城市化将有助于国民经济体系供给能力的增强。

（3）城市化促进了经济结构优化。城市化对经济结构的影响显著地体现在就业结构和产业结构上。首先，随着农村人口向城市的转移，第一产业就业人口减少，第二、三产业人口增加；其次，随着农村人口向城市的转移，为第二、第三产业的发展提供了大量的劳动力，将促进第二、第三产业的发展。国际经验表明，第三产业，特别是服务业与信息业的发展，与城市化有高度的相关性。因为城市化极大地推动了商品贸易的发展，而在商品贸易蓬勃发展的基础上，服务贸易也将逐步兴起并有着广阔的发展空间。反过来服务贸易发展又促进了商品贸易，因此城市化将极大地推动第三产业的发展。可见，经济发展与城市化之间存在着一种"双向互促共进"的关系。

五、发展中国家的城市化问题与解决对策

（一）城市化过程中的主要问题

作为现代工业部门地理集中和空间活动载体的城市，在第二次世界大战后发展中国家普遍推行的工业化浪潮中得到了迅速的发展。但发展中国家城市化的推进速度从一开始就超过了工业化的速度，城市发展与工业部门发展之间明显地表现出一种不协调的状态，这被称为"超前城市化"现象。城市化的超前发展成为发展中国家城市化的最显著特征。这种超前发展的城市化进程，给发展中国家带来了一系列问题：

（1）急剧膨胀的城市人口。在发展中国家的城市化进程中，人口问题始终是最突出的问题。发展中国家在其城市化的早期实践中，乡—城收益差异十分明显，劳动力因此大量

涌入城市。在过去很长一段时间内，发展中国家的城市人口每年都在以 5% 以上的速度递增，而乡—城净流入人口在城市人口增长率中占 35%～60%，考虑到并不那么快的经济增长率，城市人口的增长率显然过高了。所以，发展中国家过快的城市化速度和巨型城市扩张正困扰着发展中国家的执政者们。

（2）严重的失业与贫困问题。超前城市化使农村劳动力在大量涌入城市后，却并不能为城市工业部门充分吸收，其中很大一部分仍滞留在城市的传统部门中，或干脆体现为失业人口。这一问题在 20 世纪 60 年代后期已初现端倪，但在"唯工业化"的思路下，许多发展中国家企图通过加速工业部门的扩张和对雇主进行补贴以扩大其雇佣人数等方法，来解决城市失业问题。可是由于这类方法直接导致了城市部门就业概率的增加和城市工业部门实际工资的提高，因此，在农村经济迟迟未得到发展的情况下，城市工业部门就业概率的上升和实际工资仍在攀升的现象，就进一步强化了农民对进城后将获得更高收入的预期，这就使得乡—城人口流动呈现出一种加速的状态，城市中的失业现象也日益严重。据统计，到了 20 世纪 70 年代，许多发展中国家的城市失业率都超过了 20%。而且更令人忧虑的是，居高不下的城市失业率并不能阻止农民进城的决心，农民还在不断地追求"城市梦"。与城市失业相伴随的城市贫困问题，也成为城市化过程中的棘手问题。随着城市化的快速扩张和发展战略的城市偏向，贫民窟大量涌现。从巴西的里约热内卢，到印度的加尔各答，再到孟加拉国的达卡，贫民窟的面积每 5～10 年就翻一番。

（3）日益对立的乡—城关系。由于倾向工业化的发展战略是以牺牲农业部门的发展为代价的，因而发展中国家的城市化战略也是忽略了农村发展的。许多发展中国家的过度城市化甚至是在脱离本国农业支持的基础上发展起来的。城市化的过度发展与农业发展滞后两者所带来的后果，不仅使国内两部门的贸易联系萎缩，而且还使乡—城二元经济结构在这种畸形的发展中得到了进一步的强化。少数发达的大城市与广大乡村在空间上的并立以及城市与农村经济联系的疏远，成为许多发展中国家经济结构中的常态。

（4）过度城市化还带来了严重的"城市病"。发展中国家在城市化过程中，由于城市体系扩展进程中的混乱与无序，不仅浪费了大量资源，而且也造成了严重的环境污染问题，如大气污染、水污染、垃圾污染和城市景观污染等。同时，发展中国家还面临人口过多带来的住房与交通拥挤和犯罪率高等问题，这些问题正逐渐消解着城市化的种种好处。

（二）解决对策

传统的城市化战略推行过程中所引发的种种问题，使得 20 世纪 80 年代以来许多国家开始进行反思，并重新规划和设计城市化战略。其中一个重大的转变，就是从过度倾向城市化的战略复归到重视乡—城共同发展的战略，以此来控制城市人口过度膨胀问题和促进整体经济全面发展。

在发展中国家对城市化的发展思路进行调整的同时，对于城市化中最突出的城市人口与失业问题，人们也进行了充分的研究，提出了解决城市人口膨胀和失业的人口合理流动与就业战略。这一战略，旨在控制乡—城人口的过度流动以及在一国范围内最大限度地实现就业。具体而言，有以下几个方面：

（1）重视乡—城共同发展，防止城市人口过度膨胀。国家在促进城市发展的同时，应当关注和重视农村经济的发展。通过改善农业的生产条件和农村的生活环境，可以提高农业劳动力的收入水平和福利水平。这将直接有助于减少乡—城预期收入差异，使农民的流动倾向减弱，降低乡—城人口流动速度。同时，通过加快农村的发展，还可以解决发展中国家普遍存在的农业部门中的失业问题。

（2）消除在城市中实行的一切扩大乡—城收入差异的人为措施，控制人口流速。乡—城收入差异的存在，是导致人口流动的一个基本因素。城市部门由于采取了许多扭曲价格的措施和政策，使得城市部门的实际收入水平远比农村高，因而吸引了愈来愈多的农村人口涌入城市。通过取消这些措施和政策，可降低城市部门的工资水平，从而可使乡—城预期收益差异变小，这同样可以起到减缓人口流动的目的。而且，取消扭曲价格的措施和政策后（如取消最低工资法），也可以提高城市中的就业机会，降低城市中的失业水平。

（3）在扩大就业方面应注意适度教育的问题。托达罗指出，过分地将教育水平与就业机会挂钩，使得发展中国家普遍存在"过度教育"的问题。教育体制中的高等教育畸形发展，而更能满足经济发展所需的专业教育、职业教育和中等教育却被忽视。这种教育倒挂所形成的就业人口的知识结构倒挂，是不能满足发展中国家发展的需要的。因此，应当放弃将教育指标和就业单一挂钩的方式，而采用其他的标准（如能力、素质、技能等）和教育水平结合的混合指标与就业挂钩，来改变这种教育结构。同时还可通过在农村中创造有吸引力的经济机会，来诱导教育方式的转变。这种优化就业人口中的教育水平的主张，也是广义的就业战略的一部分。

（4）对于许多发展中国家而言，尤其要控制过快的人口增长。在解决城市人口膨胀和就业问题的长期对策中，发展中国家还必须控制人口增长率，以降低人口总量过大所带来的就业压力。对于这一点，一些人口大国已有充分的认识，并正在积极采取行动。如中国通过实行计划生育政策，已经取得或正在取得良好的社会经济效果。

同时，在20世纪80年代，特别是在20世纪90年代中，围绕着城市的自身发展，人们提出了一种可持续的发展思路。要求城市发展应当从可持续的角度出发，来构造一种能够代表全体市民利益的行政体制，来建立一种能实现私营部门发展和兼顾公众利益的商业体制，来创立一种透明的合约责任明确的政府采购程序，来确立一种从社会利益最大化角度出发的社会、经济、环境问题综合考虑的总体性思路。

【案例 11-1】

浙江横店的城市化与产业结构调整

位于浙江中部东阳的新兴城镇——横店是中国农村城市化的一个成功典型。横店镇原有40个村，2万多人，2000年扩大到108个村，6万多人，2010年已发展成为拥有约10万人口的小城市。横店镇是以横店集团为基础，并且主要是由横店集团投资兴建的。横店镇的兴起，不仅为其自身的发展创造了更多、更大的空间，获得了更多的回报，而且扩大了其辐射效应，带动了整个横店地区经济社会的发展。横店城市化的作用具体表现在：第一，有利于第二、第三产业的发展，调整农业与非农产业之间的结构，实现工业化和现代化。横店在造城的过程中，成功地规划了工业区、商业区、贸易区和旅游区等，使 90% 的劳动力转移到非农产业，极大地促进了第二、第三产业的发展。1996 年，为支持导演谢晋拍摄历史巨片《鸦片战争》，横店集团全资投建"横店影视城"，建起了第一个拍摄基地。拍摄基地所产生的影视拍摄和文化旅游的联动效应又给横店集团的二次创业找到了突破口，以后横店镇又不断完善影视旅游这一文化产业的全套功能，建成了亚洲最大的影视拍摄制作中心，华东地区影视文化旅游中心和爱国主义教育中心，最终形成了影视经济、旅游经济、考察经济和会展经济。第二，城市化使从事农业生产的人数减少到原来的 10%，并且有条件采用机械化的耕作方式，从而提高了农业劳动生产率及农业的现代化水平。第三，城市化使人们享受到了城市文明生活，促进了文化教育的发展、医疗条件的改善以及人们生育观念的改变。

因此，积极加速城市化进程，有利于解决我国农村人口素质低、增长率过快这一难题，并促进我国产业结构的调整和升级。

资料来源：苏雪串著：《中国的城市化与二元经济转化》，首都经济贸易大学出版社 2005 年版，第 141~142 页。

【思考题】

一、基本概念

城市　城市化　二元经济

二、简答题

1. 简述城市化的起源。

2. 分析托达罗模型中的人口流动机制。

3. 刘易斯模型的基本思想是什么？如何评价这一模型？

三、论述题

结合实际谈谈中国城镇化的时代条件和基本国情。

主要参考文献和阅读指南

1. 费景汉，古斯塔夫·拉尼斯著：《增长和发展：演进观点》，商务印书馆 2004 年版。

2. 谭崇台主编：《发展经济学》，武汉大学出版社 2001 年版。

3. 张培刚、张建华主编：《发展经济学》，北京大学出版社 2009 年版。

4. 叶静怡编著：《发展经济学》，北京大学出版社 2003 年版。

5. 高珮义著：《中外城市化比较研究》，南开大学出版社 1991 年版。

6. 谢文蕙等编著：《城市经济学》，清华大学出版社 1996 年版。

7. K. L. 巴顿著：《城市经济学》，商务印书馆 1984 年版。

8. 周一星著：《城市地理学》，商务印书馆 2003 年版。

9. 刘传江著：《中国城市化的制度安排与创新》，武汉大学出版社 1999 年版。

10. 成德宁著：《城市化与经济发展——理论、模式与政策》，科学出版社 2004 年版。

11. 蔡日方：《人口转变、人口红利与刘易斯转折点》，《经济研究》2010 年第 4 期。

12. 孙自铎：《中国进入"刘易斯拐点"了吗？》，《经济学家》2008 年第 1 期。

战　略　编

第十二章　平衡增长战略与不平衡增长战略

20 世纪 50 年代，发展经济学就发展中国家应该选择平衡增长战略还是不平衡增长战略问题产生了分歧，并引发出一场争论。以罗森斯坦—罗丹和纳克斯为代表的一派主张平衡增长战略，而以赫希曼和辛格为代表的另一些经济学家反对平衡增长战略，主张采取不平衡增长战略，还有一些经济学家则认为两种发展战略各有侧重，应根据不同时期的具体情况采取相应的发展战略，反对把平衡增长与不平衡增长绝对地对立起来。本章主要讨论平衡增长战略与不平衡增长战略的差别及特点。

一、平衡增长战略

所谓平衡增长（Balanced Growth，BG），是指在工业或国民经济各部门中，同时进行大规模的投资，使工业或国民经济各部门，按同一比率或不同比率全面地得到发展，以此来彻底摆脱贫穷落后面貌，实现工业化或经济发展。平衡增长可以分为三种类型：一是强调投资规模的平衡增长理论，其核心是要通过大推进式的投资来克服经济中存在的不可分性，以推动各工业部门的全面增长，实现工业化的目标。二是强调经济发展如何起步、走什么样的发展路线的平衡增长理论，其核心是要求将资源配置到国民经济各个部门（包括工业在内）中，使整个经济全面地实现增长，以摆脱贫困恶性循环，实现经济发展。三是既强调投资规模，即解决"不可分性"，又强调国民经济各个部门都同时全面增长，这是一种折中类型。根据这些类型，平衡增长理论又可以相应地分为三种形式：

1. 极端的（Extreme）平衡增长理论

主张对各个工业部门同时按一定比率进行大规模投资，以克服资本供给的不可分性，使整个工业按同一速率全面增长，实现工业化。这一派的主要代表是罗森斯坦—罗丹。他认为，发展中国家要从根本上解决贫穷落后问题，关键在于实现工业化，必须实行大推进战略，在各个工业部门全面地进行大量投资，使各种工业部门都发展起来，才能相互依赖，互为市场，克服不可分性，实现工业的大发展。同时，在全面发展工业的过程中，为了避免一些工业发展过快、产品过剩，必须在投资时做到按同一投资率对各个工业部门进行投资。只有这样，才能保证各工业部门之间发展协调、比例均衡，按同一增长速度向前发展，使产品的生产与需求达到平衡。

2. 温和的（Mederate）平衡增长理论

主张对工业、农业、外贸、消费品生产、资本品生产、基础设施等国民经济各部门，同时但按不同比率进行大规模投资，以摆脱贫困恶性循环，使整个国民经济各部门按不同速率全面增长，实现经济发展。持这种观点的代表人物是纳克斯（R. Nurkse）。他特别强调了市场容量狭小对经济增长的限制以及大幅度扩大市场容量对经济迅速增长的决定性作用，认为只有同时、全面地投资于工业、农业、消费品生产、资本品生产等国民经济各部门，才能形成广大而充足的市场，产生足够的投资吸引力，为投资规模的进一步扩大、经济的进一步增长创造条件。但他并不主张各部门都按同一比率发展，而是主张按不同的比率来投资和发展各个部门的生产，以各部门产品的需求价格弹性和收入弹性的大小来确定不同的投资比率。

3. 完善的（Perfect）平衡增长理论

主张以萨伊定律为依据，按照产品的价格弹性与收入弹性的大小选择国民经济各部门的增长比率，并以温和的平衡增长的方式将现有资源全面地分配于国民经济各部门，在总供给与总需求平衡（主要表现为新创造出来的收入恰好吸收尽新生产出来的产品）的基础上，实现经济发展。持这种观点的代表人物是斯特里顿（P. Streeten）。一方面，他既强调扩大投资规模对克服供给方面的不可分性与增强需求方面的互补性的重要作用，也强调取得工业、农业、消费品与资本品等国民经济各部门间平衡增长的重要性；另一方面，他既主张国民经济各部门按不同的比例全面发展，实现平衡增长，也主张在达到平衡增长的过程中，依据各个产品的需求弹性来安排不同的投资率和增长比例，通过个别部门的优先发展和快速增长，来解决经济发展中的梗阻问题，最终实现国民经济各部门按适当的比例平衡增长。

二、不平衡增长战略

1. 赫希曼对平衡增长战略的批评

赫希曼在 1958 年出版的《经济发展战略》一书中，对平衡增长战略进行了批评，提出了不平衡增长（Unbalanced Growth）战略。他对平衡增长战略的批评主要集中在以下两个方面：

首先，赫希曼认为平衡增长的思想来自于凯恩斯的小于充分就业的均衡理论。这主要是指工业发达国家在经济萧条时期由于开工不足存在着大量闲置资源，资本存量和其他生产要素没有完全发挥其作用。在这种情况下，如果单个或少数厂商增加生产，是不会产生足够需求的，只有厂商同时增加生产，才能扩大需求。小于充分就业均衡的出现，已经表明市场机制在实现充分就业上的作用是有限的，必须通过政府干预，即通过财政支出的扩张来刺激有效需求增长，拉动厂商增加生产，达到经济复苏的目的。但是，发展中国家的主要特征不是资源闲置而是资源短缺，尤其是资本大量短缺，与发达国家的经济条件完全不一样，不管政府怎样进行干预，要想实现产业的平衡增长都是不可能的。

赫希曼认为，"大推进"理论所主张的，通过大规模投资实现国民经济各部门的平衡增长不具备现实可行性，因为发展中国家缺少的正是经济发展中的资本要素。平衡增长理论试图用发达国家的情况来说明和解决发展中国家的问题，忽视二者在基本经济条件上的差异，其理论是"早熟的"。

其次，发展是经济从一种类型向其他更先进的类型转变的渐进过程，各国的增长过程都是不平衡的。赫希曼用"关联效应"说明不平衡增长过程。所谓关联，是指经济运行中一个部门在投入和产出上与其他部门之间的关系。这种关联可区分为"前向关联"和"后向关联"。前者指一个部门和吸收它的产出的部门之间的联系；后者指一个部门和向它提供投入的部门之间的联系。由于产业间的关联，一个产业的成长会带动与其有关联的其他产业的成长。如果一个产业与其他产业有较强的前向和后向关联关系，那么，该产业率先发展将有利于带动其他产业从而推动国民经济的发展。这类产业即罗斯托所说的"主导部门"。赫希曼认为，发展就是通过经济中的主导部门的成长带动其他部门的成长，由一个行业或一个厂商的成长引起另一个行业或厂商的成长实现的。在经济发展的每一阶段，各行业都获益于前一阶段增长所产生的外部经济效益，同时又通过新的扩展再产生外部经济效益，为其他行业的发展创造有利条件。因此，应根据经济发展的不同阶段，确定主导产业群，并通过对主导产业部门的重点投资促进它们的发展，再利用其关联作用带动其他产业的发展。实行不平衡增长战略可以使发展中国家有效地利用其有限的经济资源加速经济增长。

2. 不平衡增长战略

不平衡增长战略强调经济发展过程的非均衡性质。辛格认为，如果过去的增长是非均衡的，要恢复均衡只能继续采取不平衡增长战略。这一点与赫希曼是一致的，他们两人强调的都是供给的不平衡。另一位经济学家斯特里顿（P. Streeton）则强调需求的不平衡，他认为市场规模小是投资的主要障碍，而产业的同时扩大并不是解决有效需求不足的最好途径。他认为，消费者的需求欲望是不断变化的，需求的转移会导致对某些产品的需求下降，而对另一些产品需求过旺。所以他主张要根据需求变化有重点地进行投资，实行不平衡增长战略正好适应了需求的不平衡变化。

关于不平衡增长战略的实施，赫希曼认为有两个途径：一是重点投资于社会固定资本。他对社会固定资本的含义有独特的解释，从广义上说，它既包括能源、运输、农业水利等基础产业和设施，又包括法律、制度、教育等软性公共物品和服务。从狭义上说，只有那些在技术上具有不可分性、资本—产出率高、提供基本服务的产业部门和设施才是社会固定资本，例如电力和交通设施。他之所以强调投资于社会固定资本，是因为它们能产生有利于厂商发展的外部经济效应。通过重点建设社会固定资本，有利于降低厂商的生产成本，从而刺激其扩大生产规模。

二是政府直接或间接地投资于直接生产活动。这种做法与上述做法正好相反。前者是通过提供过剩的基础设施和外部条件刺激私人厂商扩大生产规模，现在是政府带头扩大直接生产部门，导致基础产业、基础设施的紧张，形成瓶颈制约，由此形成的生产成本上升，必然引致社会向基础产业和设施投资。无论选择哪种途径都会形成投资的诱因和压力，从而达到加快经济发展的目的。

3. 平衡增长与不平衡增长的相对性

在以上论述中，平衡增长与不平衡增长似乎是尖锐对立的两种发展战略，但是实际上它们的差别是次要的，对立统一才是本质特征。从长期看，如果一个社会总是不平衡发展，资源的结构性短缺会阻碍经济的发展，产业间不平衡增长超过一定程度会引起经济结构的失衡。例如中国改革前长期奉行的重工业优先发展的战略最终导致产业结构严重失衡，成为经济发展的主要障碍，所以不平衡发展战略是相对的。赫希曼强调不平衡增长战略，主要是针对发展中国家资本稀缺对经济发展形成约束的特征，强调有限的资源要合理配置使其最大限度地发挥作用。因此，它比平衡增长战略更适合发展中国家经济发展初级阶段资本严重短缺的实际情况。赫希曼在《经济发展战略》一书中，对不平衡增长战略的作用的看法并没有绝对化，他认为不平衡增长是实现更高级发展阶段平衡增长的手段。

平衡增长战略强调产业之间的相互依存和协调发展能带来外部经济效应，强调合理安排投资结构对于经济发展的重要性，这对于经济长期协调发展无疑是正确的。但是，平衡增长战略忽视了发展中国家经济发展初期缺少实施平衡增长战略的资源条件这一关键性因素，从而脱离了发展中国家的实际。

由上述不难看出，平衡增长战略与不平衡增长战略在理论上各有优缺点，由于它们分析问题的角度不同因而在发展战略的主张上产生了差别。从各国经济发展的历史经验来看，经济发展就是平衡增长与不平衡增长的对立统一过程，任何将它们绝对化的做法都将对经济发展造成危害。

【案例 12-1】

我国区域经济发展战略的演变

自新中国成立以来，我国区域经济发展战略历经了平衡发展、不平衡发展和协调发展三种模式。

1. 新中国成立初期至 1978 年改革开放前：平衡发展战略（均衡布局战略）

1949—1978 年近 30 年间，我国实行的是区域经济平衡发展战略。主要表现为：第一，提出正确处理沿海和内地关系的战略思想，1956 年毛泽东在《论十大关系》中提出沿海工业和内地工业并重的原则，为了平衡工业发展的布局，内地工业必须大力发展。在实际运作过程中则以重工业为重点，布局在内地，主要是在中部地区。第二，60 年代进行的"三线"建设，以军事工业为重点，布局在中西部有利于战备的地区。这一时期平衡发展的战略是当时特殊条件下的产物，它对协调地方经济发展缩小地区差距乃至整个国民经济的发展起了一定的作用，但在当时资源十分匮乏的条件下，大大降低了资源配置的效率。

2. 1978 年改革开放后至 1995 年十四届五中全会前：非平衡发展战略（沿海倾斜战略）

改革开放后，特别是 80 年代以来，我国在区域经济发展战略上发生了重大转折，即由均衡发展向非均衡发展转变。其中心指导思想是以东部沿海经济发达地区作为整个国民经济发展的启动力量，按照效率优先的原则，从投资信贷政策、财政税收政策、外贸外经政策到体制改革政策等向东部沿海地区倾斜，让东部地区先发展起来，在一定时期保留区域之间经济发展的差距，待东部地区经济发展达到一定水平，再有秩序地发展中西部落后地区，逐步缩小东、中、西部之间的差距，实现国民经济的共同发展，人民共同富裕。从1980年开始先后在东部沿海地区批准设立了深圳等四个经济特区，14个沿海开放城市和5个沿海开放区，使东部沿海地区由点到线，由线到面，形成一条沿海开放带，迅速形成若干个经济增长点，如珠江三角洲、长江三角洲、山东胶东地区、京津地区及辽东半岛等。自1979—1995年，我国的国内生产总值年平均增长率高达9.8%，1995年提前5年实现比1980年翻两番的目标，特别是在"八五"期间，我国国民经济保持了持续、快速增长的态势。1991—1995年，全国各年的国内生产总值年增长率分别为9.2%、14.2%、13.5%、12.6%和10.5%，年平均增长率达到12.0%，比"七五"期间高出近4个百分点。这个增长率位居全球经济增长的首位，如同期全球经济的平均增长率只有2%，其中经济发达国家平均增长率是1.8%，发展中国家平均增长率是5.4%。经济的高速增长使人民群众的生活水平有了很大提高，1991—1995年农村居民人均纯收入扣除物价上涨因素，年均增长4.5%，全国90%以上的农村解决了温饱问题。1990—1995年城镇居民人均收入扣除物价上涨因素，年均增长7.7%，生活水平得到显著提高。虽然非均衡发展战略发挥了资源优化配置的效应，体现了效率，但却扩大了东部与中西部之间发展的差距。

3. 1995年十四届五中全会以来：协调发展战略

平衡发展战略讲究了公平，牺牲了效率，非平衡战略突出了效率，却未能兼顾公平。十四届五中全会以来，我国区域经济发展战略转向区域经济协调发展。1995年十四届五中全会通过的《中共中央关于制订国民经济"九五"计划和2010年远景目标的建议》提出："引导地区经济协调发展，形成若干各具特色的区域经济，促进全国经济布局合理化。"十五届四中全会提出了支持西部地区发展，实施西部大开发战略。十六届三中全会通过的《完善社会主义市场经济体制若干问题决定》提出要"统筹区域发展"，十八大报告提出要"加大统筹城乡发展力度"。区域经济协调的战略关键在于协调，既要正视因历史因素所造成的差距以及由此带来的不同的发展水平和富裕程度，又要充分发挥地区优势和注重区域经济联系，统筹兼顾，即坚持效率优先、兼顾公平的原则，以协调促效率，以协调顾公平。

资料来源：参阅张金锁等编著：《区域经济学》，天津大学出版社2003年版，第125~126页；夏兴园、胡俊超：《区域经济协调与我国中部地区的经济发展》，《经济评论》2005年第4期。

【思考题】

一、基本概念

平衡增长　前向关联　后向关联

二、简答题

1. 简述平衡增长理论与非平衡增长理论之间的关系。

2. 分析非平衡增长理论在中国区域经济发展中的运用。

三、论述题

试论述发展中国家工农业平衡发展问题。

主要参考文献和阅读指南

1. 拉格那·纳克斯著：《不发达国家的资本形成问题》，商务印书馆 1966 年版。

2. 阿瑟·刘易斯著：《经济增长理论》，上海三联书店 1990 年版。

3. 艾伯特·赫希曼著：《经济发展战略》，经济科学出版社 1991 年版。

4. Rosenstein-Rodan, Paul N., Problems of Industrialization of Eastern and South-Eastern Europe, *Economic Journal*, No. 53, 1943.

5. Romer, Paul M., Ldea Gaps and Object Gaps in Economic Development, *Journal of Monetary Economics*, No. 32, 1993.

6. 谭崇台主编：《发展经济学》，上海人民出版社 2001 年版。

7. 张培刚主编：《新发展经济学》，河南人民出版社 1992 年版。

8. 魏后凯：《改革开放 30 年中国区域经济的变迁——从不平衡发展到相对均衡发展》，《经济学动态》2008 年第 5 期。

第十三章　内向型发展战略与外向型发展战略

随着经济全球化的发展，特别是国际分工的不断深化，世界各国经济的相互联系和相互依赖进一步加强。在这样一个大背景下，发展中国家的经济发展，应该采取什么样的发展战略？是更多地开放国内市场，更多地利用比较优势，让本国产业在竞争的压力下成长，还是更多地进行贸易保护，实行有选择、有限度的开放？本章将对上述问题展开讨论。

一、对外贸易在经济发展中的作用

在对外贸易与发展中国家经济发展的关系问题上，主流经济学家认为自由贸易不仅能带来短期的静态利益，而且具有长期的动态利益，因而贸易是增长的引擎；而一些发展经济学家则认为贸易利益在发达国家和发展中国家之间的分配不是均等的，对外贸易不利于发展中国家的长期经济增长。近些年来，一种介于上述两种观点之间的折中性观点日渐盛行，即认为对外贸易促进发展中国家的经济发展是有条件的，必须根据各国的具体情况采取恰当的贸易政策。

(一)引擎论

古典和新古典经济学家历来认为自由贸易有利于经济发展。对外贸易不仅直接促进世界生产力得到更有效的利用，还间接地通过市场扩张促进了分工发展和技术进步，从而有利于长期的经济增长。在发展的早期阶段，对外开放所带来的新观念、新事物往往能够促进技术进步并唤起企业家精神，这对经济发展的作用也是不容忽视的。20世纪30年代，罗伯逊(D. H. Robertson)明确提出：在19世纪，对外贸易是经济增长的引擎。

现代贸易引擎理论把关注的重点转移到了发展中国家，认为发展中国家的出口增长不仅与其自身的经济增长密切相关，还取决于发达国家的经济增长速度，这两者从长期来看存在着一种稳定的关系。刘易斯在1979年诺贝尔经济学奖的受奖演说词中指出，较发达国家控制欠发达国家的增长速度的主要环节是贸易。从1873年至1919年及1973年之前20年世界贸易的情况看，欠发达国家初级产品出口的增长速度稳定在发达国家工业生产增长速度的0.87倍左右。这一观点得到其他一些经济学家理论上和经验分析上的支持。现代贸易引擎理论认为，贸易起着一种把发达国家的增长动力传送给发展中国家的作用，正是在这种意义上，贸易被称为"增长的引擎"。

然而，第二次世界大战后发展中国家对外贸易的实际情况却使人们不得不对这个引擎的作用产生怀疑。20世纪50年代以来，世界贸易的增长主要表现为发达国家之间工业制成品贸易的增长，而发展中国家与发达国家之间的初级产品贸易比重反而下降了，发展中国家已难以依靠发达国家对初级产品的需求来带动经济增长。纳克斯因此认为贸易是经济增长的一个"颤抖的引擎"。刘易斯也指出，贸易的引擎作用在下降，要使这个引擎维持一定的速率，必须改变其"燃料"的来源。新的"燃料"来源就是发展中国家之间的贸易。

(二)枷锁论

有学者从发展中国家的角度出发，否定了自由贸易对经济增长的引擎作用。普雷维什等人指出：传统的国际贸易理论所论证的贸易利益是静态的，不利于后进国家的长期发展。发展中国家的比较优势是建立在绝对劣势基础上的，集中在农产品、矿产资源等初级产品上，以至于形成了发达国家主要生产和出口制成品、发展中国家主要生产和出口初级产品的国际分工格局。与制成品相比，初级产品的附加值低，技术进步缓慢，生产率长期停滞，甚至有时表现出下降的趋势，使发展中国家的贸易条件恶化。世界市场上对初级产品的需求增加得也比较缓慢，使发展中国家的出口很难扩张，出现对外贸易与国际收支逆差。从产业发展的角度看，初级产品生产部门积累资本的能力和对其他产业的带动作用比较差，使发展中国家的制造业尤其是资本和技术密集型制造业难以发展起来，于是不发达状态长期得不到改变，只能继续停留在国际分工体系的底层。因此，自由贸易非但不是经济增长的引擎，反而是发展中国家经济不发达的重要原因。要改变贸易条件不断恶化的局面，发展中国家必须采取保护主义措施和进口替代的贸易政策。

(三)"侍女"论

事实上，对外贸易对经济发展的作用不能一概而论。20世纪50—60年代，有些国家和地区(如日本和"亚洲四小龙")的出口扩张成功地带动了经济增长，但在更多的发展中国家，出口没能起到类似的作用。欧文·克拉维斯在1970年指出，19世纪经济发展较为成功的国家几乎都不是出口导向型的，而一些经济发展不成功的国家在19世纪却有过相当大的出口扩张。他认为，经济增长主要应依赖国内因素，在把国内资源转化为既能用于投资又能用于消费的商品或劳务的过程中，对外贸易起着辅助作用。所以，应该把贸易扩张形容为成功增长的"侍女"，而不是引擎。许多发展经济学家接受了这一观点，并就发展中国家所应采取的贸易政策作了探讨，比如，实行出口导向政策应具备哪些条件，在出口导向政策下怎样实现国内产业结构升级，怎样协调贸易利益与经济、社会的全面发展，等等。

二、发展中国家的国际贸易理论

经过发展经济学家几十年的努力，形成了一个包括基本原理、发展战略、政策手段等在内的较为完整的国际贸易理论体系。这里主要介绍贸易条件恶化理论和贸易保护理论。

(一)贸易条件恶化理论

贸易条件(Term of Trade)是一种指数，它表示一国出口商品价格和进口商品价格之间的关系，即单位出口量所能换回的进口量或单位进口量所需要的出口量。用公式表示如下：

$$贸易条件=(P_x/P_m)\times100\%$$

其中：P_x 为出口商品价格指数；

　　　　P_m 为进口商品价格指数（P_x 与 P_m 的基期相同）。

在这里，如果出口商品价格相对上涨，即 P_x/P_m 变大，称为贸易条件改善；反之，如 P_x/P_m 变小，称为贸易条件恶化。

关于发展中国家的贸易条件问题，普雷维什和辛格（R. Prebisch & H. W. Singer）于 1950 年提出了"贸易条件恶化理论"，认为发展中国家的贸易条件从长期看在不断恶化，国际贸易的利益越来越多地转向发达国家。普雷维什对 1876—1938 年英国贸易条件的历史统计资料所作的分析表明：初级产品的价格比制成品的价格下降的幅度大得多，发展中国家必须出口更多的产品才能换回既定数量的进口商品，其结果必然引起发展中国家贸易条件恶化。

普雷维什从出口的需求弹性角度论述了发展中国家贸易条件长期恶化的趋势。他用"中心—外围"的体系结构来描述整个国际经济格局。处于"中心"的是少数经济发达国家，而大多数经济落后的发展中国家则处于"外围"地带。发达国家由于生产技术领先，在国际贸易中处于有利地位，是国际贸易中的获利者。而发展中国家则处于不利地位，遭受发达国家的盘剥。国际贸易条件的长期恶化将阻碍发展中国家的经济增长。因为发达国家出口的是工业制成品，发展中国家对它的需求弹性高，而发达国家对发展中国家出口的初级产品的需求弹性低，所以，贸易条件对发展中国家不利。辛格又用需求的收入弹性理论进一步论述了普雷维什的结论。他指出，制成品的需求收入弹性大于初级产品，当实际收入增加时会导致制成品需求增加，初级产品的需求受收入增长的影响比较小。相反，发达国家对原材料性初级产品的需求会随着技术进步、资源利用效率的提高而下降。所以，从长期看，收入的变化也不利于初级产品的出口，发展中国家的贸易条件是持续恶化的。由此推论，如不改善发展中国家出口产品需求弹性低的状况，则对外贸易对其经济发展不可能产生积极推进作用。他认为发展中国家只有通过进口替代战略来实现工业化，才能打破现存的国际分工格局。

普雷维什和辛格的理论，论证了发展中国家贸易条件的不断恶化，强调"中心—外围"型的国际经济结构是一种不平等的关系。国际贸易成了发达国家剥削发展中国家的工具。1969 年，希腊经济学家伊曼纽尔（A. Emmanuel）据此提出了不平等交换理论，试图从理论上证明发达国家与发展中国家之间存在着以价值转移为特征的不平等交换。他认为，在资本可以自由流动的条件下，各国的工资和商品价格趋向均等化，比较成本不再存在。那么如何解释现代资本在国家之间高度流动的情况下，发达国家与发展中国家在产品价格方面存在的巨大差异呢？伊曼纽尔认为，这是由一般工资率的差异决定的。工资率不但可以改变不同领域的产品价格，而且可以改变这些领域的资本有机构成，资本有机构成的不同是形成不平等交换的原因。此外，在发达的市场经济中，交换价值不是按照价值而是按照投入生产的总资本及其应得报酬确定的，因此，资本有机构成不同和价值转化为生产价格而造成的剩余价值转移，是资本主义条件下商品交换的共有现象，而不是国际交换所特有的现象。真正的国际不平等交换只能是国家间工资差异引起的。按照伊曼纽尔的理论，发展中国家贸易条件的恶化不应当和出口产品的类别相联系，而应当和国家的类别相联系，发展中国家即使出口工业制成品也会产生贸易条件的损失，而发达国家即使出口初级产品也仍然能从贸易条件中获利。因为发达国家无论生产什么商品，都能用较少的国内劳动换取较多的国外劳动，而发展中国家的情况则相反。原因就在于发展中国家的工资率大大低于发达国家。

20 世纪 70 年代，埃及经济学家阿明在中心—外围理论和不平等交换理论的基础上，进一步论述了发展中国家的不发达问题和对发达国家的"依附"。阿明认为，不平等交换理论忽视了国家之间生产率的差异，但伊曼纽尔提出的不平等交换情况还是存在的，因为在许多部门中，发展中国家与发达国家的工资率差异远大于劳动生产率的差异。阿明认为，建立在不平等交换基础上的国际贸易使发展中国家的经济依附于发达国家，这种依附包括贸易、金融、技术等多方面的依附。

发展中国家在垄断资本主义的全球积累中以廉价劳动力为基础发挥着双重功能：提供廉价出口商品，同时保证发达国家的资本输出获得高利润率。发展中国家现代部门生产率的提高伴随着非现代部门的贫困化，导致其经济的高度二元化。也就是说，发展中国家非现代部门的贫困大众承担着全球不平衡发展的社会代价。为了求得发展，发展中国家应该与世界积累体系"脱钩"，斩断与帝国主义的联系。

上述几种理论尽管并不完善，且受到了不同经济学流派的批评，但毕竟对发展中国家的对外贸易政策起到了一定的指导作用，在国际谈判中也产生了广泛的影响。

（二）贸易保护理论

19 世纪 30—40 年代，德国经济学家李斯特（Friedrich Ust）根据当时德国国情和国际环境，论述了相对落后于英、法两国的德国应如何发展成为工业强国的问题，提出了贸易保护主义的主张。他认为工业，特别是制造业的进步是经济发展的核心。一国在制造业发展初期，来自工业强国的竞争有可能阻碍本国制造业的成长，在这种情况下应当采取贸易保护政策扶植新兴工业，直到建立起制造业部门和工商业的竞争优势。李斯特并不完全排斥自由贸易。那些未开化或处于畜牧业阶段或农业发展初期阶段的国家，实行自由贸易能促进经济繁荣和文化进步。已经具备了发达的制造业和强大的经济实力的国家，实行自由贸易可以获得廉价工业原料和消费品。在经济发展的一定阶段实行贸易保护政策，主要目的是促进制造业成长。因此，贸易保护政策不能一刀切，应视不同部门的特点而有所差异。保护的重点应放在国民经济中必不可少的关键部门，如棉、麻、毛等纺织部门。对农业、高档奢侈品生产行业则应该不保护，或只征收最低限度的关税。对复杂机器的进口则应免税，或征收极轻微的进口税。

一些现代发展经济学家的观点同李斯特颇为相近，可以统称为幼稚工业论，即认为自由贸易理论与政策不符合发展中国家的利益，为了保护本国新建的工业部门，发展中国家应当对进口品征收高关税，或实行进口限额等措施，直到新兴工业成熟起来再撤销。

幼稚工业论得到了当代经济理论中"学习效应"理论的支持。所谓学习效应（Learning

Effect），又称"干中学"（Learning by Doing），是指生产一个单位产出所要求的资源数量随着累积产量的增加而递减的现象。这是因为随着生产的持续进行，工人和管理人员对工作任务的熟悉程度提高，工作方法和工作流程得到改进，废品和重复工作数量减少，随着工作重复次数的增多对技术工人的需要也将减少，等等。学习效应包含两方面内容：第一，一个企业或一个行业生产一种产品的时间越长，其生产率就越高，单位成本就越低；第二，一种产品的生产历史越长，其成本继续下降的空间就越小。图 13-1 描述了发展中国家某工业部门的成长过程。图中 ABC、AY 均为学习曲线，表示平均成本与累积生产额之间的关系。

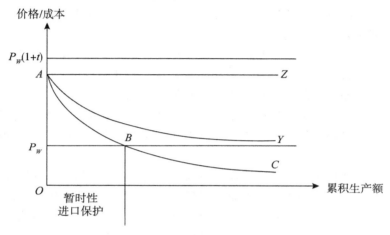

图 13-1　幼稚工业与学习效应

随着积累生产额的增加，单位产品的平均成本逐渐下降，但下降幅度逐渐减小。P_w 表示该产品在世界市场上的价格。$P_w(1+t)$ 是征收关税后的价格。关税对国内产业起到了保护作用。在产业发展初期，生产率低下，平均成本为 OA，高于世界市场价格水平。如果实行自由贸易，按 P_w 的世界价格出售产品，行业在一段时间内将亏损。理论上可以通过金融体系筹集资本来度过这段时期。但发展中国家的实际情况是金融体系不发达，新兴工业若要靠自己的力量与发达国家的同类产品竞争，则难逃夭折的命运。因此，由政府来实行贸易保护政策是必不可少的。假如政府对进口同类商品征收的关税税率为 t，就把该类商品的价格抬高到了国内该行业的平均成本以上，这样一来，新兴工业就可以继续发展下去了。如果学习曲线为 ABC，国内平均成本将随着累积产量的增加而逐渐下降。到达 B 点以后，平均成本下降到世界市场的真实价格以下。到这时，发展中国家的新兴产业就成熟了，保护关税也就可以撤销了，否则就会造成比较利益的损失。

但是，幼稚工业论的反对者指出，现实中学习曲线往往不是 ABC，而是 AY 甚至 AZ，保护关税将永远完不成它的历史任务。这是因为国内企业在关税保护下无须提高生产率就能获得利润，没有动力去努力降低成本。在许多发展中国家，由于国外竞争者被拒之门外，国内企业生产率长期低下，不得不继续依赖贸易保护政策。因此要使幼稚工业顺利地成长起来，贸易保护应该是暂时的，同时还应实行适当的配套政策，促使学习效应顺利地发挥作用。

三、发展中国家的贸易战略

（一）进口替代战略

进口替代（Import Substitution），指利用贸易保护政策，通过发展国内消费品生产来取代进口。进口替代生产主要集中于食品加工、饮料、服装、鞋类、纺织工业等消费品工业。进口替代战略的核心是通过保护性关税和进口配额对国内进口替代品生产企业实行保护。进口替代战略是一种内向型的工业化战略。

发展进口替代工业，首先要确定有广阔国内市场需求前景，并一直是依靠进口的产品种类，然后通过引进技术，以合资、合作或外商独资等形式发展国内进口替代工业。最后，为了保护这些新建立起来的幼稚产业，国家需要采取保护措施和政策予以支持，其中主要是保护关税。保护关税是指对同类进口产品课以高额关税，而对国内进口替代工业所需资本品、中间产品则实行优惠关税，甚至免税，以缓解进口替代品生产初期的成本过高问题。

从经济发展的历史来看，进口替代是各国为实现工业化而最早采取的战略。工业革命后兴起的美国、德国、法国等主要工业国家都是通过贸易保护措施发展本国工业的。第二次世界大战后，拉美国家，如阿根廷、巴西、墨西哥等国家也通过严厉的贸易保护措施推行进口替代战略，到20世纪60年代，进口替代战略已在拉美、非洲和一些亚洲发展中国家成为经济发展的首选战略。

对于如何评价进口替代战略对经济发展的推动作用，学术界一直有不同的看法。通常认为，进口替代战略一般需经历两个阶段：第一个阶段主要是发展最终消费品工业，以替代这些产品的进口。进口替代工业主要集中在食品、服装、日用百货、小家电等消费品，形成进口替代的幼稚工业。随着幼稚工业的发展壮大，当其所生产的消费品足以能够替代进口商品充分满足国内市场需求时，便进入第二个阶段。在第二个阶段，进口替代工业从最终消费品的生产转向国内短缺的资本品、中间产品的生产，如机器制造、石油加工、钢铁等资本品和原材料。经过这两个阶段的发展，进口替代工业日趋成熟，为全面的工业化奠定了基础。

但是，有研究表明，进口替代战略的成效主要集中于最终消费品领域，而对于资本品和中间产品来说，则成效并不显著。以进口占国内总供给中的比重变化来表示的替代系数可以证明这一点，见表13-1。

进口替代系数反映一定时期内实际进口在总供给中所占比重的变化情况。进口替代系数为期初进口比重与报告期的进口比重的比率，用公式表示如下：

$$\text{进口替代系数} = \frac{\text{期初进口量}/\text{期初总供给}}{\text{报告期进口量}/\text{报告期总供给}}$$

表 13-1　　　　　　　　**最终消费品、中间投入品和资本品的进口替代系数**

国家(年代)	最终消费品	中间投入品	资本品
巴西(1949—1964)	6.9	3.9	6.5
印度(1951—1961)	3.0	0.9	1.3
墨西哥(1950—1965)	1.8	1.3	1.1
巴基斯坦(1951—1964)	6.8	4.9	1.2
菲律宾(1948—1965)	7.5	2.5	1.3

进口替代系数越大表明进口替代程度越高。表 13-1 所列国家中，最终消费品的进口替代系数均高于中间投入品和资本品的进口替代系数。

虽然存在不同的看法，但从现实情况看，进口替代战略是发展中国家实现工业化的途径之一，事实也证明一些国家和地区通过进口替代战略取得了很大成就，并且由进口替代转向出口导向并进入新兴工业化国家和地区的行列，如新加坡、韩国、更早些时候的日本都是这方面的范例。但也有一些拉美、非洲和亚洲发展中国家虽然在实施进口替代战略方面取得了一些成就，但它对整个经济发展的带动作用并不大。

为了克服国内生产条件的不足，在实施进口替代战略的最初阶段，发展中国家的政府总要通过各种保护措施来支持进口替代工业。除了保护关税和进口配额制外，在外汇定值和汇率水平上一般总要高估，这样可以降低使用进口产品的生产成本，减轻外汇不足的压力。同时，还往往实行严格的外汇控制和配给，不仅控制进口总量，而且对受管制商品实行外汇配给。为了实施进口替代战略，国家在制定一系列外部保护政策的同时，也确定一些国内保护政策，如在资金、技术、价格、税收等方面给予特殊的优惠。在重重保护之下，进口替代工业发展很快，对经济发展起到了很大的推动作用。但随着进口替代工业的发展，其中存在的问题也逐渐暴露出来。

第一，进口替代工业缺乏活力，经济效率低。严密的保护措施，使企业缺少降低成本、提高效率的动机，因而产品价格高，没有竞争力，一旦离开保护，其生存就成为问题。而且，许多发展中国家的进口替代工业所需的资本品和中间投入品基本上来自国外，所以这类企业的发展对经济增长的带动作用不大。

第二，由于进口替代工业不能摆脱对国外资本品、中间投入品和其他投入的依赖，所以，进口替代工业越发展就越需要更多的外汇来进口这些投入。进口替代战略节约了用于进口消费品方面的支出，但扩大了进口资本品和中间产品方面的支出，外汇短缺更加严重，国际收支不平衡加剧。

第三，外商直接投资的进口替代产品生产不利于发展中国家的国内工业发展。与国内企业相比，外商企业在生产技术、资本、管理等方面有明显的优势，这类企业的产品有可能形成对国内市场的垄断，使国内工业处于更加不利的地位。

第四，提供的就业机会有限。进口替代工业使用的是从国外引进的生产技术，多为劳动节约型技术，这与大多数发展中国家由于劳动力资源丰富的比较优势，应大力发展劳动密集型产业的要求是相违背的。

由上可知，进口替代战略要想获得成功，就必须随着进口替代工业的发展，逐渐培养其竞争能力，应根据本国的资源优势选择生产技术，不断提高国内要素投入在总投入中的比重。只有这样，才能提高进口替代工业的效率和有利于国际收支的平衡。

(二) 出口促进战略

出口促进 (Export Promotion) 战略指发展中国家用制成品替代初级产品作为主要的出口商品，以此加强本国工业的国际竞争力，推动经济增长的战略，故又称为外向发展战略。其基本思路是：利用本国自然资源和劳动力丰富的比较优势，发展劳动密集型的制造业产品，并扩大这类产品的出口，以此增加就业，提高人均收入。由于输往国外产品的标准较高，因此可以利用出口来提高劳动生产率和技术水平。与进口替代战略相比，出口促进战略主要是发展加工业和制造业。扩大出口有利于改善贸易条件，并有利于克服进口替代战略所带来的国际收支恶化、经济效益低下、出口萎缩和经济内向化发展等问题，其中最主要的是，有利于纠正资源配置的扭曲状况，提高资源的利用效率。正是由于出口促进战略相比进口替代战略有上述优势，从 20 世纪 60 年代开始，拉美和一些东南亚国家和地区纷纷转向出口促进的外向发展战略，并取得了很大的成就。

实施出口促进战略的初期，一般是发展技术水平较低、生产技术较易掌握、资源相对易得的加工工业，如食品加工、原材料加工、服装、纺织品、鞋类及一般家用电器等。随着生产规模的扩大和国际市场环境的变化，出口促进工业逐渐转向技术复杂、市场潜力大的机电、电子、半导体、石化等现代高技术产业，在产业调整中，实现产业结构高级化。从出口促进工业的性质可以看出，发展这类工业需要较高素质的劳动力，需要工程技术和管理人员等人力资源条件，因此，一定数量的人力资本存量，是实施出口替代战略的基本条件。另外，国家的大小、资源禀赋、地理位置等也是需要考虑的重要因素。从实际情况看，在领土广阔和人口众多的发展中大国，要实行全面的出口促进战略是不现实的。一些幅员较小、海外交通便利的国家和地区，比较适宜发展出口促进的外向发展战略。因为这些小国或地区经济发展不平衡问题不突出，而大国区域经济发展不平衡问题比较突出，在经济发展水平、基础设施条件、人力资源质量等方面存在很大差异的不同地区采用单一的发展战略不利于经济发展。相反，根据各地区的具体情况和比较优势来确定相应的发展战略更有利于经济发展。

出口促进战略强调将一国经济融入国际经济，将本国产品置于国际环境之中，这对于国内企业必将产生很大的竞争压力，迫使其重视技术创新，改善管理，降低成本和提高效率，从而对整个经济发展产生积极的影响。

首先，出口促进战略能够更多地利用国际分工所带来的经济利益。运用外向发展战略取得成功的发展中国家，根本原因是这些国家及时根据自己的比较优势发展相关产业。对大多数发展中国家来说，发展劳动密集型产业是他们的优势，而这正是发达国家的劣势。在先进技术的推动下，发展中国家劳动密集型产业的比较优势得到进一步加强，这不仅有利于扩大发展中国家的就业，而且可以调整资源配置不合理状况，提高资源利用效率。

其次，有利于改善发展中国家国际收支不平衡和克服外汇短缺现象。出口促进战略旨在扩大出口，以出口带动经济增长。出口扩大必定带来更多的外汇收入，并加快资本形成。

最后，出口促进战略不仅带来外汇收入增长，促进劳动生产率和技术水平的提高，还有利于发展中国家掌握新技术，了解新知识、新信息，增强人们的市场经济观念和竞争意识，这些将对经济的长期发展产生积极的作用。

出口促进战略也存在一些缺陷与不足：首先，容易使一国经济过分依赖于国际市场，出口比重越大依赖性越强。一旦形成依赖性，国际市场的波动就会对国内经济产生更大的影响。1997年发生的东南亚金融危机，已说明了这一点。

其次，外向发展战略会受到国际市场的限制。虽然各国都在鼓吹自由贸易，但出于各国的自身利益，贸易保护主义依然存在，尤其是发达国家贸易保护主义十分盛行。在这种情况下，本来国际竞争力就比较弱的发展中国家的产品，要想扩大国际市场上的销售份额就越发困难。

再次，由于发展出口促进工业也需要一定的保护措施，政府势必要通过补贴、税收、贸易保护政策来支持它的发展。这些措施虽然能促进出口替代工业的发展，但也会导致其生产效率的低下。而且大量的补贴和税收优惠势必加重政府的财政负担，不利于其他部门的发展。

最后，出口促进工业的发展如果不能与国民经济其他部门协调发展，则可能会导致经济结构失衡，不合理的经济结构会成为经济发展的不利因素。如何处理好出口替代工业与整个国民经济发展的关系是一个需要深入探讨的问题，这一点对于发展中的大国尤其重要。

（三）进口替代战略与出口促进战略的比较

从20世纪50年代初开始的一个相当长时期内，在理论界和国际机构中，赞赏进口替代的主张占据主流地位。当时人们认为传统经济学的自由贸易理论不适合于发展中国家，进口替代是发展中国家走向工业化的捷径。因此，在50—60年代，许多发展中国家的政策明显地倾向于进口替代战略。如果说在实施进口替代战略的第一个阶段，进口替代工业的发展还比较顺利的话，那么，进入第二个阶段，进口替代战略的实施就变得非常困难。因为资本品、中间产品的生产属于资本和技术密集型的产业，这与发展中国家的资源状况是相矛盾的，为了保证第二个阶段进口替代工业的发展，国家必须采用力度更强的保护政策，使效率低下的国内进口替代企业按本国货币计算有利可图。结果，资源配置由于利率、工资率和汇率的扭曲而严重不合理，政府对进口替代工业的补贴越来越多。进口替代工业变得越来越没有效率。到60年代后期，进口替代战略开始受到越来越多的批评。经济合作与发展组织的发展研究中心对7个发展中国家和地区进行实证考察研究后，得出结论说，当进口替代战略实施到一定阶段后，高水平的保护措施，使产品成本居高不下，进口替代产品变成了昂贵的产品。低收入阶层不敢问津，市场需求狭小，生产的发展受到了极大的限制。只有适时转向扩大出口，才能真正促进国内工业的发展。发展中国家究竟应该采取内向的还是外向的发展战略，这取决于一国的发展阶段、国际环境和具体政策的实施程度，不能简单地做出肯定或否定判断。

四、利用外资

为什么发展中国家需要外资？这与外资对发展中国家的经济发展的作用和影响有关。

（一）两缺口模型

宏观上，外部资源能够弥补发展中国家的资源短缺困境，这在发展中国家的发展初期表现得尤为突出。发展中国家在发展初期，资本通常比较短缺，在基础设施和教育等方面的投资较少，急需大量的资金以实现经济的起飞。

在解释发展中国家为什么需要利用外资来加快经济发展的问题上，早期的发展经济学家钱纳里和 A. M. 斯特劳特（A. M. Strout）于 1966 年提出了"两缺口"模型。该模型就发展中国家引进外资的必要性进行了较为系统的分析。

"两缺口"模型（Two-gap Model）的中心论点是，发展中国家实现经济发展目标所需的资源数量与其国内的有效供给之间存在着缺口，利用外资可以有效地填补这些缺口。钱纳里等人认为，发展中国家在其经济发展过程中主要受到三种形式的约束：①技术约束，又称吸收能力约束。它是指发展中国家由于缺乏必要的技术、企业家和管理人才，无法有效地利用可以获得的各种资源。②储蓄约束，又称投资约束，是指国内储蓄不能满足投资的扩大。③外汇约束，又称贸易约束，是指本国的出口收入小于进口支出，有限的外汇不能满足进口的需要。一般而言，发展中国家最初遇到的约束是技术约束，其次是储蓄约束和外汇约束。发展中国家只有依次克服这些约束，才能顺利地实现经济发展。"两缺口"模型主要考察了储蓄约束和外汇约束。

根据经济均衡发展的要求，储蓄缺口必须等于外汇缺口，即国内投资大于储蓄时，必须用外汇缺口即进口大于出口来平衡。但是，在"两缺口"模型中，由于储蓄、投资、进口和出口这四个变量都是独立变动的，即储蓄由家庭或个人决定，投资由企业决定，进口由国内的经济增长决定，出口则取决于国外的经济增长，因此，这四个变量的数量是各不相等的，储蓄缺口不一定恰好等于外汇缺口，这就需要对两个缺口进行恰当的调整，促成两个缺口的平衡。

调整两个缺口的方法有两种：

（1）不利用外资条件下消极的调整。这种调整又可分为两种情况：第一种情况，当储蓄缺口大于外汇缺口时，可以通过减少国内投资或者增加国内储蓄来实现两端的平衡，前一种办法显然会降低经济增长率，后一种办法则在短期内难以做到；第二种情况，当外汇缺口大于储蓄缺口时，可以通过减少进口或者增加出口来实现两个缺口的平衡，但前一种办法也会降低经济增长率，后一种办法一时也难以实现。

（2）利用外资条件下积极的调整。如果两个缺口不具有互补性，那么就不宜采用压缩国内投资和削弱进口的方法，而应采用利用外资的办法，使两个缺口在促进经济增长率提高的情况下实现平衡。引进外资来平衡两个缺口具有双重效应：若一笔外资以机器设备的形式转移到发展中国家，则一方面，从供给来看，它表示从国外进口了资本，而这笔进口不需要用增加出口来支付，这就减轻了外汇不足的压力；另一方面，从需求来看，这笔进口又是投资品，而这笔进口的投资品不需要用国内储蓄来提供，这就减轻了国内储蓄不足的压力。所以，利用外资来平衡这两个缺口，既能解决国内资金不足的问题，又能减轻外汇不足的压力，从而满足国内经济增长对投资和进口的需求。

一般而言，发展中国家都存在储蓄不足和外汇短缺的问题。"两缺口"模型针对这两个问题，论证了利用外资的必要性，对发展中国家的经济发展具有较大的理论指导意义。具体有以下三个方面：

(1)该模型说明了发展中国家实行对外开放、积极引进外资的重要性。发展中国家只有积极利用外资，才能解决储蓄不足和外汇短缺的问题，实现经济发展的目标，而其他方式如增加储蓄或扩大出口在短期内难以做到，减少投资或进口的方式又会降低经济增长的速度，这有悖于发展中国家快速发展经济的要求。

(2)该模型说明了发展中国家对外资实行政府调控的必要性。根据"两缺口"模型的分析，引进外资不仅要填补两个缺口，而且还要保持两个缺口的平衡，以实现国民经济的均衡发展。这就需要根据经济发展的目标和计划，来确定引进外资的数量，以便使国外引进的资源和国内需要追加的资源数量相符合。过多地引进外资会造成资源的浪费，增加债务负担；过少地引进外资又难以填补缺口，不能发挥外资的作用。因此，政府对外资规模的宏观调控是十分必要的。

(3)该模型也提示了发展中国家进行经济改革、调整经济结构的必要性。从长远来看，发展中国家要填补两个缺口，必须最终依靠增加出口、提高国内储蓄水平来解决，这就要求发展中国家大力发展外向型经济，增加出口创汇的能力，同时提高国内投资效率，增加国民收入。为此，发展中国家必须改革经济体制，调整经济结构，最大限度地发挥外资的作用，增强自我发展的能力，逐步减少对外资的依赖。

但是，"两缺口"模型的分析也有不足之处：①它过分强调了引进外资的作用，而忽视了发展中国家挖掘国内资源填补两个缺口的潜在能力。②它的分析方法是总量分析，缺乏对两个缺口的结构分析，因此无法确定引进外资的具体类型及其数量。③它只分析了储蓄缺口和外汇缺口，而未分析更为重要的技术约束或吸收能力约束。事实上，发展中国家最缺乏的是技术、管理人才和企业家。因此，必须在引进外资时，注重对国外的适宜技术、管理知识和人才等软件的配套引进。④它只强调了利用外资的积极作用，而没有看到外资对经济发展的不利影响。事实上，利用外资有利也有弊，发展中国家既有成功利用外资的例子，如东亚一些国家，曾经利用外资成功地实现了经济起飞，有的已步入新兴工业化国家的行列；但也有利用外资不成功的例子，如拉美的一些国家曾陷入严重的债务危机之中，1997 年 7 月发生在东亚的金融危机也暴露出东亚一些国家在利用外资上存在的问题。

(二)外国援助

外国援助是指国际机构或外国政府以货币或实物形式，将资源转移到发展中国家以促进其经济发展的行为。外国援助的主要特点是它的非商业性，这种资源转移不是为了直接赢利的目的，它不同于以赢利为目的的外国商业银行贷款。外国援助中除了无偿赠与部分，还包括优惠贷款，其利息较低或无息。偿还期限也比较长，一般是 20～30 年或更长。

现在向发展中国家提供援助的主要是西方发达国家、国际经济机构和海湾石油输出国。外国援助大多是援助国与受援国政府之间，或国际机构与发展中国家政府之间的赠款或优惠贷款。优惠贷款的期限在协议中又具体分为"贷款使用期"、"贷款偿还期"和"贷款宽限期"。"贷款使用期"，一般规定为 5 年之内；"贷款偿还期"即还贷期限，一般规定从某年开始 10~30 年，每年分一次或二次还本付息。"贷款宽限期"，即贷款开始使用后的一段时期内只付息不还本的期限，一般为 5~10 年。外国援助与援助国的政治、经济、外交利益密不可分，很多情况下援助是服务于这些利益的工具，因此，发达国家对发展中国家的援助常附加许多条件，如规定贷款要用于购买提供援助国家的产品和劳务，要根据受援国的"人权"和"民主"状况来确定是否给予援助，等等。相对来说，国际经济机构的援助政治和外交的色彩较淡，虽然也常附加严厉的条件，但多属于保障受援助目的得以执行并取得预期效果方面的要求，这可能给受援国增加了使用援助的难度，却有利于保证项目的经济效益。

关于外国援助对发展中国家经济发展的作用，西方经济学界的看法也不一致。传统经济学家认为，外国援助对于发展中国家改善经济结构和促进经济增长具有重要作用。持激进观点的经济学家认为，外国援助主要是基于援助国自身的利益，不可能对发展中国家的经济发展发挥多大的作用。特别是越来越多的附加条件，降低了援助的作用，有的导致发展中国家国际收支严重失衡，有的加剧了发展中国家的二元结构。他们认为外国援助已不再是发展中国家获得外部资源的重要途径了。

从实践来看，外国援助对于发展中国家的经济发展还是发挥了积极的作用，特别是联合国组织和世界银行对于发展中国家农业发展项目和基础设施项目方面的援助，在促进发展中国家经济发展方面作用明显。但是，从长期看，发展中国家要把经济发展的立足点放在开发和利用本国资源的基础上，利用外部资源是促进经济发展的辅助性措施。

【案例 13-1】

马来西亚的工业化

马来西亚自 1957 年独立以来，所取得的经济成就令人瞩目。其经济年均增长率 60 年代为 6.5%，高于中等收入国家 6% 的平均值和上中等收入国家 6.4% 的平均值，70 年代年均增长率为 7.8%，这期间中等收入国家和上中等收入国家的平均值下跌到 5.8%；80 年代中叶马来西亚出现经济衰退和低增长，但 80 年代年均增长率仍达 5.9%。1988—1996 年马来西亚经济连续 9 年保持 8% 以上的持续高增长，被认为是经济发展史上的奇迹之一。

众所周知，直到 20 世纪 50 年代末，马来西亚几乎完全是一个农业国和产锡国。60 年代起，马来西亚政府根据本国经济特点，推行农业多元化政策，根据国际市场变化的需要，积极鼓励棕油、可可、胡椒等经济作物的生产，到 1966 年马来西亚已成为世界最大的棕油产销国。同时，由于大量种植高产橡胶树，马来西亚的胶产量和出口量也居世界之首。政府通过兴修水利，增加水稻灌溉面积，改善以马来西亚人为主的稻农生活水平，取得了较好的成果。

这些增长与马来西亚产业结构调整不无关系。马来西亚从 1957 年独立时畸形的殖民地经济结构，即以橡胶和锡的生产和出口为主的单一经济结构，转变为 90 年代的以制造业、农林渔业为核心，矿业和采掘业、商业外贸和金融保险、地产业等行业为支柱的多元化经济结构。从国民经济各部门的发展来看，以制造业的发展尤为迅速，制造业在国内生产总值中所占比重由 1970 年的 13.4% 上升到 1980 年的 20.5% 和 1987 年的 22.2%；而农业在国内生产总值中所占比重同期由 30.8% 下降到 22.2% 和 21.1%，1991 年进一步下降到 18%；农林渔业在国内生产总值中所占的比重也从 1960 年的 38% 降到 1993 年的 16%。这期间制造业的增长速度始终高于农业，制造业所占比重已超过农林渔业而跃居首位，1994 年所占比重已达 31.5%，它表明马来西亚的经济已初步摆脱了过分依赖农业的局面。目前，马来西亚正努力向新兴工业国迈进，并争取在 2020 年成为发达工业国。

工业化进程的推进促使对外贸易战略的调整，即由进口替代战略向出口导向战略的转变。从进口方面看，70 年代期间，随着国内工业化水平的提高，进口商品中工业发展所需的资本货物所占比重不断上升，消费品比重不断下降。80 年代以后，马来西亚进口商品的结构继续朝着有利于国内产业结构的调整、升级的方向发展。消费品（包括食品、耐用消费品）的进口从 1975 年的 23.3% 下降到 1980 年的 18.8%，中间产品（包括制造业、建筑和农业用的中间产品）和资本品（包括机械设备、金属制品）的进口则从 1965 年的 50.9% 上升到 1970 年的 60.5% 和 1980 年的 79.9%。1991 年进口总额中工业原料，主要是钢铁、矿石、有色金属和石油的进口迅猛增长，比重达 13%，占进口的初级产品的 70% 以上。此外，电子产品、科学仪器、电信设备等的进口比重也在迅速增大。这为马来西亚的工业化进一步铺平道路。

从出口看，60 年代初，马来西亚出口商品的结构以棕榈油、原木、橡胶、锡等初级产品为主，其中作为出口支柱的橡胶和锡占全部出口商品的 2/3 以上。1975 年以后，随着工业化水平的提高，工业制成品的出口比例开始大幅上升，70 年代末上升到 30% 以上。马来西亚根据国际市场上的需求情况，开始着重发展电子、纺织服装和化工产品的出口，电子产品的出口额由 1983 年的 8.9 亿美元增至 1988 年的 55 亿美元，占全部制成品出口的 60%；纺织服装占制成品出口比重由 1985 年的 6% 上升到 1988 年的 10%；化工产品占制成品出口比重由 1980 年的 2.1% 提高到 1991 年的 9%。电子、纺织服装和化工生产成为马来西亚制造业部门的支柱产业，马来西亚也成为世界上最大的半导体出口国和世界纺织品出口大国之一。到 1991 年，工业制成品出口比重达到 64.8%，完成了由初级产品出口为主向工业制成品出口为主的结构性转变。出口导向战略扭转了马来西亚国际收支逆差的状况。60 年代初期，马来西亚进口商品中，发展替代进口工业所需的中间产品和资本品占到 50% 以上，大量进口使得经常项目出现赤字。虽然由于木材、石油、胡椒等传统产品出口的增加，60 年代末期经常项目恶化的状况得到改善，但 70 年代初期，由于发展出口导向工业，资本品、中间产品进口增多，而且由于外资企业利润汇出，运费、保险费等无形贸易支出增大以及初级产品价格下跌等原因，经常项目在 70 年代前期再次出现恶化。不过，随着制造工业的发展，制成品出口比重逐渐增大，经常项目赤字在 70 年代后期得到改善，尤其80年代中期后，随着马来西亚面向出口工业的建立和发展，出口结构中工业制成品逐渐超过农矿产品，出口产品高级化和高附加值化倾向，使得出口始终保持良好的增长势头，贸易收支一直保持盈余，从而为经营项目的平衡作出了贡献。马来西亚对外贸易额不断增大，1988年马来西亚出口额553亿马元，进口额433亿马元；1993年分别增加到1218亿马元和1174亿马元，增长120%和171%。马来西亚已经成为东盟国家中外向型经济发展的典型国家之一。1991年出口额占GDP总额的76.4%，国民经济对外贸依存度较高。随着经济的不断发展，马来西亚的经济状况发生很大的变化：1966—1994年，马来西亚的国民生产总值从94.15亿马元迅速增加到1093.81亿马元，增长10倍多；人均国民收入也从961马元增加到9042马元（约3425美元），增长8倍多。

快速的经济发展和工业化进程，在很大程度上改变了劳动者的就业结构。农业就业比重不断下降，而工业部门和服务业部门的就业比重逐渐上升。1965年至1988年，农业部门的就业比重从52.1%下降到31.3%；同期制造业部门的就业比重从8.4%上升到16.6%；服务业部门的就业比重也从29%提高到45%。

经过多年的努力，马来西亚经济结构摆脱了殖民地经济的不合理性，制造业特别是以出口为导向的电子、纺织业发展很快，电子产品出口更是跃居世界前列。自从马来西亚的经济结构向工业化方向转变以来，马来西亚各项主要经济指标：人均国民收入以及出口贸易额等都出现良好的增长势头。可见，工业化促进了马来西亚经济的发展。

资料来源：转引自林珏主编：《发展经济学案例集》，中国社会科学出版社2005年版，第128～130页。

【思考题】
一、基本概念
进口替代战略　出口促进战略　两缺口模型
二、简答题
1. 怎样认识和评价发展中国家所面对的国际经济环境？
2. 利用外资对发展中国家的经济发展有何利弊？
3. 进口替代战略的主要局限性是什么？
三、论述题
试析出口促进战略的经济发展实绩优于进口替代战略的原因。

主要参考文献和阅读指南
1. 毕世杰主编：《发展经济学》，高等教育出版社1999年版。
2. 张培刚、张建华主编：《发展经济学》，北京大学出版社2009年版。
3. 黄苏主编：《发展中国家的外债》，经济科学出版社1990年版。
4. H. W. 辛格著：《贸易条件的争论及软货款的发展》，经济科学出版社1998年版。
5. 张幼文等著：《外贸政策与经济发展》，立信会计出版社1997年版。

6. 柴丽芳：《中国出口导向贸易模式的消极影响分析》，《科协论坛》2007 年第 2 期。

7. 周燕：《论中国的对外贸易发展战略与剩余劳动力转移》，《人口与经济》2003 年第 3 期。